老年社會學

蔡文輝 著

五南圖書出版公司 印行

修訂版序

全球人口的增加是一個不可否認的事實。自然資源的大量消耗和地球環境的惡化也是令人擔心的現象。雖然很多國家皆已採行人口節育的計畫和環境保護的相應措施，人口的增加仍然影響到人們的生活品質。人口日漸老化是人口問題的一部分，近年來亦受世界各國的注意。老年學乃應運而生。

正如其他已開發的國家一樣，臺灣的老人人口也在增加。根據內政部2006年底的人口統計，臺灣65歲以上的老人已超過兩百萬人（2,276,291人），占總人口的9.9%。這個比率已符合聯合國所訂的7%為「老年國家（aging population nations）的標準。表面上來看，老年人口的增加是社會進步的象徵，但是它也給社會帶來了不少的問題。臺灣的大專院校最近幾年紛紛開授老年學課程，有些學校更為老年學獨立設系或研究所。嘉義稻江科技暨管理學院設有老年福祉學系，即為一例。筆者曾於2005年春季在該系客座授課。另外，臺南的國立成功大學在2007年也成立了一個超科際的老年學研究所。教育部在2007年1月提議將有關老年的課程納入中學課本和讀物裡。這些皆反映老人問題的受重視。

這本《老年社會學》的初版是在2003年發行。從初版到2008年的今日，臺灣的老人無論在人口數量上或在生活品質上，皆與當年略有差異。因此，這修訂版的主要工作是將書內統計資料加以更新。行政院主計處和內政部的年度統計年報給我們提供了不少的新資料。網路資料包羅萬象，搜尋國際統計相當方便，也是我們不可或缺的工具。

對筆者個人來說，這修訂版的《老年社會學》也代表了我個人學術生涯的一個轉捩點。當年寫初版時我仍在美國大學裡教書，現在做這修訂時，我已退休。住的地方由美國的中西部遷到西海岸的加州。這裡氣候良好、空氣清新，頗適合退休的老年人。新居是在一個目前頗受退休者歡迎的「活躍成人社區」（active adult community），規定居民屋主必須至少55歲以上。社區內全是為老人設計的一層平房，社區有大門警衛，亦有完善的健身房設備與游泳池。而且也提供各種各樣的休閒活動，清靜但不流於死氣沉沉。這種專為退休老人和退休前之中年人設計的社區值得臺灣參考。

修訂這新版時，筆者正受邀客座於國立成功大學醫學院老年學研究所講授研一的兩門課：「社會老年學」和「從家庭的觀點探討高齡化」。課堂所準備的講義和學生的專題討論資料皆有助於此新版的修訂。此研究所為臺灣第一所老年學研究的大學專科，筆者慶幸能有此機會與該所其他老師和學生互動並討論老年學問題。謝謝他們。

本書以淺顯易懂的文字來介紹社會學的理論與概念一直是筆者撰書的最基本原則。因此，不僅社會學專業學生看得懂，一般非社會學專業者也應該可以看懂。希望這修訂版的《老年社會學》也是如此。如果讀者欲與筆者討論，可用「伊媚兒」（email）聯絡，地址是tsai@ipfw.edu。

內人李紹嶸女士在修訂過程裡出力不少，是要謝謝她。五南的陳念祖先生是促成做這修訂版的催動者也是筆者要謝的。希望讀者喜歡這本書。

蔡文輝

序　言

世界人口的老化現象是人類悠久演化歷史上最新的一種現象。醫療衛生的進步和食物營養的改進延長了個人的生命，20世紀以來，人的壽命在世界各地增長很多。當然，人類壽命的延長是一件值得驕傲的成就，但是也有不少學者為老人人口的急速增加感到威脅。美國當代著名政治學者福山（Francis Fukuyama）在他2002年出版的《後人類前景：生物革命的後果》（*Our Post-human Future: Consequences of the Bio technology Revolution*）裡就對老化人口的增加感到憂心。他在接受德國《明鏡》（Der Spiegel）記者訪問時就曾指出社會老化的後果將帶給人類許多災難。

因此，對老人的研究在20世紀中葉以後逐漸受到學者專家及政府官員的注意。老年學應運而生，試圖從老年人的生理、心理、社會等方面來探討老人的日子。老年社會學是老年學的一環，專門注意老人與社會環境調適問題。以普通社會學教科書為例，1970年代以前美國大學使用的普通社會學課本並未談及老年問題，但是近年來幾乎沒有一本普通社會學課本沒將老年另闢一章詳加介紹和討論的，而且老年社會學也成為大多數社會學系授課的科目之一。不僅如此，牽涉到科際整合的老年研究中心在著名大學競相成立。

筆者是在1982年初次在印第安那大學和普渡大學的韋恩堡校區（Indiana University-Purdue University at Fort Wayne）社會系開授老年社會

學的課程。記得那時候，還有學生在課堂上查問筆者年齡，認為筆者可能年輕不夠格談老年問題。當時學校內亦無他人講授此課。這二十年來，平均每兩年開授老年社會學一次。選課學生雖然以社會學系學生為主，但班上選課最多的往往是護理系與心理系學生。目前，此地學校已設有老年學科際整合科目，由生物系、社會系、心理系、音樂系、護理系教授輪流講授相關科目課程。學生在選完指定課目後可獲得老年學專業證書，用以配合其主修學位一併授與。

筆者在1985年曾與臺北市社會局專門委員徐麗君女士合撰一冊《老年社會學》由臺北巨流圖書公司出版。從「理論」與「實務」兩角度介紹老年學概念與實際應用問題。那時臺灣這方面的書相當少，我們這本書算是臺灣對老年學討論的早期貢獻。往後，筆者對臺灣老人的興趣一直未間斷過。蔡漢賢、白秀雄、徐震以及內政部社會司、臺北市社會局的老人科負責人員都曾在筆者的研究中幫過忙。臺大社會系的王培勳教授和楊瑩教授亦曾在社會福利理論概念上頗多啓發。這些前輩和朋友是筆者要説聲謝謝的。

撰寫這本新的《老年社會學》是在五南出版社楊秀麗和陳念祖的督促下完成的。一方面介紹近年來較新的老年學理論概念，另一方面也把臺灣近年來有關老人的研究成果和統計資料整理呈現給讀者。要感謝臺中的家庭計畫中心的林惠生將其中心的研究報告提供筆者採用。筆者在1985年和1991年曾兩次赴大陸，與幾位專業工作者討論中國大陸的高齡人口問題，亦獲益匪淺。

撰寫這本書的原則是以淺顯的文字描述為主，輔以美國及臺灣與老人有關的統計調查資料。另外，在每章末亦載有附錄文摘以增加本書的可讀性，要謝謝作者的同意轉載；這些文摘作者包括：游守義、常建華、齊鉉、姚嘉為、吳玲瑤、閻愛民等。內人李紹嶸女士一直是筆者的好伴侶，也是寫作的好幫手。三十多年來的一齊生活，同甘共苦一路走來，真的不簡單。當年我們一起在臺大社會系當助教，再過幾年就要一起在韋恩堡退休。現在撰寫這本《老年社會學》多多少少包含了我們兩人一起變老的經驗與心路歷程。

在人生歷程中，人們常常擔心「中年危機」，一種對即將走入老年時期的惶恐。人們到目前為止尚無「老年危機」的觀念，似乎有認命的無奈，逆來順受。這種想法態度並不正確。一個人如果在老年時期能將身心與社會加以適當的調整，老年危機事實上可以變成一種轉機的。每個人都會變老，但不一定要每一個老人都處在危機中。希望這本書不僅是大學教科書，也能對普通讀者有所助益，正面的走完這段最終的人生路程。

蔡文輝

目　錄

老化人口趨勢

第一節　世界人口增長趨勢

第二節　世界人口的老化

第三節　老人照顧與奉養：聯合國的關懷

〈附錄文摘〉細說從前惜福緣，樂天知命話退休（游守義）

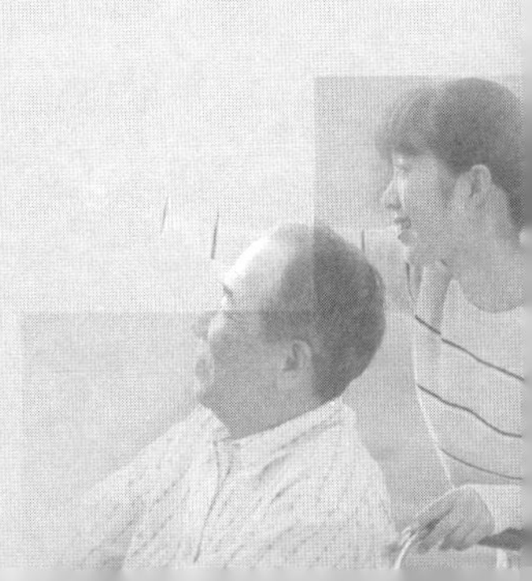

第一節　世界人口增長趨勢

在人類社會演化的漫長歷史過程裡，人類對自然環境適應能力的增強是人口增加的最主要原因。按照達爾文演化論的觀點來看，一種生物的生存與延續最主要的決定因素在於該生物對自然環境的適應能力。適應能力強者，其生存與延續的機會就大；反之，則遭淘汰消滅。應付自然環境挑戰的基本方式有兩種類型：一種是生物在其體質上加以改變修正而增加其抵抗力；另一種則是生物利用外來的工具器物以彌補體質上的不足。很多寒帶地區的動物皆有濃厚的體毛以禦寒是體質演化的結果。人類利用衣帽鞋襪、住屋暖氣設備以禦寒則是利用外來工具器物以適應環境的例子。

人類做為生物的一種，在體質上也有演化的跡象。當其他動物以跑跳速度或高敏感的嗅覺聽覺來增加其捕捉食物的能力時，人類則以頭腦的特殊結構及能力來借用外物以增強其適應能力。一方面利用工藝技術來增加糧食的補給以維持個人的生命；同時又創造了社會組織，聚集眾人，以團體的力量來抵禦其他動物的威脅並抗拒自然環境的挑戰。人類歷史上無數的天災禍害都能在人類團體的通力合作、創新技藝下安然渡過，證明了人類適應自然環境能力的提高。

人口的增加就是人類適應能力增強的表證之一。根據人口學者的估計，一百萬年前地球上的人口大約在十二萬五千左右。在三十萬年前也僅僅只有大約一百萬人口。人口增加是適應能力的增強，但增加的速度並不快速。雖然人口的出生率在該時期並不低，但天災人禍所帶來的死亡率也同樣地高，兩者相抵之下，人口雖有增加，但速度緩慢；有時因特殊情況，死亡人數突增，人口還會減少。

地球上人口急劇增加的現象大約是發生在17世紀歐洲工業革命之後。工業革命以來，人類在工藝技術方面有了突飛猛進的成績，人類生活素質有了極為顯著的改善：糧食的產量增倍，更改善了品種；同時醫療衛生提高了人們存活的機會，死亡率隨之下降。在這種情況下，人們願意有較多的子女。從工業革命初期，一直到20世紀初葉，世界各地的出生率仍然居高不下，而人口死亡率則有顯著的下降跡象。高出生率和低死亡率是工業革命以來人口增加的最主要因素。〔註1〕

從人口數目來看，人口學者的估計認為全世界人口在公元元年時大約是兩億，到工業革命初期的1650年時大約有五億。在往後的二百年間則已增加一倍，到1850年有十億人口。隨後人口急速增加到1945年的二十三億；至1980年則達四十四億；公元2000年則已超過六十億人口。2006年的全球人口估計已高達六十五億。這種急速的人口增加可以說是工業化以來的現象。如果從圖1-1看，曲線的急速上升明顯地是人類幾千萬年演化史的「最近」的新現象。在短短的一百五十年間，人口就增加了五十多億，換成倍數則是增長了六倍。

其實，早在公元1798年英國的哲學家馬爾薩斯（Thomas Malthus）就已注意到人口急速增加的問題。他提醒人們，糧食生產增長可能趕不上人口增加速度的問題不應被忽視。他指出，人口增加呈一種幾何級數增加的程式，即倍數的增加（即1，2，4，8，16，32……）；而糧食的增產只呈算術級數式的增加，（即1，2，3，4，5……）。因此，緩慢的糧食增產必將無法趕上人口的快速增長。馬爾薩斯呼籲重視這個問題。控制人口遽增的方式很多，如饑荒、傳染病流行、戰爭；或家庭計畫。避孕、墮胎、晚婚等等。馬爾薩斯不贊同不仁道的人口控制方式，他推崇晚婚及有計畫的生育以避免人口過

〔註1〕有關世界人口現況，可參閱美國Population Reference Bureau每年出版的*World Information Data Sheet*。

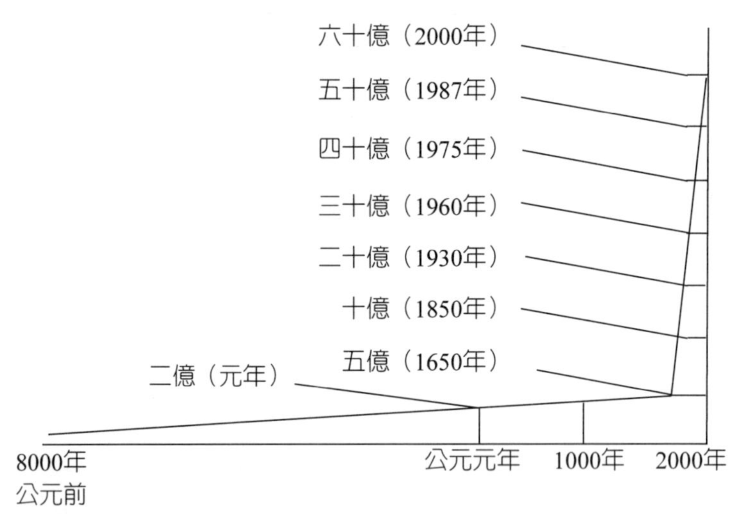

圖1-1　世界人口增長趨勢

多而發生的人類悲情。〔註2〕

人口學家認為出生率的控制牽涉到一個社會的文化習俗、宗教信仰以及個人的心理狀態。在一個工業化的初期的國家都會維持高出生率；死亡率則會因工業化所帶來生活水準的提高而有下降的趨勢；在這時期，這些國家往往會有人口爆炸的現象。人口學家也相信經由教育的普及，以及對生活品質的更高要求，人們必會注意到出生率的控制，而使人口暴增的時期縮短，讓人口成長的速度緩慢下來。人口學家用人口轉型（demographic transition）概念來表現人口演變的歷史過程：由早期的高出生率及高死亡率的人口現象進展到後期的低出生率低死亡率的平衡。圖1-2表現這種人口轉型過程。

〔註2〕有關馬爾薩斯人口論的學術界爭論頗多，可參閱Carl Haub and Nancy Yinger, *The U.N. Long-Range Population Projections: What They Tell Us, Washington,* D.C. : Population Reference Bureau, 1994，對馬爾薩斯論的正面支持。經濟學家Julian Simon則持反對的看法，參閱其“Population Growth is Not Bad for Humanity” in *Taking Sides: Clashing Views on Controversal Social Issues, eds.* by Kart Finsterbusch and George McKenna. Guilford, Conn. : Dushkin, 1992: 347-352。

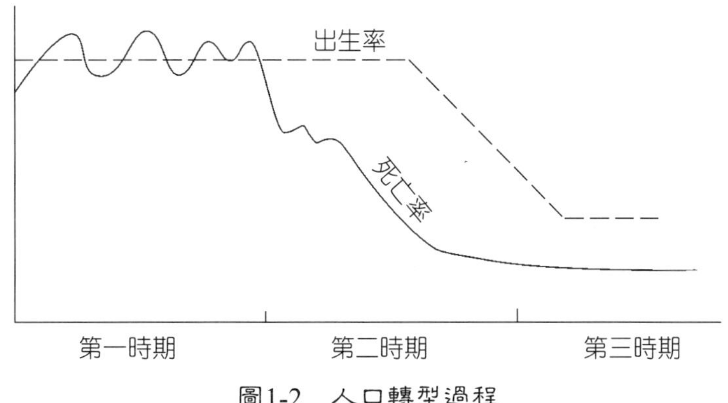

圖1-2　人口轉型過程

人口轉型過程中的第一時期通常是指工業革命之前的世界人口，雖有偏高的出生率，但死亡率也高就抵消緩和了人口的大量增長。第二時期的高出生率與低死亡率則是發生在工業化初期，人口增加相當快速。第三時期是在工業化完成後，出生率與死亡率都維持相當的低，人口增加的速度恢復到緩慢、甚或呈下降的趨勢。這是未來世界人口增長的期望。如果世界各國以人口轉型理論來作比較，則目前低度開發或未開發國家的人口現象可以說仍留在第一時期；中度開發國家或工業化中的國家是呈第二時期的人口現象；高度開發國家或已工業化成功的國家則已抵達第三時期的人口型態。

由於仍有許多國家仍停留在轉型過程的第二時期，世界人口仍在遽增的情況下。據美國人口普查局的估計，全球在2007年初每秒鐘大約有4.2個小孩出生，每分鐘的出生數是二百五十三個小孩。依此推算下去，每一小時有一萬五千多個小孩出生；每天有三十六萬餘個；每月則超過一千一百一十萬；每年更高達一億三千三百二十萬個新生兒。如果減去死亡數大約每秒鐘1.8人，每天十五萬二千餘個，每年五千五百四十九萬個；那麼全球每天會增加二十一萬餘人，每年新增的人口數會高達七千七百七十一萬餘人。這大約是目前美國人口的四分之一。

全球人口的出生、死亡及增加人數依秒、分、時、日、月、年細列於表1-1，供讀者參考。

表1-1　全球人口增長估計，2007

	出生人口數	死亡人口數	增加人口數
年	133,201,704	55,490,538	77,711,166
月	11,100,142	4,624,212	6,475,931
日	364,936	152,029	212,907
時	15,206	6,335	8,871
分	253	106	148
秒	4.2	1.8	2.5

資料來源：http://www.census.gov

以國家人口數字排名，2006年中國大陸以超過十三億的人口占首位，印度的十億人口占第二位。除此，人口有一億以上的，順序有美國、印尼、巴西、巴基斯坦、孟加拉、俄國、奈及利亞、日本等國。按照世界銀行的估計，2006年，世界中有將近五十億人口是在低度開發國家及工業化中的中度開發國家中生活貧窮困苦；而在生活富裕的已開發國家中，人口尚不足十億。在貧窮的低度開發國家中的人口密度亦相對的較高，大約是富裕的已開發國家人口密度的兩倍。2006年世界十大人口國家人口數列於表1-2。

表1-2　世界十大人口國家排名，2006年

（單位：百萬）

排名	國家	人口數
1	中國	1,373
2	印度	1,095
3	美國	298
4	印尼	245
5	巴西	188
6	巴基斯坦	165
7	孟加拉	147
8	俄國	142
9	奈及利亞	131
10	日本	127

資料來源：The World Bank, *World Development Report, 2006*; http://www.worldfactsBook.gov

大多數的已開發國家都已注意到人口增長的問題，也大都已實行節育與家庭計畫。人口學家估計，人口的零成長指標（zero population index）應是2.1，即夫妻兩人的家庭平均生育2.1個孩子。在這情況下，人口不會有增加或減少的變化。如果平均生育指數超過2.1，那麼該社會的總人口會增加；反之，若低於2.1則人口會呈現減退。到目前為止，人口的零成長指標低於2.1的國家有日本、義大利、法國、英國、瑞典、波蘭、匈牙利及俄國。至於中國大陸因一胎化政策的實施，也已接近2.1的零成長率。由於印度並未嚴厲執行人口控制，人口學家估計在21世紀中期，印度的人口總數會超過中國大陸，而成為世界上人口最多的國家。

第二節　世界人口的老化

20世紀以來，世界人口除了數量的急劇增加以外，另一個獲得

人口學家及各國政府注意的問題是人口老化的現象。所謂人口老化（population aging）是指老年人口在總人口比例上逐漸增加的現象。聯合國將老年人口（一般係指65歲以上）占總人口7%以上的國家稱之為老化人口國家（aging population nations），目前大多數已開發的國家都已超過這比例。單單以老年人口數來比較，由於中國大陸人口總數最多，其老年人口也占世界第一位；特別是75歲以上的老人。根據美國人口普查局的估計，中國大陸75歲以上老人約占全世界該年齡組的17.9%。同樣地，1996年資料顯示，全球大約有43%的75歲以上老人分布在以下四個國家：中國、美國、印度以及日本。目前雖尚無更新的資料，但這些老人人口的比例增加，應是可想像得到的。

通常學術界對老年的定義係指65歲以上人口，但是這個年齡並未為世界各國所公認。由於資料蒐集的困難，人口學的分析，有時亦將60歲以上人口稱之為老年人口。以1996年的資料做比較，全世界60歲以上人口超過該國家總人口20%的國家包括：義大利、希臘、瑞典、比利時、西班牙、保加利亞、日本、德國、英國、法國等；至於其他西方國家如芬蘭、捷克、挪威、美國等也已接近20%的人口比例。全球老人人口自1900～2050的成長趨勢列出於表1-3，以供參考。

表1-3　全球老人人口成長趨勢，1900～2050

Year	在總人口之比率
1900	4.1%
1920	4.7%
1940	6.8%
1960	9.2%
1980	11.3%
2000	13.0%
2020	17.7%
2040	22.6%
2050	22.9%

資料來源: http://www.teachealthk-12.uthscsa.edu

如果按照上述所推測的數目來看，全球在2040年以前每5人中將有一位65歲以上的老人。這樣高的人口比率將無法被漠視，中青年人口的負擔將十分沈重。臺灣老人人口的增加也隨著世界的趨勢：在1966年的總人口比率僅占2.7%；到2006年9月底已達到9.9%，預測會繼續增加。詳細資料可見表1-4。

表1-4　臺灣老人人口成長趨勢，1966～2006

Year	在總人口之比率
1966	2.7%
1971	3.0%
1976	3.6%
1981	4.4%
1986	5.3%
1991	6.5%
1996	7.9%
2001	8.8%
2006*	9.9%

*2006年9月底數字

資料來源：《中華民國社會統計指標民國92年》及http://www.moi.gov.tw

按照人口金字塔（population pyramid）的圖形來表達世界性人口老化的現象亦可明顯看出已開發國家的老化情況要比低度開發和未開發地區要來得嚴重。1996年時的人口金字塔圖形大約如圖1-3，低度開發國家的幼年人口要比老年人口多得多。圖1-3裡塔底寬大代表幼年人口之數量多，而塔頂細尖，則代表老年人口較少。但圖1-3裡高度開發國家的金字塔圖形顯然不同、塔底的幼年人口幾與塔頂的老年人口相等。不過，人口學家也注意到低度開發國家未來老年人口急速增加的可能性。而且他們也預測這些低度開發國家的老化速度可能將比高度開發國家來得快些，他們指出1996年全球60歲以上老年人口共

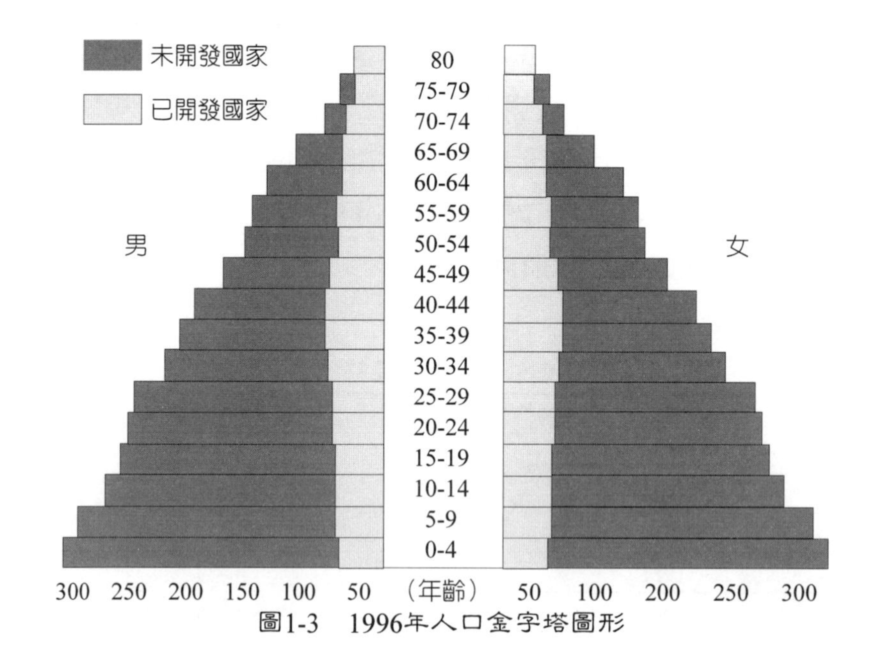

圖1-3　1996年人口金字塔圖形

增加了一千二百萬，其中80%的增加來自低度開發國家。由於這些低度開發國家的生活素質不高不穩，老年人口的急速增加將帶來更多的社會問題。

世界衛生組織也有類似的估計。在其一項對人類21世紀生活的預測裡，發現下列幾項老年人口的可能現象：

1.到公元2025年，全世界將有超過八億65歲以上的老年人口；其中三分之二分布在低度開發國家地區。

2.公元2025年，在中國大陸就有二億七千萬年齡60歲以上的老年人口。

3.從1995年至2025年的三十年間，拉丁美洲和東南亞的大多數國家的老年人口會增加三倍以上。〔註3〕

〔註3〕參閱美國人口普查局在網路上的資訊，刊載於：http://www. ifa-fiv.org/menu7-demographie。近年來網路上的資訊不僅豐富而且快速，對一般研究者提供相當可供參考的即時資訊。

老年人口百分比增加的主要原因有二：嬰兒出生率的降低和人口死亡率的降低。出生率（birth rate）通常是指某地區在一年中每一千人所增加的新生嬰兒數與該年度總人口數的比例。以臺灣地區為例：2005年臺灣的出生率是9.1，即在該年中，臺灣每一千人中就有約9個左右的新生嬰兒。用數學公式來表達，則為

出生率＝某年新出生人口數／某年總人口數×1,000

高出生率不僅代表目前人口增加快，而且也表示未來的人口會更增加，因為這大數目的幼年人口成年至婚育期會生兒育女的數目也多，所以圖1-3人口金字塔裡的未開發國家的龐大幼年人口將帶來更多的人口。而且五、六十年後這批人口進入老年期，其老人人口必然增加，這是人口學家所擔心的。當然，高出生率並非必然帶來老年人口的增加。在工業革命之前，由於高死亡率相對減輕了高出生率的壓力，人口增加速度不高，老年人口相對地增加不多。因此，在計算老年人口時必然要考慮到死亡人數的降低。死亡率係指某地區在一年中每一千人當中的死亡人數與該年度總人口的比例。以臺灣為例，2005年臺灣地區的死亡率是6.1，即該年臺灣每一千人中約有6人死亡。以數學公式來表達，則為

死亡率＝某年死亡人口數／某年總人口數×1,000

表1-5列舉世界上幾個國家及臺灣在2006年的出生率與死亡率供讀者參考。

表1-5　國家別出生率與死亡率，2006年

國家	出生率	死亡率
I.已開發國家		
奧國	8.7	9.8
丹麥	11.5	14.1
挪威	10.9	13.0
法國	12.0	9.1
德國	8.2	10.6
日本	9.4	9.2
英國	10.7	10.1
美國	14.1	14.0
II.未開發國家		
葉門	42.89	8.3
烏干達	47.35	12.24
索馬利亞	45.13	16.63
蘇丹	34.53	8.97
奈及利亞	40.43	16.94
馬利	49.80	16.89
幾內亞	41.76	15.48
臺灣	12.56	6.48
中國	13.25	6.97

資料來源：美國CIA, *The World Factbook, 2006*。http://www.cia.gov

由表中的出生率和死亡率裡可以看出幾個明顯的特徵：

1. 已開發國家的出生率皆低於未開發國家。
2. 已開發國家的死亡率大多數是低於未開發國家。
3. 已開發國家的人口增加率低於未開發國家。

雖然如此，表1-5並無法直接解釋老年人口在各國增加的趨勢，死亡率低代表人的壽命延長；於是老年人口比率會增加。老人終會死亡，死亡率隨後就會稍增。人口學家發現粗死亡率並非正確的指標，而指出「生命餘年」（life expectancy）觀。初生嬰兒生命餘年（life expectancy at birth）係指一個出生嬰兒可預期生命活存的年數，這是依當年的死亡率為基準來計算的。以臺灣為例，1999年的初生嬰兒的生命餘年是男72.3年，女78.0年，即指該年出生的嬰兒，預期可活到男72.3歲，女78歲。一個國家人口的生命餘年愈長，其國家的經濟生活素質愈高。因此，已開發國家人口的生命餘年通常要比未開發國家來得長；而且，通常女性的生命餘年亦比男性要長，特別是在已開發國家。這也指出女性老人在已開發國家裡通常要比男性老人多。人類在20世紀壽命的延長是相當顯著的成果，例如，美國人2000年的生命餘命要比1900年時增加了三十年之多。

2001年世界上國家生命餘年不超過40歲的國家有安哥拉（Angola，38.59年）、波札那（Botswana，37.13年）、馬拉威（Malawi，37.08年）、莫三比克（Mazambique，36.45年）、盧安達（Rwanda，38.99年）、史瓦濟南（Swaziland，38.62年）。如果把這些國家跟生命餘年最長的日本80.8年比較，他們一生的壽命少於日本人能活存一半的年歲；日本人要多活40年以上，相當可觀。幸得這些國家在2006年估計的生命餘年數字中都有增長延長的趨勢。表1-6是國家別的生命餘年比較。

許多已開發國家在20世紀的一百年間，其人民之生命餘年增加了二、三十年。即20世紀末期的人們比20世紀初期者多活了二、三十年之多。由於工藝技術的進步與醫療衛生的普及，低度開發國家的人民今後的預期壽命雖不一定能趕上已開發國家人民，但生命餘年的延長是可以預期的。有些生物學家甚至預測人們可以活到200歲；在今後急速的生物基因工程的運作下，這將不是一件不可能做到的事。

無論如何，全世界老年人口的增加是不可避免的事實；它所牽涉到的社會、政治、經濟、文化等等層面的問題皆值得注意。也正因此，在20世紀末期起，對老年人的研究受到相當程度的重視。老年

表1-6　國家別生命餘年2006年（估計）

國家	男	女	總人口平均數
I.已開發國家			
奧國	76.67	82.11	79.07
丹麥	75.49	80.22	77.79
挪威	76.91	82.31	79.54
法國	76.10	83.54	79.73
德國	75.81	81.96	78.80
日本	79.96	81.70	81.25
英國	76.09	81.13	78.54
美國	75.02	81.82	77.85
II.未開發國家			
馬拉威	41.93	41.45	41.70
烏干達	51.68	53.69	52.67
索馬利亞	46.71	50.28	48.47
蘇丹	57.69	60.21	58.92
奈及利亞	46.52	47.66	47.08
馬利	47.05	51.01	49.00
幾內亞	48.34	50.07	49.50
臺灣	74.67	80.47	77.43
中國	70.89	74.46	72.58

資料來源：美國CIA, *The World Factbook, 2006*。http://www.cia.gov

學（Gerontology）在大學和研究機構裡遂成主流學科和研究論題之一。政治團體在經費和資源的提供上，對老年學的傳授與研究亦給予相當的支持，國際性的老年學會和組織更相繼出現。〔註4〕

〔註4〕世界衛生組織（World Health Organization，簡稱WHO）的資訊，引自http://www. who.int/1998網路上所收錄之1998年Executive Summary。

第三節　老人照顧與奉養：聯合國的關懷

隨著世界性老人人口的增加，許多國家皆已注意到對老年人照顧與奉養問題的急迫。在傳統社會裡，照顧和奉養老人的責任係由家庭子孫負擔。在工業社會裡，傳統的倫理無法採納遵行，因此產生老人社會生活的危機。既然工業化幾乎已是全世界各國共同的發展方向，老人面臨的問題乃成為一世界性的問題。在一份有關老人的研究報告書，聯合國指出：世界老人人口數的增加數要比全球總人口數的增加快。因為過去50年來老人人口數已增加了三倍，而且在未來的50年還會再增三倍。有鑑於此，聯合國早在1991年通過了「聯合國老人綱領」提出五個要點，包括：

一、獨立

1.老人應有途徑能獲得食物、水、住屋、衣服、健康照顧、家庭及社區的支持、自助。

2.老人應有工作的機會。

3.老人在工作能力減退時，能夠參與決定退休的時間與步驟。

4.老人應有途徑獲得適當的教育及訓練。

5.老人應能居住在安全與適合的環境。

6.老人應儘可能長久的居住在家中。

二、參與

1.老人應能持續融合在社會中，參與相關福利的政策制定，並且與年輕世代分享知識與技能。

2.老人應能尋找機會來服務社區與擔任適合自己興趣及能力之志工。

3.老人應能組織老人的團體或行動。

三、照顧

1.老人應能獲得符合社會文化價值、來自家庭及社區的照顧與保護。

2.老人應有途徑獲得健康上的照顧，以維持身體、心理及情緒的水準，並預防疾病的發生。

3.老人應有途徑獲得社會與法律的服務，以增強其自治、保護與照顧。

4.老人應能夠在人性及尊嚴的環境中，適當利用機構提供的服務。

5.老人在任何居住、照顧與治療的處所，應能享有人權和基本自由，包含了對老人尊嚴、信仰、需求、隱私及決定其照顧與生活品質權利的重視。

四、自我實現

1.老人應能適當地追求充分發展的可能。

2.老人應有途徑獲得教育、文化、宗教、娛樂的社會資源。

五、尊嚴

1.老人能在尊嚴和安全感中生活，自由發展身心。

2.老人應不拘年齡、性別、種族、失能與否等狀況，都能被公平的看待。

聯合國在1992年更發表了一個「老化宣言」，希望各國政府與非政府組織、學術機構、私人企業和團體共同展開滿足老人需求的宣傳。聯合國也希望透過上述團體與個人，同心齊力共同創造一個「不分年齡，人人共享的社會」；為了達到這個目標，聯合國更訂1999年為「國際老人年」。

在「國際老人年」的理念題綱中，聯合國對各國提出兩個階層，相輔相成的理念活動：全國性的及地方性的活動。全國性活動包括訂定1999年10月1日為「國際老年日」，宣揚老人福利與共享的理念，並建立一全國性的專責機構統籌各項活動並擴展至國際性的經驗交流。地方性活動建議鄰里、家庭、個人、商業界、學校，以及大眾媒體採取幾項主要活動讓人們認清老化不僅是一項值得特別關注的主題，更是一種影響日常生活的過程，它需要個人、家庭及鄰里的回應。

以下是聯合國「國際老人年」理念綱要文件的重點。它對今後老年學的研究方向及老人福利的推展將有重大的指導作用。

一、全國性活動的理念

㈠核心結構

1.指定一個主導機構或中樞據點（譬如一個機構或個人作為資訊來源）以及（或者）召集一個籌備會議去成立由各界有興趣人士共同組成的1999國際老人年委員會。

2.成立1999年委員會：成員可包括傳統的行動者，如政府行政人員、老人組織、老人學研究機構等，以及非傳統的行動者，如媒體、青年組織、學校和大學、發展性機構和環境保護團體、基金會、婦女和本土性機構、宗教、專業和商業實體（許多國際性聯合會的各國分會已經在為1999年做準備，這也將是1999年委員會有價值的資產）。

3.準備一個1999年的計畫，包含促進和發展的成分（如後），同時也向外擴展到地方性的區域和國際性的接觸。

4.設置一個秘書處和編列預算：退休人士應組成或擴大一個核心的秘書處。

5.成立一個基金。

㈡1999年提升性措施

1.在全國注目下，宣布1999年是國際老人年：邁向一個不分年齡、人人共享的社會。

2.在全國注目下，宣稱10月1日是國際老人日。

3.引用、翻譯和傳布「聯合國老人綱領」。

4.建立一個全國性的行事曆和創意性的資料庫去協助訊息的交換和合作。

5.邀請市民（市長、社區領袖、作家、家務服務員、照顧者等）齊聚一堂，以表示他們對不分年齡、人人共享的社會和對新世紀的老人之看法。

6.策辦媒體對於個人一生的成長、家庭和社會變遷中的多世代之間關係等主題進行辯論。

7.籌組全國性的園遊會，為政府行政機關、非政府組織、基金會，及企業界等提供展示攤位。

8.邀請學術界參與探索一個建立年齡整合社會的原則和實務作法。

9.可從各國的其他國際年報告尋求理念，譬如1994年的國際家庭年，1996年的消除貧窮年。

10.運用其他節日來為老人和老化慶祝，譬如：國際健康日、婦女日和志願服務日等。

11.依擇定的優先順序來辦理全國性研討會，這可以包括：

⑴在家庭和社會間的多世代之間關係：互相依賴（獨立和依賴的測量）。

⑵彈性的工作和退休制度、部分工時、事業第二春、工作者和照顧者的衝突等。

⑶照顧的架構，一種新而可持久的夥伴關係：居家照護、長期照護系統、保險，以及性別的議題。

⑷鄉村地區的老化和發展，社區內的企業、合適的科技等。

⑸不分年齡、人人共享的城市：在居住安排和服務等方面的創新。

⑹不分年齡、人人共享的科技：工作和維生的新工具，便於老人使用的農業生產工具等。

⑺邁向不分年齡、人人共享的社會：調整內部結構和調整認知。

⑻終生的個人成長：生命的內涵和本質之改變。

⑼對於2000年、2020年和2050年新世紀老人生活藍圖之刻劃。

㈢1999年及其以後的發展性措施

1.諮詢有關短期的指導原則以設定有關老化的全國性目標。

2.為了長期的議題和優先順序之設定，主動去接觸有關老人的全國性協調機制。

3.將長期的議題和優先順序統整納入1999年的準備中，如晚年的勞動參與、彈性的退休制度、提供照顧的策略、年輕人對長壽的看法、不同世代間的交換等。

4.設計2020年的未來藍圖。

㈣擴及地方區域

在1990年代有關老人的地方性議程已給予38項建議，包括鄰里、家人、個人、商業部門、學校、大學以及媒體（如後）。

㈤國際間的外展

1.參與聯合國1999年的行事曆以促進經驗的交換。

2.考慮準備一份1999年和其以後的綜合性國家報告，以利在國際上分送。

3.和其他國家（城市、大學）的聯結關係，特別是南一北和東一西之間的合作關係。

4.主辦和（或）參與國際性的研究、事件和研討會。

二、1990年代有關老人的地方性議題——老人問題

地方政府在準備1999國際老人年時可使用以下所列舉的創新方法，大部分是屬於世代之間的，促使他們自己能與正式和非正式部門合作，並支持老化不僅是一項值得特別關注的主題，更是一種影響日常生活的過程，需要個人、家庭及鄰里的回應，因此建議鄰里、家庭和個人、商業部門、學校、大學和媒體採行以下的行動：

㈠鄰里、家庭及個人

若合適的話，地方政府、社區領導人、家庭和個人將會希望：

1.整合都市老人的需求在都市及社區計畫之中，包括住宅、交通、健康和社會服務，並注意老人的多樣性，其中包含在其他人、本地老人、移民及難民之中的差異。

2.草擬有關老人行動的地方計畫應與老人代表合作，並支持建立

以社區為基礎的老人組織，包括為國際老人年做先鋒準備的「99委員會」。

3.建立資深公民顧問團體（銀髮會議），由那些對於地方政府提出社區事務（特別是有關老人事務）建議的老人所組成。

4.設置老人局以建立並保存依老人才能及專業所製作的老人名冊，以及在社區發展中有酬的和無酬的工作機會之名冊。

5.為老人安排一系列的演講，也可由老人主講，例如：家庭教育者談家庭中的相互照顧、農業專家談改良農藝或園藝、會計師談財務計畫、物理治療師談體操運動、醫師談營養、藥劑師談藥品、警官談安全及保護、律師談訂定遺囑和遭虐待時的求助。

6.與當地企業合作開辦社區訓練及娛樂中心，為老人及其他目前暫時未就業的公民提供服務，期能增進其給付資格及能力。

7.委託老人團體及女童軍、男童軍或其他公民編撰地方史，可透過圖書館、地方歷史學社、個人、博物館和歷史勝地去獲得資訊。

8.籌劃包括所有年齡層的運動競賽。

9.經由學校、社區論壇、地方媒體針對世代之間交換、家庭諮詢、家事平等分工（尤其是提供照顧方面），以及家庭中老人虐待的成因和治療等議題進行對話，期以支持家庭整合和團結。

10.引介代理親屬方案或老人的社區團體給獨居老人，以協助維持他們留在社區中生活。

11.建立一個跨越正式和非正式部門的綜合性社區照顧體系。

12.在較大的社區內整合住宿機構和日間照顧中心，在計畫和執行服務時應有入住者及其家屬之參與。

13.引介和實施支持性服務以確保死亡的尊嚴及對於喪親傷痛之支持，並尊重老人在這些方面的心願。

㈡商業部門

在尚未完全發展的地方，商業部門、專業社團及個人將會希望：

1.與老人商討成立就業機構以確認和促進適合老人的工作機會及環境。

2.擴展終生在職訓練並保有獲得新技術的再訓練、社區服務及所得安全。

3.支持老人銀髮企業及合作企業之創立，例如包括：小規模的印刷廠、洗衣店、農場、磨坊、麵包店等等，這些商店可開設在老人住宿機構之內或其附近。

4.檢視地方上老人工作機會之擴張是否會縮減年輕人的就業機會，並探討兩個年齡層的人能否在共同的計畫上合作。

5.為老年的水電工、編織工、草藥商、農人、護士、電工、會計師、木匠、攝影師及藝術家等組織一個銀髮族職業商展。

6.發行銀髮名冊，列舉出有意願分享專長，也有意願為支持地方、國家及國際發展而努力的老人名單。

7.由老人製作從事所得衍生活動的手冊給地方商業社團和組織，這或許可提供有用的建議、模式及實質上的支持。

8.出版一本有關籌募資金的手冊給地方自助團體和服務組織，促使他們有能力從不同資源中取得財務支援。

9.要求社區領導人頒發商業獎章表揚那些提供老人特別折扣優惠的企業、慷慨對待老人的組織、對老人福祉有卓越貢獻之企業。

10.藉由彈性工時之實施和針對所有年齡依賴者的綜合性日間照顧中心之設立，來支持有家庭照顧責任的就業者，並儘可能與地方政府和志願服務部門合作。

11.介紹彈性退休年齡的概念，並實施和辦理退休前諮詢。

12.為所有年齡層設計並促銷較廣、較有吸引力的促進健康之商品及服務，尤其是那些能造福老人的商品和服務。

㈢學校和大學

在此行動方案中也列舉了適合學校及大學所從事有關老人的調查、青年會議及其他活動，若適當的話，大學、開放大學、第三年紀大學、社區學院、國中、高中將會希望：

1.藉由下列方式為老人提供教育：在特定場所為老人開辦定期低費用或免費的課程；為老人開辦與老化主題直接相關的特殊課程，諸如健康維持、所得安全，以及老人改變中的形象等。

2.就人口老化意涵及因應之課題，為記者、廣告客戶、建築師、雇主、社會及健康照顧者、家庭照顧者、志工及地方政府的成員舉辦演講及研討會。

3.與老人合作舉辦調查以作為發展地方計畫及老人方案之參考，包括老人的訓練需求之調查、他們的家庭、社會經濟和政治情況。另舉辦以成人準備為題的調查，而且其他教育機構應提供所需的訓練。

4.描寫並演出一場口述歷史劇，由一群學生針對老人口述的生活做錄音記錄，然後依此紀錄寫出劇本，接著由老人演出他們現在的自己，而學生則扮演昔日事件發生時的老人。

5.舉辦海報及（或）徵文競賽，提供獎項給成功描寫世代之間合作之最佳作品，該獎勵可由地方企業或商店捐助，得獎的海報作品可作展覽，而徵文的佳作則可在當地媒體出版或廣播。

6.將老人學視為社會科學、新聞傳播學、教育學領域中的一門核心學科，而護理學、醫學也應將老人醫學列為主要學科。

7.辦理已開發及開發中國家退休教師間之交流，以促進讀寫能力的提升及對文化的瞭解並豐富文化。

㈣媒體

老人年的觀察中一個重要角色是媒體，他們會影響態度、能力及機會。地方性和全國性的報紙、廣播、電視臺、圖表設計公司、廣告客戶和公關公司都應當參與，例如他們將希望：

1.解釋人口老化及其對所有世代和社會各界的影響。

2.就老人的生命歷程經驗、對社會的貢獻、對重要事件的看法、創造力、組織能力、自我依賴、尊嚴以及在面對貧窮、疾病及死亡的勇氣等呈現出老年的多樣性。

3.在家庭與鄰里中針對環境保護、藥物濫用、控制和衝突解決等主題促進世代與世代之間的對話。

4.訪問正式和非正式的照顧者，包括男性和女性家庭照顧者，並確認他們所需要的支持；喚起社會對家庭或機構中老人虐待的原因及對策之重視。

5.認識老人是社區發展中的一項資源，例如在地方報紙或廣播中開設一個老人的專欄。

6.藉由紙張的捐獻、影印費用的減低，以及提供有關編輯、行銷和管理訓練來支持一個老人期刊雜誌的開辦。〔註5〕

聯合國的上述理念與工作綱領毫無疑問地代表了世界人類對人口老化的關懷及所應面對的工作對策。臺灣雖然不是聯合國的會員國，但其老人福利政策與措施必然受到聯合國理念的影響，這是可認同的，是值得我們重視的。〔註6〕

〔註5〕有關人口學理論，中文參考書目主要有：臺大人口學會出版的《人口學報》，得雄（1985），《人口教育》，臺北：三民書局，廖正宏（1985），《人口遷移》。臺北：三民書局。

〔註6〕國際老人年理念與綱要採自內政部網路上所載訊息，請參考http://www.vol.moi.gov.tw/sowf.3w/04/11.htm。

附錄

文摘　細說從前惜福緣，樂天知命話退休

游守義

打自退休、移民來丹佛，仍一年總有一、二次來往於臺、美間。最近一次是在今年3、4月間，我仍是中華民國國籍，國內選總統，我也心有所屬，當然要回去投我那神聖一票。另一要務是報所得稅，縱已無收入吃自己的，有戶籍仍得要報稅。

新移民想必有很多和我一樣常有兩地奔波之需：本尊雖已移駕美國此地，但在臺灣仍有太多一時難以盡捨的群絆。畢竟那是我們長年成長、發展、茁壯的地方。而今兩地須報稅、甚至繳稅是義務、不是煩惱，確頗累人……來美三年，夜半夢迴，猶有「思鄉」之緒，輾轉反側，久久不能自己……永和豆漿燒餅油條、八德路原味奇佳牛肉麵……都令我食指大動！但最懷念，不如歸去的還是巷口老阿婆那道地味極濃蚵仔麵線的引誘，對熟客她常會熱情地多添兩塊肥大腸……。

初退休時，難忍寂寞，每看到別人為工作忙碌仍頗技癢！人家說我看來還這麼年輕就退休當老太爺，我也曾一時不知如何以對？但既已選擇了悠閒，就縱有不捨也不得不漸從往日臺北那絢爛中淡出……人生「花甲」是關卡，縱身康體健、活力仍是、幹勁猶在……畢竟長江後浪推前浪，仍不得不起身交棒走人……何況如今時代進步，代代想法、做法、價值觀……相差一日何止千里，e世代更有網路推波助瀾……更加速世代交替！或因此之故，邇來發現隨我

之後告老退休的老同學、老朋友、老同事……愈來愈多！更令人興奮人生際遇聚散不可思議的是過去同國內、卻幾十年緣慳一面……卻在美國這樣遼闊的異鄉從各地趕來重逢！把酒敘舊，撫今追昔，有說不完的話、更有道不完的相互祝福……心有戚戚焉，先後來美的這些「舊雨」竟有相同的「憂心」——兩岸箭拔弩張的對峙和國內世風的日下……。

有人悲天憫人：不知我們這一代「遭遇」是幸？還是不幸？雖未遇上一代戰亂的「顛沛流離」，卻常須面對被競爭淘汰考驗的「憂慮」……今日好漢有本事就可出頭縱然可喜……更多人卻陡然醒覺彼此退休時間愈來愈早，奢言第二春、第三春豈是那麼容易？而弔詭的是醫學進步神速，人的壽命愈來愈長！若找不到自己寄託，則這漫漫歲月將如何熬過？固人人有其一套相應之道，但也個個有本難唸的經。最阿Q恐也是最聰明的處世態度是「管它那麼多，自己Happy就好！」最怕的是提不起，放不下，又丟不開……跨不出心頭那層「迷障」、就避不了「自尋煩惱」……則「加速折舊」恐是唯一的「宿命」……。

一位我來丹佛才結識的鄰居，比我年長兩輪，是此地很多人熟悉的僑領，尋根溯源也算得上是我「鄉長」……但他任怎麼看也不比我這花甲小老弟或晚輩「老」多少……來美三十多年，已在這裡開枝散葉，子孫衆多；英文講不上幾句，卻在僑界及周遭洋人圈裡很吃得開……他常以自己三句半「洋涇濱」在丹佛通行無阻自豪……和我已是很談得來的忘年之交！

◎轉載自聯合報網上文學 http://www.chineseworld.com/column/

老年學的範疇與理論

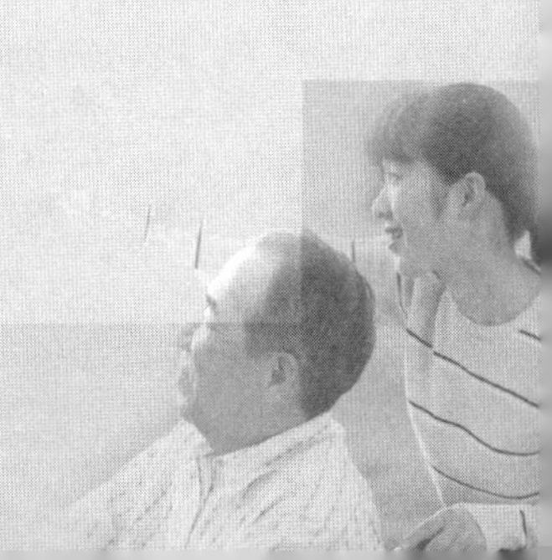

第一節　老年學的興起

到目前為止，學術界和老年工作專業者對老年學的定義與其所討論的層面仍尚無定論。老年學（gerontology）到底是一門純學術性的獨立學科還是一項附屬於其他學科的研究範圍，在學術界仍時有爭論。部分學者認為老年學不能算是一門學科，只能算是一種職業訓練的技能傳授，是應用在對老年人的協助為主要目的。另外一大群學者則相信以客觀性的科學態度和方法來研究老年人是學術性的。美國國家老年研究所（National Institute on Aging）給老年學的定義是：「一種對老年的廣義研究」，流於籠統，並未能澄清這些爭論。〔註1〕

對老年人的安養問題，對死亡的論題，以及對人生死後世界的疑想……等在上古的文獻和哲學宗教思想都時可發現。無論古今中外，人們尋求長生不老的願望一直未曾停過。古典中西文獻上不難發現四種主要的老年文獻：第一種文獻是把上古早期的人類壽命描寫得皆是長壽；生活簡單、無憂無慮，必長壽。第二種文獻是想像地球上必有長生不老之藥方，亦必有永生之地；激起古人尋求這類地方及這類藥物之欲望。第三種文獻則把老年的生活加以美化，含飴弄孫，自由自在。第四種文獻則把老年的生活給以負面的醜化：孤苦無依、病痛纏身、對死亡的恐懼。

傳說與想像成為各個社會的文化的一部分。因為舊社會裡老年人口不多，所以上述傳說的真假不值得研討，但是今日老年人口在許多

〔註1〕主張老年學是一獨立學科的學者包括下列幾位及其論著：Clark Tibbitts, *Origin, Scope, and Field of Social Gerontology*, 1960; R. D. Bramnell, *Gerontology as a Discipline*, 1985; M. M. Seltzer, *Issues of Accreditation of Academic Gerontology Program and Credentialing of Workers in the Field of Aging*, 1985。持反對論者主要是下列幾位及其論著：M. Levine, Editorial: *Does Gerontology Exist*,1981; R. C. Adelman, *The Dilemma of Research Training in Gerontology*, 1986及D. A. Peterson, *Gerontology Credentials: Extent and Consistency* 1987。

國家皆已急速增加。社會對老人的瞭解卻仍然停留在傳說推測上，於是偏見、迷思、假想等跟事實不符的到處可見。

美國老年學者哈雷斯（Diana K. Harris）和寇爾（William E. Cole）兩位把一些美國人對老年人的迷思偏見，列舉出下列幾項：〔註2〕

1.所有的老年人都是一樣。只要老了，他們之間的行為價值就會一致而無差別。

2.絕大多數的老年人都很孤獨寂寞，並遭其子女遺棄，孤苦無依。

3.跟年輕人比較，更多的老年人患有重病，長期臥病在床。

4.女性老人較男性老人能適應退休後的生活。

5.大多數的老年人沒有學習能力。因此，不必費心教導老人新知識和技藝。

6.絕大多數的老年人沒有性能力，而且也對性無多大興趣。

7.老年人比年輕人更怕死。

8.老年人工作效率低，生產力低。

9.大多數的老年人脾氣不好、沒有耐性，而且容易動怒。

10.老年人比年輕人更迷信宗教及神明崇拜。

11.大多數的老年人經濟環境貧困。

12.大多數的老年人都希望跟子女同居一處。

13.老年人最大的嗜好是睡覺和看電視。

14.老年人都有重聽症，因此跟老年人講話必須要大聲喊叫。

15.大多數的老年人皆對政治無興趣，因此他們比年輕人較少參與政治、投票率不高。

〔註2〕Diana K. Harris and William E. Cole, *Sociology of Aging*. Boston: Houghton Mifflin, co., 1980, pp.3-4.

16.絕大多數的老年人都住在安養所、養老院或類似機構。

另外一位學者田馬克（Florence Denmark）也列舉了下列十二項平常人們表現的錯誤觀念：

1.年歲的增長會帶來心理的緊張。

2.老年人是比年輕人更心理消沉。

3.當人們變老時會更沉淪於年輕時的往事記憶裡。

4.老年人比年輕人較不滿於他們的日子。

5.家裡其他成員常會排斥老年人。

6.老年人很少探視其子女。

7.老年人的性慾呈減退。

8.老年人無法行房事性交。

9.老年人與社區隔離。

10.社交隨年歲的增長而減少。

11.老年婦女總盡力不使家庭分離。

12.多數老年婦女健康不良。

其實上面所列舉的迷思並無科學的根據。大多數的美國人並不明白這些迷思是怎麼來的，更不確定是真是假。尤其今日美國重視年輕人，總是把老年看成是一種悲慘的世界，並依據古老的傳說或新創的迷思來看老人生活。有人曾經要求一批大學生把他們對老年的首要印象用一個形容詞來表達，結果大多數學生用的字眼都是些類似負面的字眼，如緩慢、遲鈍、沮喪、嚕嗦、悲劇等來形容老年人。同樣地，中國人把老年人統統視為仁厚和智慧型長者也無根據。

老年學的產生一方面是由於老人人口增加，另一方面則亦是針對社會上對老年人的無知而來的。科學家中尤其是生理學家注意到人類體質變老（physical aging）的過程及其產生的生理疾病；心理學家注意到老年人心理老化（psychological aging）的過程；其他行為科學家則強調老年人與眾不同的行為規範；而政府福利部門則注意到老年人口增加所帶來的社會負擔及其應付之道。

在20世紀的前五十年間，很少有人注意到老年問題。因為人的壽命不長，老年人口不多，不值得注意。生老病死是很自然的過程，何況很少人能活到60歲以上。考古學家們估計人類在四萬年以前，80%的人活不到30歲、95%的人在40歲前都已過世、能活到50歲幾乎是難如登天。在一萬年前時，還有86%的人活不到30歲，而只有約3%的人能活到50歲。〔註3〕

另外一個研究則推算出十萬年前，人的生命餘年（life expectancy）大約是在20歲以內，到八千年前時仍然低於20，古希臘時代增長到20歲及30歲之間，中古歐洲時代的英國亦大約是33歲。美國麻薩諸塞灣地區在17世紀中葉的生命餘命約35歲，到1900年時的美國人才提高到48歲。資料顯示：17世紀歐洲人只有1%的人口在65歲以上，到19世紀時的歐洲，65歲以上人口也不過是4%而已。中國傳統社會裡的生命餘命並無資料可查，但以古人常說的「人生七十古來稀」來推測，能活到70歲以上者是少而又少的。

人類有較多的人能活到65歲以上是最近的事。在古時代裡，饑荒、戰爭、天然災害等等往往使得人們難以活到老，特別是體弱者總是先被淘汰。死亡是人生過程裡一個正常的自然現象，人們也常親眼看到其他人的死亡，因此活到老幾乎是一個很難達到的夢想。即使有人能活到老，其總人數僅占社會人口的一小部分不值得注意。有不少的初民社會鼓勵年老者在有疾病時自生自滅，以減少社會的負擔。尊敬老人是道德的理想，可是直接關懷處理老年人事務並非易事。在西方社會裡，老年人被視為一群無用的廢人；在傳統中國社會裡，老年

〔註3〕David H. Fischer, *Growing Old in America*. N. Y. : Oxford University Press, 1978, pp.6-7.

人則是一群「安養天年」的孤獨者。兩種社會裡老年人的處境雖不同，但受社會歧視隔離則是事實。

活到老既然在以往的人類歷史裡是很稀有的現象，對老年人生活的研究與瞭解自然沒受到學者的注意。但是當代人口結構的變化引出了更多的老年人，也連帶產生了相關的社會問題，亟需社會全力的解決。農業社會裡的老人人數不多，而且都由子女奉養，對整個社會負擔不大。但工業化的社會則對老年人有巨大的影響。葛蘭德（Richard C. Crandall）指出工業化對老年人至少有下列四項重要影響：

第一個影響是：工業化的新生產制度擾亂了原有的傳統社會結構。在傳統社會裡的社會秩序，基本上是由擴大家庭（extended family）或宗親（clan）來維持的。因此，老人的生活和安養問題總是交由家庭或宗親組織負責。工業化增加人們地域流動的可能性，離鄉外出工作成為一種新的社會現象。年輕者出外、年老者留守家鄉變成新的社會型態。可惜的是，社會並未能在工業化過程中發展出一套可以代替家庭或家族養老的方式來照顧那些仍然留守家鄉的老年人。

第二個影響是：工業化社會求新求速。新的工藝技術日新月異，逼使老年人畢生所累積之經驗技術變得毫無用處。新的機械及生產知識總是偏好於年輕人，老年人在新的工業勞動市場變得毫無用武之地。因此，老年人的社會經濟地位逐漸減退。

第三個影響是：工業社會在西方資本主義的影響下以利潤的獲取為最主要目標。按照馬克斯（Karl Marx）的講法，勞力本身就是一種可以用來交換的商品（commodity）。老年人體質較弱，無法勝任較艱苦的工作，生產力低，其在勞動市場上的交換價值（exchange value）自然低於年輕者。因此，工廠裁員時往往以老年勞動者為對象，以提高生產力及增加利潤。

第四個影響是：葛蘭德認為上面的三種影響對老年人所獲得的是負面的效應。但是他同時也認為還有一種工業化的影響對老年人是比較正面的，那就是退休制度和保險制度的產生。以往的舊傳統社會沒有退休保險的概念，勞動者往往做工做到人死才停。但是工業化的結果往往逼使年紀大者不得不在身體仍然健康的情況下退休。此種情況提醒了工人組織工會保護自己的利益，由工資的爭取而擴大到退休後的經濟保障。保險與退休金的制度由此而生。〔註4〕

工業化的結果亦帶來了都市化（urbanization）。由於工廠往往集中在大城市裡或其外圍，年輕人往都市遷移以尋求工作機會的現象都在許多工業化中的國家出現。雖然都市化往往造成老年人獨守家園的現象，但都市化的結果也產生了一套可用來協助老年人的社會服務，例如：醫療設備的增加，醫院的集中一地，新型娛樂設施的出現，以及個人工資的增加都間接對老年人有所助益。

行為科學、包括心理學、社會學、以及其他社會科學皆源自於西方社會，也盛行於西方社會。20世紀下半期的行為科學對少數或弱勢團體（minority groups）的研究相當熱心。老年人在西方社會屬於弱勢團體、研究弱勢團體的學者常對老人學非常關心。

近些年來，老年學逐漸受到學術界重視的最主要原因可能是由於美國聯邦政府近幾年來對老年人口的重視，對老人研討會的支持，及研究基金的大幅增加。在1950年，聯邦政府曾首次召開有關老年人口問題的會議。1961年和1971年兩次的老年白宮會議（White House Conference on Aging）更把老年問題正式浮上檯面。隨後，美國國會組織了四個委員會來處理老人相關的問題。這四個委員會包括參議院的老年特別委員會（Senate Special Committee on Aging）與勞工

〔註4〕Richard C. Crandall, *Gerontology: An Behavioral Science Approach, Reading*, Mass: Addison-Wesley, 1980, pp.24-25.

與大眾福利委員會所附設的老年小組（Subcommittee on Aging of the Senate Committee on Labor and Public Welfare），及退休、安全及老年小組（Subcommittee on Retirement, Security and Aging）。眾議院則另設有老年委員會（House of Representatives Select Committee on Aging）。這四個組織的成立具體地反映了聯邦政府對老年人的重視。美國聯邦政府投資在大學裡之研究經費往往影響一個學科研究的方向，尤其美國在1965年通過的美國老年法案（The Older Americans Act）裡對研究有明文的規定及經費補助。因此，學術界對老年研究漸趨活躍。

美國老年學會（The Gerontological Society）成立於1945年。該學會在1957年間獲得聯邦政府的國家心理健康機構（The National Institute of Mental Health）之巨額補助得以展開對老年的研究，該項研究結果發展出了三部頗具影響力的老年學著作。這三部分別是1959年出版的《老年與個人手冊：心理與生物觀》（*Handbook of Aging and the Individual : Psychological and Biological Aspects*）；1960年出版的《社會老年學手冊：老年的社會觀》（*Handbook of Social Gerontology : Social Aspects of Aging*）以及同年出版之《西方社會之老年》（*Aging in Western Society*）。〔註5〕

1960年代和1970年代相繼推出一些老年研究的主要學術性刊物。其中包括：《實驗老年學》（*Experimental Gerontology*, 1966）、《老年精神病理學刊》（*Journal of Geriatric Psychiatry*, 1967）以及《老年與人的發展》（*Aging and Human Development*, 1971）。此後，1980年代出版品更有《老年與社會》（*Aging and Society*, 1967）、《老年與健康學刊》（*Journal of Aging and Health*, 1989）

〔註5〕有關老年研究之發展史，可參閱Leslie Morgan and Suzanne Kunkel, *Aging: The Social Context*. Thousand Oaks, Pine Forge Press, 1998之第一章與第二章。

及《應用老年學學刊》（*Journal of Applied Gerontology*, 1982）。美國兩位學者發現在1954年至1974年之間共有五萬篇牽涉到老年的論文。〔註6〕

考德禮（E. V. Covdry）是老年學之創始者。他在1939年出版了第一部有關老年的書：《老年問題》（*Problems of Aging*），還在1948年協助成立了國際老年學會（International Association of Gerontology）。在1957年，芝加哥大學的社會心理學家紐家敦（Bernice Neugarten）首次在大學內講授老年問題課程。美國的幾個著名大學相繼設有研究老年的機構，特別是芝加哥大學（University of Chicago）、杜克大學（Duke University）、南加州大學（University of Southern California），以及布蘭德斯大學（Brandeis University）。即使至今日，這幾個大學對老年研究仍然相當重視。在大學裡老年的課程已經相當普遍。根據1991年美國高等教育老年學會（The Association for Gerontology in Higher Education）的統計，設有老年學正式課程的有320所大學。其中不少更正式授予學位或修業證書。〔註7〕

1957年當社會心理學家紐家敦在芝加哥第一次教授老年學課時，老年學還不能算是一門獨立的學科。目前，西方國家的大學裡雖然都教授老年研究或老年學的課程，甚或授予學位或專業證書，但是老年學跟其他學科的密切關係仍然存在。老年學和老年研究的知識與理論在對老年人的世界已具相當正面的貢獻，正如兒童發展的心理社會的研究大大幫助了人們對兒童成長的瞭解，老年研究已成為學術界對人

〔註6〕Woodruff & J. Birren, *Aging: Scientific Perspectives and Social Issues*. New York: D. Van Nostrand, 1975.

〔註7〕參考Cary S. Kart, *The Realities of Aging*. 4th edition.Boston: Allyn and Bacon, 1994, pp.23-32.

生最後一階段的瞭解不可忽視的一環。

第二節　老年學的層面

老年學所研究的層面牽涉得十分廣闊。一般人往往以年齡來做界定的標準，但是事實上年齡只不過是年紀的一個抽象的記號。老年學者指出老年的概念牽涉到下面幾項重要的層面：

一、體質的老化（physical aging）

對生理學者來講，老化（aging）是人體器官功能性的逐漸衰敗而終至死亡的過程。有些學者認為人一生下來，在體質上的成長就是一種漸進的邁向老化的過程。人類的身體由稚弱而成熟，終至退化；在生理上，年紀大的人對疾病的抵抗力消退，體力及耐力都不如前，生育力及視力等都在減退；而齒牙動搖，頭髮變白，皺紋出現等，都不在話下。雖然這些老化徵象似乎是必然，不能避免的，但是新進醫學知識卻提出新的看法：認為許多是可預防的，否則，至少也可延後發生。這些新知識指出人們如能在生活習慣上，飲食起居上，以及文化習俗上有所改變及修正，上述的老化徵象是可以避免或延續的。例如，戒煙、運動、少油少鹽少糖多纖維的飲食不僅增進身體的健康，對老化過程是絕對有助益的，是能延緩的。

二、心理的老化（psychological aging）

心理的老化過程包括人格、心理功能以及自我概念的改變。心理學家發現個人的人格與自我觀在童年社會化訓練過程中就已定型。因此，人格與自我觀不會隨年齡的增長而有巨大的改變。特別是在中年後就很少有變動。例如，人們不會因年紀大而變得聰明些。同時，頑固的人格也不會因年紀大而變為開放明朗些。有些指出：記憶能力的減低是由疾病引起的，而非因年紀大而產生。有大多數的老年人仍然擁有良好的記憶力。

三、社會的老化（social aging）

生理和心理上的老化雖然對個人有無可避免的影響，但是個人可以經由本身的努力（例如改變飲食習慣或保持樂觀進取的人格態度）來將老化的負面影響減低；社會的老化卻往往不是個人可左右的。社會的老化是指社會對老年人所設定的行為模式和社會制度，社會往往認為老年人因年歲已大就應該有不同的行為準則和社會規範。例如，一般社會都認為老年人不應該再過分重視職業的成就，應該靜靜地家居含飴弄孫安養天年。常聽人說：「這麼老了，還……」就是這種社會的老化的徵象。角色的轉換也往往影響了社會對資源的分配，在這方面，對老年人更是不公平。

四、人口的老化（population aging）

人口老化雖然是老年人口的增加。但是至於什麼年齡才算老人卻是由社會釐定的。有些社會把40歲以上的人看做老人，有些社會則是以50歲或60歲為準。年齡訂的愈低，老年人口就愈多。在就業市場上，40歲以上的人往往找尋工作困難，就有排拒的負面現象，而有些福利機構則把老年訂為65歲或70歲，其目的仍在降低受惠者並減輕社會福利負擔。

老年學所牽涉的學科包括教育、心理學、社會學、醫學、政治學、人類學、經濟學等學科。老年學最近的發展，上述這些學科的貢獻相當地大。

教育學本來對老年教育並不太重視。主要的原因是西方的教育著重在對幼年人口及青年人口的社會化（socialization）教育。許多教育學者相信教育如果做得好，是一種社會投資，可以解決並防範社會問題。教育更被看做是個人事業的必備條件，年輕人在準備一生事業之前應接受良好的教育。但是近幾年來，有些教育學家開始呼籲成年人及老年人的教育應受重視。他們指出社會化不止於青年成長時期，而是終生的學習過程，因此，教育也應該是終生的教育。白宮老年會議就聲明：

> 「教育是所有年齡團體裡所有的人的一種基本權利。它是持續性的，因此也是使老年人能有一個完善和有意義生活的方式之一，也是促使老年人發揮其潛能貢獻社會的方式之一。」〔註8〕

此種新的教育觀點，使大學裡開設的成年教育（adult education）和永續教育（continuing education）在近幾年來逐年成長。尤其是當許多學校當局發現青年子弟直接進大學接受教育的人數日減的情況下，增加成年教育課程是一個值得推廣的代替辦法。同樣地，老年教育亦受推廣。他們同時發現青年人受大學教育的直接目標是技藝訓練、找職業；而成年和老年人則是為知識而接受教育，因此文法科和社會科學大受後者之歡迎。

心理學對老年心理的興趣由來已久；然而，真正用科學方法來研究，則是最近的事。心理學理論發展受佛洛伊德（Sigmund Freud）

〔註8〕有關老年學科際整合的觀點，可參閱下列著作：Harry R. Moody, "Overview: what is critical Gerontology, and why is it important?" *In Voices and Visions of Aging: Toward a Critical Gerontology*, Thomas R. Cole, et, al., eds. New York: Springer, 1992及Robert H. Binstock and Linda K. George eds., *Handbook of Aging and the Social Sciences* (3rd ed.) San Diego C. A.: Academic Press, 1990.

之影響很大，較重視兒童心理學。因為他相信，人格是在5歲左右就定型了，成年人格只不過是幼年人格之反映和延續而已。人的心理問題幾乎皆可以追溯到幼年時期。因此，在佛洛伊德影響下的當代心理學較少提及老年心理問題。

心理學真正對老年心理做有系統研究的開始應該是在1946年當美國心理學會（American Psychological Association）在其組織內增設了一組「成熟與老年」（Maturity and Old Age）以後。他們在1955年及1973年分別出了兩本討論心理學對老年研究的文獻，這兩本是《老年的心理觀》（*Psychological Aspects of Aging,* edited by J. E. Anderson）和《成年發展和老年之心理學》（*The Psychology of Adult Development and Aging,* edited by Carl Eisdorfer and M. Powell Lawton）。近些年來，大學心理學課程論包括老年心理，而老年心理諮詢亦普遍為社會工作者所使用。

社會學的主要研究範圍是人與人之間的互動。它的興趣在於把人視為社會團體生活內的一成員。因此，不像心理學之偏重幼年，社會學比較重視成年人。社會學以往過分重視理論之建立與無價值觀（value-free sociology），因此對老年問題之研究雖有，卻不熱中。社會學第一部專攻老年的書是波拉克（Otto Pollak）的《老年的社會適應》（*Social Adjustment in Old Age*），這是1948年出版的；而後1961年中西部社會學社（Midwest Sociological Society）舉辦了一系列有關老年的研討會，研討會中的論文由羅斯（Arnold M. Rose）及彼德森（Warren A. Peterson）合編成一本《老年人與其社會世界》（*Older People and Their Social World*）於1965年出版。1960年代晚期更有兩本經典著作。一為雷利（Matilda White Riley）的《老年與社會》（*Aging and Society*），另為雷利強森（M. E. Johnson）及方尼（A. Foner）合編的《老年與專業》（*Aging and the Professions*）。

他們三人在1972年又合編了一本《年齡階層社會學》（*A Sociology of Age Stratification*）。在所有的學科裡，社會學的老年研究最盛行，尤其近幾年來，有關社會和老年關係之著作大量出版，很多大學裡的老年課程和專修也附屬於社會學課程裡。有關這方面之理論，我們將在第三章詳述。

政治學對老年研究在以往是少而又少。但是當1935年美國社會安全法案把老年人年齡定為65歲以後，政治學家開始對這特別利益團體（special interest group）發生興趣，不過著作仍然不多。尤其在1960年代以前的政治學不重視行為的研究，把重點放在政府機構討論上，老年政治行為乏人問津。政治學在1960年代開始重視政治行為的分析，特別是投票行為（voting behavior）的研究，促使老年投票行為受到重視；同時，聯邦政府各種有關老年福利法案日多，於是引發政治學者在政策分析（policy analysis）中對老人政策的注意。當老年人口逐漸在總投票人口之比例增加，其政治影響力亦隨之增加，進而影響政治學者之研究興趣。

人類學文獻常常依賴在口語歷史（oral history）的應用，因此人類學家時常利用村落裡的老年人來做敘述。人類學家常觀察老年人和年青人在行為、習俗、價值觀念上的差別，用以瞭解和比較傳統和當代社會之異同，也用以研究社會文化變遷。但是以老年人本身為對象的人類學研究一直到今日仍不多見。

經濟學家對老年人的興趣也不很濃厚，重要的原因之一是經濟學家未把老年人視為一強而有力的消費團體；認為老年人經濟能力差、購買力低；因此老年人的經濟活動不至於影響到經濟學上所注意的產銷關係。不過近年來由於老年人口的急速增加，以及老年人經濟能力的提高，經濟學者亦開始注意研究老人的經濟行為，及其對整個經濟平衡的影響的問題。

老年醫學（Geriatric medicine）可能是20世紀晚期發展最神速的一門老年學。經由對疾病的控制及對人體基因的瞭解，人的壽命延長了幾十年，而且老年人口不再是疾病纏身的一群病患者。心臟病和腦中風雖然仍是死亡的最大原因之一，但初患者的生存率卻大大提高，老年人性無能的問題也在新藥品「偉哥」（viagra）的發現而增加興趣。老年癡呆症雖然尚未獲得醫療處方，但其研究已相當受到政府和醫學界的注意。〔註9〕

綜上所述，我們可以確定老年學的研究牽涉到許多相關的學科；老年問題的研究亦並未侷限於老年這一年齡層而已。老年學是一門超越單項學科的科際整合的學科；老年學的理論與方法，因此相當借重於其他相關學科。事實上，也只有如此，才能真正瞭解老年人。否則以單一學科、單一理論來研究老年人可能會產生以偏概全，或如瞎子摸象般的誤解。

第三節　老年學的理論

老年學既然牽涉到數種相關的科學，那麼在研究老年學時所使用的基礎自亦必有數種。在此，必須再次提醒讀者老年學的興起歷史並不很長，不僅各家理論紛爭不已，而且有些仍然處於意識型態的層次，目前尚未能有驗證資料的支持。因此，老年學相關理論之間往往互不調和，甚或有矛盾與衝突歧見。

紐豪夫婦（Robert Neuhaus and Ruby Neuhaus）指出：「既有的老年學理論，沒有一個能適合解釋所有的老年現象；因此，老年化可能是因好幾種原因所致。其實，也可能是因為尚無人能對這些過程有

〔註9〕Robert Neuhaus and Ruby Neuhaus, *Successful Aging*. New York: John Wiley & Sons, 1982, p.5.

足夠的瞭解而提出一個可行的完整理論。」〔註10〕紐豪夫婦又指出另外一個可能造成理論不成熟的原因是因為許多老年學的理論是建立在少數居住在療養院、精神病院或患有疾病的老年人身上的資料。而事實上這一群人是少數，並不能代表大多數的老年人。故其所得研究結果及其建立之理論往往會有誤差。

雖然如此，大多數的學者同意老化的生理過程，由人一出生就開始。老化是一個相當緩慢的過程。它牽涉到生理上的細胞、有機組織、神經系統等。在時間的演進裡，它們的結構和功能緩慢地發生變化。人由生至老，這過程是沒有任何一個人可以逃得過的或避免的。換句話說，一個人在世界上的一生旅程，事實上就是老化的過程，有些人甚至認為人從出生的那一天就已經是走向老化的開始，這老化過程由出生開始至死亡為止。

年代老化（chronological aging）是指一個人從出生以後所累積的歲數。年歲愈大，年代老化就愈深。出生年代的不同所面臨的歷史經驗會有所不同。因此，同年齡層的人往往有類似的觀點、行為或態度。

生物老化（biological aging）係指人體結構和生理上的長期衰退。尤其是人體對疾病抵抗力的減退，傷害與疾病往往更加速個人老化的速度。

心理老化（psychological aging）係指個人行為上的老化現象。它反映個人的成熟程度及個人對緊張壓力的適應與對付的程度。對新經驗的態度、對變遷的適應能力、對生命的看法皆可能影響一個人的心理年齡。

社會老化（social aging）係指個人因年齡之增長而導致在社會上

〔註10〕E. H. Erikson, *Childhood and Society*, 2nd ed. New York: W. W. Norton Hogarth Press, 1976.

角色的改變。年輕時，個人扮演的社會角色往往有所不同。許多研究指出老年人的心理與態度的改變並非全導因於體質生理上的改變，而是因為社會結構對老人角色的要求與對青年人或中年人角色要求不同所致。往往社會要求老人退出實際活躍競爭的角色，要求老人扮演一種退縮局外人的角色。一個身心健全的老人變得無所事事可能是社會角色的改變，是社會老化。

功能老化（functional aging）係指人因年齡增長所導致工作能力效率的減低。視力減退、耐力不足、身手緩慢等現象都是常有的。

綜上所述各種老化現象，可以明顯地看出每個人老化程度和老化原因並非完全相同。也因此，對老年解釋的理論觀點亦不同。

一、老化的生物學理論

有關老化的理論最先是來自生物學上。基本上，生物學的老化理論認定老化是一種生理衰退的過程。在此過程裡，個人的精力減退，無法維護本身應有的功能，導致工作能力減退。研究者發現隨年齡的增長，人的腕力減低、呼吸量減少、心臟負擔力衰退、神經系統老化、疾病抵抗力減弱、腦容量變小等等。雖然如此，生物學對人怎麼樣老化的解釋不下三、四百種，並無統一定論。綜合來講，理論大致不外下列四種主要觀點：

1.**基因突變論**（genetic mutation theory）

這理論指出身體的老化是由於身體上的細胞常呈不正常特質的結果。身體上的基因自有其功能，如果某些基因有突變不正常的現象時，必導致身體的適應困難。

2.**自動免疫論**（autoimmunity theory）

此理論相信人之所以老化是因身體內的一些系統開始抗拒本身之纖維組織。當一個人變老，身體自然會產生反身體的成分。受損的蛋白質與身體上其他部分的改變對身體產生一種免疫性，導致細胞的自我毀滅。

3.分子串聯論（cross-linking of molecules theory）

此理論認為蛋白質的老化導致老年纖維細胞水分和彈性的消失。長期下來，身體上的化學成分會逼使分子相互串聯或凝結一塊。例如，皮膚皺紋的增加、筋肉的鬆弛，以及受傷的不易復原皆是明證。

4.細胞老化論（cellular aging theory）

此理論認為細胞是有其自己的生命期限的。人愈老，細胞分化的速度愈慢。因此雜質累積而導致細胞的死亡，終至人的生命的最後的死亡。

總而言之，生物學理論大致上皆認為細胞的突變，蛋白質的改變，造成細胞逐漸停止分化補充，終至死亡，不過生物學家仍然不很清楚為什麼這現象會發生。

二、老化的心理學理論

心理學對老化的解釋通常是由人格成長與發展理論延伸而來。人格成長論相信個人的人格因經驗之增加與環境之改變而有所改變。人在成長過程中，人格會有所改變。這些改變是一種對無數學習和生活經驗的反應而得。

可惜的是，大多數有關人格發展的心理學理論只重視由幼年至青年時期的發展，很少涉及由成年至老年的層次。有之，亦僅僅只是把老年視為人生整個生命階段的最後時期，在理論上稍微提及但未深入探討。

艾克森（E. H. Erikson）所提的本我發展（ego development）就是一例。艾克森所謂的本我是指一個人的態度和價值用以抗拒任何威脅他本人生存的行為。他把人的一生分為八個主要階段。每一個階段裡皆含有一個危機和衝突，個人也因之而產生對付的方法。危機的對付處理是本我的擴張，也是為下一個階段做準備。如果個人無法解決某一階段的危機，則下一階段的成長必受影響。因此，他認為個人必須能成功地處理每一階段裡的衝突危機，才不至於對下一階段產生不良的後果。本我的成長乃是個人成功解決這些危機衝突能力增加的結果。

艾克森的八個本我成長階段是：

1.**嬰兒期**（infancy）：其基本價值是希望（hope），其階段內需要解決的問題是信任對不信任（trust versus mistrust）的衝突。

2.**早期幼年期**（early childhood）：其基本價值是意志（will），其須解決的問題是自主對羞恥和懷疑（autonomy versus shame and doubt）問題之衝突。

3.**嬉戲期**（play age）：其基本價值是目的（purpose），其須解決的問題是主動對罪惡感（initiative versus guilt）間之衝突。

4.**就學期**（school age）：其基本價值是能力（competence），其須解決的問題是努力對卑劣感（industry versus inferiority）之間的衝突。

5.**少年期**（adolescence）：其基本價值是誠實（fidelity），其須解決的問題是認知對認知混淆（identity versus identity confusion）之間的衝突。

6.**青年期**（young adulthood）：其基本價值是愛（love），其須解決的問題是親密對孤立（intimacy versus isolation）之間的衝突。

7.**成年期**（maturity）：其基本價值是關懷（care），其須解決的問題是成就與停滯（generativity versus stagnation）之間的衝突。

8.**老年期**（old age）：其基本價值是智慧（wisdom），其須解決的問題是尊嚴對絕望（integrity versus despair）之間的衝突。

在艾克森理論裡，第七階段是最漫長，它代表著一個人本我的成熟，也代表一個人在職業上和為人父母的角色的成功轉變。成功處理這階段裡的危機衝突決定一個人在這世界上留下一個標誌或只是停滯不前，沒沒無名。因此，成就的有無的掙扎是這階段的主題。

艾克森的第八階段是最終的階段。個人開始感覺到人生階段的完結和死亡之可能的來臨。因此，這一階段的最重要的任務是對過去的一生做重新評價，並以樂觀的態度來設計安排一個有意義和活潑的晚年。智慧因而產生，用以對付死亡來臨的恐懼。

在人格發展的解釋上，艾克森的理論著墨最詳細的是兒童和青少年時期，老年心理的發展並未被重視。其他的心理學理論大多數認為老人心理的變化是個人認知的正常改變；人格的主要部分不會有太大的改變，改變的只是一些無關緊要的部分。通常，人在60歲以後在處理身心事務上才會變得慢些。

心理學對老化階段的討論可提供我們一個大概籠統的人生成長過程。但是它一方面忽略了文化和社會上差異所帶來的可能影響，另一方面對中年和老年時期的處理過分含糊，尤其當人的壽命愈來愈長時，這兩個階段含括的時期可能長達三、四十年之多，須特別處理。

三、老化的社會學理論

社會學對老年人社會生活的理論相當多，也相當零碎。其理論基礎大多數係以個人在社會裡的角色地位的研討為出發點。社會學家們相信，老化雖然是一個生理退化的自然現象，但是社會結構對老化現象的影響仍然是相當大的。正如我們在前面提過的，生物或體質的老化現象因人而異，也因社會之不同而有所不同。個人老化的程度與速度常因社會結構之不同而不同。

社會學家認定，每一個社會對其成員皆有某些社會規範的要求。個人如果符合社會規範的要求去做，則社會接受這一個人。但是如果個人違反社會規範的要求，則社會視這個人為社會的偏差者（deviant），處罰這個人。社會規範對個人的要求常因人而異。同樣的社會互動場合裡，男人和女人的行為要求就可能不同。年輕人和老人的行為要求也可能不同，社會規範的期望因此依社會互動者之性別、年齡、種族、社會地位等因素有所不同，即依個人的社會角色而不同。因此，社會老化的過程實際上可以說是個人由中年人角色進入老年角色的過程，是對老人社會規範的要求的適應協調。社會學家相信我們若要瞭解老化現象就必須瞭解老年的社會結構，例如老年與退休、老人與安養、老人與政策、老人與社會階層等。

社會學對老化過程的解釋大致上可以分成下列兩類：家庭網絡理論（family network theory）、生命圈理論（life cycle theory）。

家庭網絡理論的重點在於探討解釋父母與子女間關係和老年人在家庭內地位的問題。這類理論試圖從家庭網絡和兩代之間接觸關係的角度來研討老化的經驗與其所引出的新家庭關係，他們認為當成年子女結婚搬離後，老年父母兩人之間婚姻關係的協調和睦與否會影響老年時期的適應問題。著重在人際關係的處理。

生命圈理論實際上可以說是生命史上各種不同階段裡年齡與角色之間的關係的理論。種族、宗教、教育、職業等背景皆可能給人對老年階段的時辰與生活方式有所影響。著重在角色的轉變。此理論很類似於人格發展的心理學理論。不過社會學家所用的變數與心理學家不同。

老年學理論目前已逐漸離開了早期的臆測，將理論建立在驗證資料上。老年學牽涉到醫學、生理學、心理學、政治學、社會學等各種學科。因此其蒐集資料和分析研究方法亦牽涉上述各種學科的研究方法與概念。當代老年學的研究方法包括民族學的實地觀察研究法、歷史分析法、文獻內容分析法、心理測驗法，以及行為科學上常用的調查訪問法與統計數量分析法。每一種蒐集資料和分析方式皆各有其特點長處，亦有其缺點。因此，研究者必須挑選與其研究目的吻合的方法來做研究。

老化過程是一種時間性的變遷。因此無論研究者的興趣何在，其研究分析方法必須能測出時間差異所產生的可能不同特徵。研究者在研究設計或分析時必須分辨清楚三種不同的時間序列問題：

1.年齡（age）：係指個人在年齡增長過程中會有所改變。這是不爭的事實，我們常聽人說，「他比以前成熟多了」，或「他變老了」。所指的就是因年齡增長而表現的行為心理的改變。生理、心理、社會因素皆影響一個人的年齡表現。年長者和年輕者行為上往往不同。

2.出生年代（cohort）：係指在同一時期或年代出生的人皆屬於同一個出生年代。年齡只指同一年齡而已，年代則可指廣泛的十年或二十年，比較廣泛，在研究比較上也比較有意義。例如，生在1980年代以前的臺灣人都會知道什麼是眷村，有類同的生命經驗；而現在的年輕人則熟知網路電玩。

3.歷史年代（period）：係指一個人在生命過程中所經歷的歷史時期。歷史年代所發生的事件很可能在兩個不同的年齡者身上有不同的影響。例如臺灣近十年來的民主運動對50歲以上的人和對30歲左右的人的感受就可能不一樣。日據時代的臺灣人和日據以後的臺灣人也會有不同的價值觀念或態度。

無論如何，研究老年問題或老化過程，必須把時間因素考慮在內。這些因素可以是年齡，也可以是出生年代或歷史年代。長期性研究（longitudinal research）是最理想的研究策略。1960年代美國在這方面的研究以杜克大學（Duke University）的杜克老年長期研究

（Duke Longitudinal Study of Aging）為典型。這個研究主要的方法是在不同的時期裡對同一群人做數次觀察，用以比較時間差異上，研究對象的改變。觀察項目包括疾病、心理問題、知識功能型態、家庭型態及性行為、對生命的滿足程度、對老年、疾病、心理等等態度分析研究。〔註11〕不過這種長期觀察也有缺點：有些接受觀察之老人可能在觀察期滿前過世，無法繼續觀察，造成無法比較的遺憾。

葛蘭德對目前老年學的現況提出其所面臨的主要八個難題：

1.到目前為止，真正受老年學專業訓練者數目不多。雖然大學裡面開授老年學方面的課程數目近年來有增加的趨勢，但人員仍然短缺。更糟糕的是有些人認為老年問題的瞭解並不需要有什麼專業訓練。

2.工作定義（operational definition）的問題亟需解決。每一個科學裡都有其共通的專有名詞，但是老年學專用名詞並不多。因此在使用上難以一致。舉一個最簡單的例子，到底那些人才是「老人」，不僅學者專家們界定不同，各國政策釐訂者也有不同。有些以65歲為界定，有些則是50歲以上，甚或有70歲以上界定的。

3.沒有純粹真正屬於老年學的理論。雖然老年學應用的理論不少，但皆是借用自其他相關學科。尤其是心理學、生物學和社會學。因此，理論顯得零碎，甚或有自相矛盾之處。

4.真正為老年研究而設計的研究方法相當少。目前所應用的方法可信度值得懷疑。普通社會科學的研究方法在使用時常忽視老年人的特性，例如問卷字體太小、訪問員聲音太小等。

5.長時期性的研究太少。主要是因為這種研究太費時間和經費，而且需要龐大的研究陣容相互協調配合，才能有效地測量變遷。

〔註11〕Edman Palmore, ed, *Normal Aging: Reports from the Duke Longitudinal Study, 1955-1969*, Durham, N. C.: Duke University Press, 1970.

6.抽樣（sampling）問題亟待解決。以往，研究者為了方便起見，總是往醫院、精神病院、安養所等地點抽取樣本作為研究對象，難免有以偏概全的問題。

7.種族差異的資料闕如。在美國，種族差異是一個很重要的變數，但是到目前為止，這方面的資料很少涉及老人研究，無法說明種族與老人之關聯。

8.老年學文獻所登錄的研究發現往往有互相矛盾之處，難令人信服。

老年學是一門新的科際整合的學科，上述問題的存在不是不可以解決的。因此今後老年學努力的方向是在於提高老年研究的科學性與老年學理論的說服能力，並由此發展出幫助老年人的知識和技巧。

中國古代對老年的界定

常建華

何謂老年？中國古代醫學、儒家經典、國家的免役和致仕制度、民間風俗均多有反映。

醫學的衰陽論

中國古代醫學對人的生命衰老有獨特的認識。《素問，上古天真論》闡述了生命個體的發育，指出：女子「七七，任脈虛，太沖脈衰少，天癸竭，地道不通，故形壞而無子也。」丈夫「六八，陽氣衰竭于上，面焦，髮鬢頒白。」即認為女屬於陰，男屬於陽，女子七七四十九歲左右為更年期；男子以六八四十八歲，陽氣從上到下開始衰竭。

《靈樞，天年篇》則根據臟象學說，認為人從五十歲到一百歲，肝、心、脾、肺、腎之氣依次衰退；肝屬春為木，是五臟衰退之始，故五十歲為衰老的開端。該書說：

> 五十歲，肝氣始衰，肝葉始薄，膽汁始滅，目始不明；六十歲，心氣始衰，苦憂悲，血氣懈惰，故好臥；七十歲脾虛，皮膚枯；八十歲，肺氣衰，魄離，故言善誤；九十歲，腎氣焦，四臟經脈空虛；百歲五臟皆虛，神氣皆去，形骸獨居而終矣。以其知道，故守長壽延年，謂至一百二十歲。

可見人過五十歲以後，人體器官明顯衰退，由於氣血虛衰，眼睛得不到血養而昏花，皮膚缺乏血濡潤而枯槁；神氣渙散，注意力不集中，記憶力下降，口不從心，漸趨老朽。

根據上述中醫原理，唐朝人孫思邈在《備急千金要方》中明確指出：「五十以上為老。」《靈樞》認為人最老可活到一百二十歲，百歲至一百二十歲被中國古代醫學稱之為「天年」。五十歲至天年為老年期。老年陰陽氣俱衰，陽氣仍占主導。陽殘而不盡，猶可維持生命，陽氣絕亡，生命個體結束，故清代《陳脩園醫書七十種？老幼治法》有「老人為衰陽」之說。

儒家的養老觀

反映中國早期歷史的儒家經典有對老年的專門論述。《禮記・王制》認為：

> 五十始衰，六十非肉不飽，七十非帛不暖，八十非人不暖，九十雖得人不暖矣。

把五十歲作為衰老的起始年齡，並講了老年不同時期物質和精神需求。該書〈曲禮〉篇還以每十年，把老年分為幾個層次：五十曰艾，六十曰耆，七十曰老，八九十曰耄，百年曰期頤，七十以後可自稱老夫。這裡又把七十作為「老」的界限。此標準也為東漢許慎《說文解字》所繼承：「七十曰老」。

對於老年每十年的稱謂，〈釋名〉更詳細些，除了和〈曲禮〉相同部分外，尚稱七十為耄，八十為耋，九十為鮐背。《禮記・鄉飲酒禮》中的養老之法：「六十者坐，五十者立侍，以聽政役，所以明尊長也」；又以六十歲到九十歲每十年一階所用禮器不同，「所以明養老也」。雖然也把五十歲以上的人看作是老年，但更重視六十歲以上者。早期其他古文獻記載的老年起始年齡，也與《禮記》大致相似，如《孟子》、《儀禮》都把五十歲作為老年的開端。

免役與致仕的制度

中國古代致仕和免役制度也反映了政府對老年的界定。《禮記》〈王制〉和〈祭義〉等篇規定從五十歲開始不服力役，六十歲不服兵役，八十歲可免一子徭役，九十歲免除全家徭役。《周禮，地官，鄉大夫》把免除徭役的年限、等級分為兩種，國為六十歲，野是六十五歲。《管子，入國》從七十歲開始免徵其子徭役。

以上記載大致反映了先秦時代的情形。此後，漢代五十七歲以上免役，兩晉南北朝及隋代多以六十六歲作為免役的年限。唐代明確規定六十為老，一度又曾在免役年齡上降至五十五歲、五十歲。宋以後則一直把六十作為老的標準。

古代老年人親屬免役的年齡，明清以前一般規定在八十歲，明清則是七十歲。可見，一般來說，中國古代免役的最低年齡是五十歲，以六十歲和六十六歲最為普遍；七十特別是八十歲以上可免親屬之役。

至於致仕年齡，《禮記・曲禮》提出「大夫七十而致事。」這一說法影響了古代官僚制度中的退休年齡規定；宋代以前官僚致仕大致是七十歲。宋以後致仕年齡有下降的趨勢，金朝最早出現官員六十歲退休之制，後被明清兩朝所沿襲。換言之，中國古代官員退休年齡，傾向於提前。

民俗的說法

民俗對老年的認識，是中國古代社會界定老年的重要方面。祝壽的年齡很能說明問題。《利瑪竇中國札記》記載了明代的風俗，說中國人「在五十歲生日有特殊的排場，因為從那時起他就被當作老人了，以後每十年都要舉行特別的慶祝」。

明代人的這種祝壽風俗尤以江南為盛，蘇州人歸有光說：

> 吾鄉之俗，五十而稱壽，自是率加十年而為壽。凡壽之禮，其饋贈燕飲必豐，又徵其學士之文詞詩歌。傾其國之人，無不至者，此固居其鄉之誼。若夫仕而則有王事焉，且又不當以稱老，固宜無及於此矣。（《震川集》卷一四八〈朱君顧儒人雙壽考〉）

可見當地對祝壽之重視。但他也說在外做官的人，五十歲還不到稱老的時候，即尚未退休，不宜在五十歲作壽。也有不少記載說祝壽是從六十歲開始的，如清同治所修江西地方志就有這方面的資料。《金溪縣志》講當地風俗，「凡生辰，自六十以上方受賀。」《進賢縣志》說：「元旦，各村具譜餅，照灶丁分給。年六十以上。遞增壽餅，以示尊崇。」此外，民國所撰湖北《中州劉氏宗譜別錄》談到：「壽言非古也，以序祝壽，始於元代，盛於明清間。世俗六十以上每逢正生，則戚友稱觴獻詞晉祝，既不失為敬老遺風。」六十祝壽為世俗，可見其普遍性。該譜中談到元以後以序祝壽的問題，也有文獻說壽序始於明代，如清人陸以湉《冷廬雜錄》卷八〈壽序〉即是，而明代壽序始盛則為事實。

壽序反映了祝壽風俗，《歸有光文集》以壽序多而聞名。明清時代各地開始祝壽的時間不同，作壽序時間也不一樣。筆者從咸豐時代所撰《寧波甬上盧氏敬睦堂譜稿存徵》中看到過五十壽序。而閱讀江西人李紱《穆堂初稿》注意到，「壽序」是從六十歲開始，五十歲以下至三十歲，則稱為「初度序」。由上可知，從地域來說，至少江浙有五十祝壽之俗，江西有六十祝壽之俗，就時代而言，似乎明代興五十祝壽，清代盛六十祝壽；六十歲祝壽更具有普遍性。

宗族敬老風俗也反映對老年的看法。族譜所載義田給族人衣食的規定，一般是採取給五十一歲以上的人作為養老和給五十歲以下的人以濟貧。五十一歲以上算作老年，江蘇元和潘氏《松麟莊贍族規定》就是如此。而浙江《海寧查氏族譜?酌定規條》的敬老之禮，起於六十歲。同治修江西《宜黃縣志》說當地宗族必有祖祠，紳士及六十以上老人均可受胙。

綜上所述，大致來說，中國古代認為人從五十歲開始進入衰老時期，而把人真正作為老年對待，則一般是六十歲；七、八十歲屬於老年中的「高年」，有更多的禮遇；百歲以上的天年，是老年的終結。

◎轉載自常建華。(1997)。《歷史月刊》，6月號。臺北：歷史月刊社。

社會學的世界

第一節　社會學的基本概念
第二節　社會學的理論詮釋
第三節　社會學資料的蒐集與分析
第四節　老年社會學理論
〈附錄文摘〉亞洲華人社區的老人人口和老年學研究工作的探討（齊鉉）

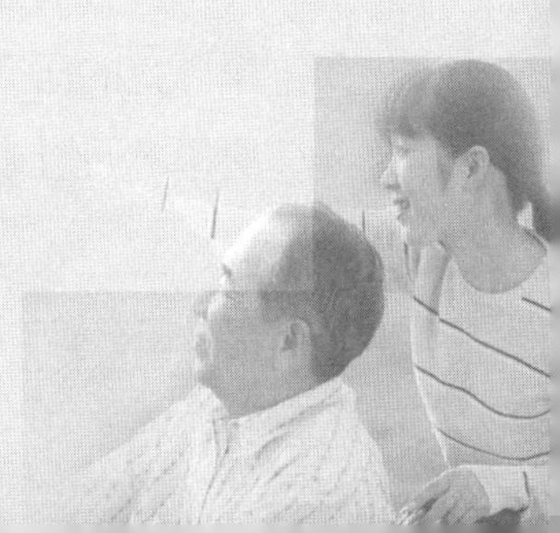

第一節　社會學的基本概念

社會學是一門研究人與人之間互動的社會科學。常言道：人是社會之動物，就是指人不能離開社會而長久獨立生活。在每天的生活中，人們大部分的活動都是跟他人有關係的。這些關係或是直接的，或是間接的；不論如何，都跟社會其他成員有關係，此即所謂的「社會互動」（social interaction）。人們之間的互動是依據社會所規定的行為標準而行事。這準則即是所謂的「社會規範」（social norms），它指引人們的社會互動過程：什麼可行，什麼能被接受，什麼不能行，什麼不會被允諾。

社會學的研究主題著重在人與人之間的互動形式及其所構成的團體。社會學家在分析個人行為時並不重視個人在互動過程中的內心想像、動機或其心態；而把重點放在互動行為的社會層面。社會學家相信個人的行為受社會規範的指引；同時社會規範的形成也深受社會團體結構的影響。不同的社會結構就造就了、模塑了其社會成員之互動行為。例如學生在課堂上的表現：美國學生跟中國學生來比，較敢發言，踴躍參加討論。社會學家在分析這種行為差異時，其重點在於課堂中的社會結構：美國學校師生間的權力地位較平等，較開放自由；做學生的壓迫感較輕，不怕說錯話；老師鼓勵學生思考、討論。中國學生怕老師，因為老師代表權威；怕說錯話，在眾人面前出醜；重背書抄筆記。由社會學的觀點來看，美國學生跟其他中國學生比較下的行為差異是因社會團體結構不同而造成的。自然，其中還包括許多其他因素；只是社會學家較著重社會層面的解釋。

「社會互動」是一個相當廣泛、複雜的人類現象，它不是社會學專有的研究範疇。其他社會科學，如人類學、經濟學、政治學、歷史學，及社會心理學等也都常研究類似的題目。對同一論題的研究，各類社會科學都各具其不同的分析和解釋觀點。社會學對某一社會行為，對某一社會制度的解釋分析因此只是許多不同觀點的解釋分析的一種，它並不概括全貌；即使在社會學裡，理論觀點也不止一種，其分析解說就代表著由不同角度的觀察。因此，對同一社會現象，不同的社會學理論會有不同的解釋；不同的社會科學更有不同的研究觀點。

社會學家對社會現象的解釋分析是要有依據的，不能憑空想像捏造。他們之所以能對社會現象加以系統的分析乃是因為深信：社會成員的社會行為以及其間的社會互動具其規律也是定型的。在同一社會裡的成員，因受社會化的影響以及文化的模塑而在行為表現上呈規律化。社會學家稱這種行為是「模塑行為」（patterned behaviors）。中國人見面打招呼總是問「吃飽了沒有？」回答也總是「吃飽了」。某些社會，見了面以伸手互握為禮，這些都是模塑行為的表現。就因為在同一社會裡，絕大多數的人在相同的情況下會表現類似的模塑行為，由此社會學家才能解釋其社會成員間的互動方式和結構。

社會學家對社會互動的研究是希望藉此以瞭解個人生活與其社會環境之間的關聯。一個入學聯考落榜的考生可能會覺得自卑，而責怪自己差勁。而社會學家視此社會現象為不公平的教育制度（「社會制度」之一）下的產品。個人考試的失敗可經由個人加倍的努力來補救；而改善教育制度的不公平則需由社會結構著手。社會學家密爾斯（C. Wright Mills）把這種連結個人行為與社會結構的努力稱之為「社會學的想像」（sociological imagination）。

社會學的想像要求人們注意：個人的行為是常受社會影響的。許多日常生活中認為理所當然的行為，實際上是社會加諸於社會成員的模塑行為，而非真由人們自由意志下所決定的行為。女士們喜歡穿著漂亮貴重的服裝，這是社會「鼓勵」、「讚美」下促使女士們特別重視服飾、儀容。中國人講求「門當戶對」，自古已然，理所當然；這個概念裡包含著許多中國社會的價值觀念。一旦，「門不當，戶不對」，婚姻就會不美滿，甚或失敗；於是婚姻對象必要「門當戶對」。每個社會裡總有人不按規矩行事（不管什麼「門當戶對」，只要兩人彼此喜歡就行了），但是大多數的人還是順從規矩，依模塑行為行事。社會學家的研究對象不在那少數人的特殊行為，而集中在社會裡大多數人所表現的模塑行為。然而，在此要特別提出：社會學家即使研究一些少數人的特殊行為，其重點是放在促使特殊行為發生的社會因素，以及特殊行為對社會產生的後果。社會學家研究的「偏差行為」（deviant behavior）就是一個例子。

由社會學的觀點來看，一個「社會」是由一群有相同文化、共同地域，並具互動關係的個人和團體所組成的。一方面社會是由其成員所組合創造而成的，另一方面社會又有約束其成員的力量。社會超諸於個人：因為社會裡的習俗、信仰、規範、價值等都先個人而存在，在個人死亡逝去後仍然存在；不隨個人之生而來，更不隨個人之死而逝。社會成員的行為舉動，不僅由社會規範等來引導，同時也由社會所給予的獎賞與懲罰來約束；這些都使其成員在行動時顧慮到其他社會成員及整個社會之觀點與態度。

綜合所述，社會學對社會的研究包括下列幾項基本概念：

1.人類社會是建立在一個自然環境（即地域）上。社會對其自然環境的適應程度能影響該社會之生存延續。

2.所有社會都有其律法及常規；人們的行為是模塑行為，用以互動。

3.模塑行為之源起及運作受團體社會之影響，不同的社會有不同的模塑行為。

4.人們創建社會，亦為社會所約束。

5.某些社會規範是無意中產生的，某些則是人們刻意設立的。

6.社會學研究的對象主要在於那為大多數人所遵守的社會規範、觀點及價值。社會學的主題著重於社會成員與社會結構兩者之關聯。

7.社會學對社會現象的解釋只是所有可能解釋的觀點之一；社會學無法、也無意概括全貌或以偏概全。

總而言之，社會學是一門研究社會裡人與人之間互動的結構、過程及其影響的社會科學。社會學的知識可幫助個人增長對自己及其周遭環境的分析與瞭解能力，進而增強其個人對社會的適應能力。

第二節　社會學的理論詮釋

老年社會學的理論是建立在社會學普通理論的基礎而得。對社會學家來講，老化過程和老年生活不僅是個人生理與心理特質的改變，而且也是社會結構的產物。社會學家相信由於社會結構的差異，每個社會對老化過程的處理和對老年生活的照顧皆有其獨特性。傳統中國社會倫理講究以孝道為本，來尊敬和奉養老年人，但是這種倫理在以個人主義為出發點的英美各國必然行不通。美國社會目前實施的社會安全（social security）制度在其他低度開發國家亦不可能實施，因其受社會結構和社會制度的影響很大。〔註1〕

社會學裡的理論錯綜複雜，不過大致上可歸類於四大主要理論派系：功能學理論、衝突理論、符號互動理論及交換論。

〔註1〕有關社會學的主要基本概念及名詞定義，讀者可參閱蔡文輝著《社會學》，臺北：三民書局民89年。蔡文輝、李紹嶸，《簡明社會學辭典》民95年，臺北：五南出版公司。

一、功能學理論（functionalism）

功能學理論的中心概念是「功能」，它指一種對維持社會均衡有價值的適當活動；也是一種效果。我們新年元旦拜年贈禮，是為什麼？為了大家能一團和氣，並預祝來年風調雨順，萬事如意。這相互拜年贈禮的習俗有助於社會整合的效果，具增進社會整合的功能。功能學理論主要目的在尋求解釋一個社會行動所造成的效果和所賦有的功能。

功能學理論者總想找出：什麼具有功能？答案是「結構」具有功能。功能與結構常連結併用，故又稱其為「結構功能理論」。功能學理論以「結構」為研究單位，而非個人。舉例來說：主傭關係的功能在於傭工服務主人，功能學理論的研究重點不在傭工或主人，而是這兩人之間的關係結構；其所討論的是「社會角色間」的互動，以及以服務為主的社會制度。在功能學理論裡，「社會制度」是指一群相互關聯的社會角色；社會結構就是指一個制度體系裡各部門間的關係，這是功能之所在。社會結構指出該社會現象是什麼？（主僕關係）；功能則指出該現象的效果是什麼？（提供服務及領取薪俸）。功能學理論大致上包括四個基本命題：

1.在功能上，每一「社會體系」內的各部門是相互關聯的。任何部門的操作都需其他部門的相互合作。當某一部門發生不正常的問題時，其他部門可以填修補正。

2.一般來說，每一體系內的組成單位都有助於該體系操作運行的持續。

3.大多數的體系對其他體系都具影響力，那麼它們都可被視為整個大體系中的「次體系」。

4.體系是穩定和諧的，不易有所變遷。

原則上，功能學理論認定社會是「整合」的，而且總是朝向「均衡」的狀態運行操作。整合係指各部門間相互影響的結果而促成某種程度的和諧性，用以維持社會體系整體的生存。均衡則是指社會體系運作的最終目標。在均衡狀態下，社會是整合而無衝突的；即使在體系裡仍有變動，也是緩慢而有秩序的。所以，社會變遷只不過是社會體系裡一種調整性和局部性的暫時情境，無損於整個社會體系之整合與均衡。

社會學理論一直到1960年代末期被功能學理論獨霸有三十年的時間；其中最主要的原因之一是其代表人物——哈佛大學的派深思學派（the Paronians）之學生門徒分據全美各主要大學要職。所以，一談到功能學派就必涉及派深思學派，兩者幾為一體。社會學理論今日雖已無當年盛況，仍是主要理論之一。

二、衝突理論（conflict theory）

衝突理論的重點是對「社會變遷」的解釋，它是針對功能學理論的整合均衡觀點而發。衝突理論者認為社會變遷不僅是必然的，也是急遽的；社會變遷的後果是破壞性的，而非建設性。其主要代表人物有達倫多夫及考舍。

衝突理論的淵源可追溯到早期馬克斯的「階級鬥爭論」及齊穆爾的「形式社會學」。馬克斯認為物質力量是決定歷史過程的最主要因素，思想只不過是對物質的反映而已，事實上社會變動是擁有經濟資源的「資產階級」和無經濟資源的「無產階級」間的鬥爭。馬克斯理論的基本假設有三點：1.認定經濟組織決定社會裡所有其他的組織；2.相信每一個經濟組織裡都含有階級衝突的成分；3.無產階級會逐漸因受壓迫而產生共同「階級意識」用以抗拒資產階級的剝削。人與人之間的互動亦受資源的有無的影響。

齊穆爾形式社會學的主要目標在於尋求探討「社會過程」的基本形式，他認為社會學不應試圖研究每一種社會制度或社會行為，應把重心放在人與人之間的互動形式上：這些互動形式並非全都單純簡單；每一社會現象都包含有合作與衝突，親近與隔離，強權與服從等相對的關係。社會與個人之間常同時具有合作性與衝突性。社會成員雖願意尋求社會之融洽，卻同時有私心，為私利而有所行動：個人一方面受制於社會，另一方面又控制，影響社會。齊穆爾的形式社會學強調現實社會裡的衝突是無可避免的。

達倫多夫承襲上述觀點提出他個人的衝突論觀點：1.每個社會無時無地都在經歷變遷：社會變遷是不可避免的；2.每個社會裡都含有分歧衝突的因素：衝突無法避免；3.社會裡的每個單位都直接的，或間接的促成了社會的變遷；4.強制性的權力關係是社會的基礎：基本上，社會分子間的關係，就是支配與受支配間權力分配的關係。所以，達倫多夫聲稱以派深思為主的功能學派所描述的整合均衡是不存在的，那只是一種烏托邦式的臆測。

考舍的衝突論觀點則把達倫多夫的觀點跟功能學理論兩者加以協調：他主張衝突並不一定完全具破壞性，它對社會仍有其助益功能；因為衝突的產生代表著社會內部的失調。衝突激發社會的重組，增強社會的適應力，解決社會的問題。考舍相信：衝突如果沒有違反團體的基本原則，同時又具目標，有益處、有價值，那麼，衝突對社會仍具正面功能。

雖然衝突理論因反對功能學理論而起，但不少學者指出，此兩者之間有不少類似的觀點，應是彼此相輔而非相剋；這兩理論，實際上，只不過代表著兩種不同角度的社會研究觀點而已。

三、符號互動理論（symbolic interactionism）

符號互動理論之研究重點在人與人之間，「互動」的性質與過程，該理論認為社會只不過是由一群互動中的個人所組成的。人們的互動行為不斷地在修改調整，因此社會也隨之不斷的在變遷。人與人之間的互動並非本能上的直接反應，而是經過一番分析和瞭解後的反應。人們在行動之前總是先試著判斷解釋他人的想法與作法，然後才決定如何行動反應。

符號互動論者認定「觀點」及「互動」是人類行為的兩個重要變項。他們相信個人對外界刺激所持的觀點不止一種；在不同的情境下，人們所持的觀點就可能不同。

這些觀點被人們在反應時用來當作指導原則。它是動態的；因為人們在互動過程中不斷地在修正觀點以適應當時情境的需要。在人與人的互動過程中，人們不僅注意其本人的觀點，也須注意他人的觀點，以不斷的修正、補充、詮釋其本身的觀點以符合當時的情境。該理論更提出人們的觀點得自社會團體，特別是「參考團體」（reference groups）。所謂參考團體是指人們在其日常生活中用以做比較，做模仿的團體。臺灣大學學生以臺大為榮，就以臺大來標榜自己，也以此跟他人做比較，那麼，臺大就成了這批人的參考團體；他們的觀點及行為都深受這個參考團體的影響。

符號互動理論的另一主要變項是「互動」。互動藉「符號」來表達：語言、文字、手勢、圖畫、手藝等皆是符號。人們的思想、價值觀、觀察、行動等皆由符號來表達。有了符號，人們方能彼此互動。符號互動論者指出教導與傳遞符號的使用就是社會化過程的最大功能之一。社會依賴符號而生存，也依賴符號而能延續發展。

符號互動論源始於早期芝加哥學派健將米德、派克、湯姆斯等人，尤以米德貢獻最大，1950年代由布魯默綜合再發揚光大。目前符號互動理論之分支也包括「標籤理論」（labeling theory）、「戲劇論」（dramaturgical perspective）及「俗民論」（ethnomethodogy）。

四、交換理論（exchange theory）

交換理論是由一種集心理學及經濟學兩者為基礎的社會心理學方面的理論，其主要在解釋人與人之間的互動和小團體之結構。基本上，該理論認定各個社會成員間的「交換行為」是維持社會秩序的基礎之一：社會互動實際上就是一種交換行為。其交換的對象不一定都是能看到的實體，像聲望、喜愛、協助、贊同等都可以是交換的對象；同樣，痛楚與難堪的避免、機會，或任何非物質性的利益都可用以做交換。

交換理論相信個人的交換行為是自私的、利己的、自我中心的。因此，在交換過程中就必然牽涉到利潤問題。如果，交換互動的雙方對互動的結果或利益彼此都不滿意，那麼就沒有互動的必要，社會互動就不會發生。交換理論者認定社會互動是人與人之間交換過程中對「成本與利潤」及「給與取」的計算與運用。

酬賞概念是交換理論的基石。酬賞的種類很多，每個人尋求酬賞的方式各有不同。交換理論者相信「社會贊同」是所有酬賞種類中最重要、最有力的一種。在日常生活裡，我們總希望討人喜歡，所作所為也被人贊同；同時，總儘量避免那些討厭的、愛批評的、敵對的人。這些都是酬賞，其價值不盡相同。社會中有各個不同性質的職務，社會挑選具適當才能的成員來擔負各種職務；愈難的工作，愈少人能勝任的，其酬賞就會愈高：此酬賞包括薪金、職務津貼，以及地位、權勢等。

哈佛大學的何門史是交換理論之倡始者，他的基本理論包括六個主要命題：

1.**成功命題**：在所做的行為中，某一特定行為常能取得酬賞，則該行為會重複出現。

2.**刺激命題**：在過去經驗裡，某一特定刺激狀況出現時曾帶來酬賞；那麼，目前所發生的刺激狀況愈像過去的經驗，則類似的反應行動就愈可能再重複出現。

3.**價值命題**：某種行動所帶來的價值愈高，則人們愈會去做同樣的行動。

4.**剝奪**——飽滿命題：某人最近常獲取某一特定酬賞，那麼，同樣的酬賞的價值就會愈來愈降低。

5.**攻擊**——贊同命題：某人常受不公平待遇，那麼，其憤怒的情緒會愈來愈強。該命題指出：預期的酬賞必須跟實際的酬賞一致，否則攻擊性的反應就會產生。

6.**理性命題**：當一個人在挑選可能應用的行動途徑時，會選擇一種能帶來較高價值，以及能獲取該較高價值後果的行動。

總之，交換理論以個人為研究單位，其重點在各個人間以自我為中心的交換行為過程。在社會學裡，它雖列為四大理論之一，實際上，其範疇領域無法跟前三種理論相比。

如將上述社會學四大理論加以比較，在意識型態上：功能學理論與符號互動論是屬於較保守的，衝突理論與交換理論則較激進；從分析層次來看：功能學理論與衝突理論之研究單位在於社會結構，而符號互動論與交換理論則重個人。〔註2〕

社會學的四大理論觀點牽引出了不少比較小型的理論假設，應用在各類社會現象上。其中一例是老年理論。

〔註2〕有關社會學理論之介紹，讀者可參閱蔡文輝《社會學理論》，臺北：三民書局，民95年。英文書籍則可參考Jonathan G. Turner等撰寫的*The Emergence of Sociological Theory*. Belmont, CA: Wadsworth, 1998。

第三節　社會學資料的蒐集與分析

任何一種科學理論須建立在完整的資料上。社會科學雖然不能像自然科學或物理科學那樣地嚴謹和客觀，但是尋找證據以支持理論的大原則仍是必須有的。摩根和肯克（Leslie Morgan and Suzanne Kunkel）認為有三個重要的理由促使學者以科學的方法來探討社會現象。

第一個理由是滿足人們的好奇心。欲知道社會如何影響人們的態度和行為、社會如何改變，或者社會組織之間如何彼此影響。為了滿足這類好奇心，學者試圖去找出真相。

第二個理由是社會科學家希望在找出真相後也能建立一套理論；理論不僅可用來解釋既存的社會現象而且也可用來預測未來。而且注意到理論解釋其他類似行為或社會組織的能力。

第三個理由是研究結果的實用性。今日的社會科學家已不講究純理論（pure theory）的建造，轉而強調研究結果是否可以應用在社會問題的解決上，提供公共政策釐訂的參考，這類研究即通稱之應用研究（applied research）。

圖3-1將這三項理由描繪出來，可供參考。

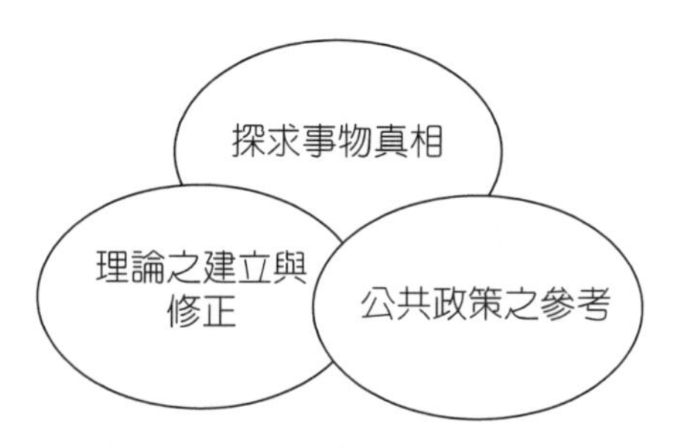

圖3-1　做研究的三大理由

資料來源：Leslie Morgan and Suzanne Kunkel, *Aging: The Social Context*. Thousand Oaks, CA: Pine Forge Press, 1998, p.31.

社會科學研究的第一個步驟是研究題目的選擇。有價值和有時間性的題目比較容易為人接受，太冷門的題目往往會碰上經費上的困難。第二個步驟就必須檢閱文獻，避免重複已經做過的題目，或經由文獻的閱讀找出可能修正的理由。第三個步驟則需設定研究用的假設（hypothesis）：臆測兩個或兩個以上變數之間的可能關係。變數（variable）亦譯成變項，通常包括自變項（independent variables）與依變項（dependent variable）；前者是因，後者是果。也就是說自變項影響了依變項的存在或改變。如果用圖來表示此邏輯關係則是如圖3-2。

社會研究通常可分為兩種：描述性研究（descriptive research）和詮釋性研究（explanatory research）。前者描述各種社會現象的狀態；後者則是解釋社會現象存在的因果關係。詮釋性研究通常是社會科學家所進行的大多數研究所採用的方法。因為如果一個研究僅僅限於描述，其意義和貢獻不大。社會學家和其他社會科學家做研究的主要目的還是解釋為什麼現象存在，為什麼現象會有所變遷，為什麼會有這樣的結果。描述並非一項困難的工作，詮釋則需要科學研究方法的訓練，也需要有較客觀準備的資料可信度。

健全的科學研究方法必靠健全的理論建造，資料蒐集，分析詮釋來支持。社會研究法在資料蒐集上有一定的步驟和程序。大體上來說，它包括社會調查法、觀察法、實驗法、內容分析法、二手資料分析法、歷史法及個案研究法等。

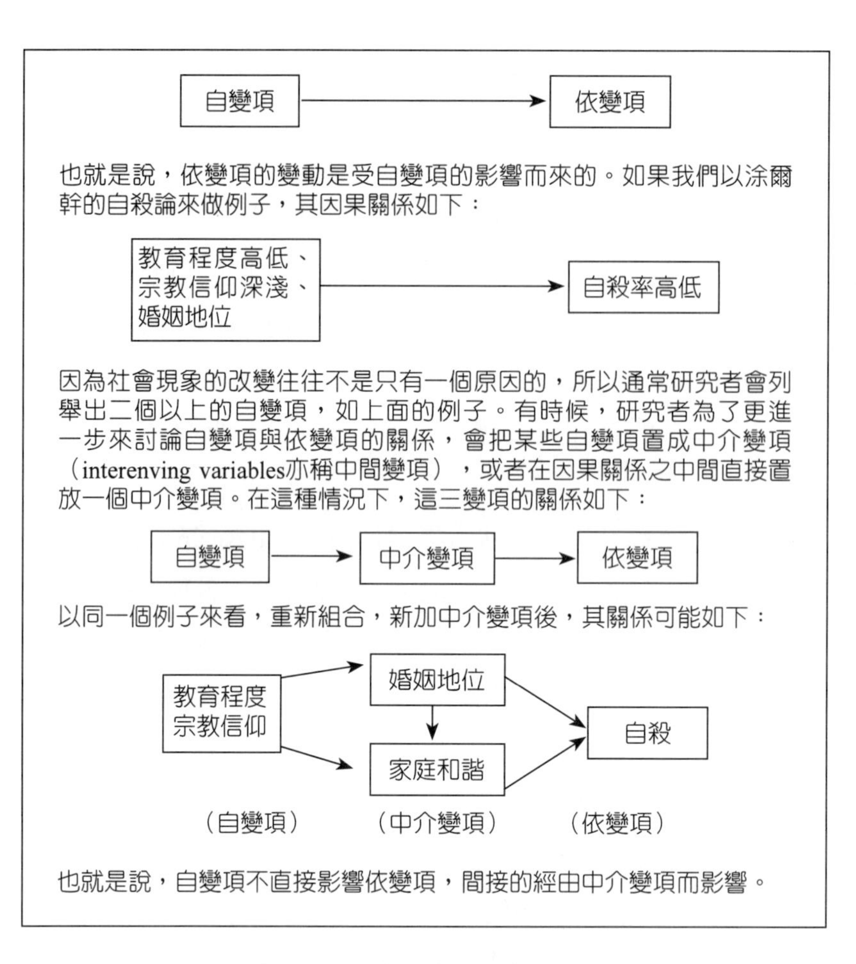

圖3-2　社會研究的假設建構

一、社會調查法（survey research）

社會調查法是目前社會學家做研究時最常用的蒐集資料方法。它以問答的方式，經由調查員直接或由郵寄方式詢問被調查者本身或對他人的社會行為或態度。通常以訪問法和問卷調查法來蒐集資料。

㈠訪問法（interview）

訪問員親自面對面的詢問各個問題的答案。再將之綜合分析，以圖支持研究的理論假設。以往，最主要的訪問法是採用面對面的方式，而現今，則常利用電話來詢問。訪問法裡的問卷，其樣本的抽樣方法，問卷上的語句、用詞、問題的定義、解釋、訪問員的訓練，訪問時的語氣、態度都能影響到訪問調查的成敗。

問卷題目的安排，通常可分為兩種方式：一是「有結構的問題」，或稱「封閉式問題」，被調查者只能由事前安排好的答案中，選出其一（有時特定的問題可以有不止一項的選擇，選兩項或三項，甚或選所有合適的答案）。有些問題的答案，不只是「有」或「無」而已，常有層次上的區別。若能將答案增加幾項，如「無」、「一次或二次」、「三次到五次」、「六次以上」等等，那麼在分析上自然較詳細清楚。尤其有些較敏感的問題，如果只是「有」、「無」間的選擇人們常只選那對自己較有利的，或較不為社會所否定的答案；而不選那實際的答案。有好幾個較確切的選擇時，被訪問者較能依事實來選擇。這方法的好處是回答的範圍統一，整理統計較容易，特別在數量大的樣本時更為方便；而其缺點則是回答被侷限於所列的幾個選擇，被訪問者的實際情況不在此範圍內，則無法反應出。另一是「無結構的問題」亦稱「開放式問題」。此法較具彈性；訪問者備有一系列欲得答案的問題，但各問題不一定按某一特定的順序，訪問者依其經驗及當時的景況而挑選適當的問題發問。有時，有些研究只具有一中心論題，在訪問的過程中，隨著這中心論題而提出一些有關的問題。此法的好處是可讓被訪問者有較多表達自己經驗及觀感的機會；因不提供具選擇性的答案，被訪問者能依自己的意願、想法來暢談。此法也強調，尊重個人的獨特性及人跟人之間的差異；能較深入的瞭解所欲尋求的答案。如果採用此無結構的訪問法，則資料的蒐集及整理都會相當費時，較難利用統計法來整理及分析資料。

那麼，怎樣才能決定應該採用有結構訪問法還是無結構訪問法呢？下列四個因素可讓研究者做參考：

1.「研究的目標」何在？其目標在於調查人們對某一現象或事件所持的觀點，同意或不同意。那麼有結構的訪問法較合適；如其目標在於調查某一現象或事件的過程，無結構的訪問法則較合適。

2.被訪問者對「研究主題」的瞭解程度。研究者如欲自被訪問者處理得到更有深度的詮釋，則採取無結構的訪問法，以蒐集更多的資料；不然，有結構的訪問法就可以了。

3.被訪問者對各個「所問的問題」的清楚程度，研究者認為被訪問者對這些問題都已很清楚明瞭，而且也有自己的觀點，那麼就可採取有結構的訪問法。研究者如果認為調查的對象對所問的問題並不很清楚，則無結構的訪問法較適合，它在答案中，提供可能的回答讓被訪問者加以選擇。

4.所要詢問的問題是否容易以問答的方式來溝通。研究者認為是，而且這些問題如果不是那麼有趣，則不能引起許多的討論，那麼有結構的訪問法就很適合；不然，則採無結構的訪問方式。

不論研究者採用有結構或無結構的方式，訪問者應儘可能避免使用會影響被訪問者回答的詞句或語氣，或暗示某種應回答的方向。例如，下列二句問法：「你對某某事件有什麼意見，贊成或反對？」，「大家都不認同某某事件，請問你的意見如何？贊成或反對？」很明顯，第二種問法暗示著「大家都不認同」，除非被調查者對該事件有強烈的主觀，通常都會以大家的看法為自己的意見。這種問法會有誤差。

總而言之，訪問法是社會學上有效的研究法，常被採用，因為其優點為：

1.依統計法抽選的樣本能代表母體。

2.能有效的控制樣本的參與。

3.經由訪問者的問話及說明，受訪者對問卷問題能有較一致的瞭解。

4.較能利用統計方法做大數量樣本的分析。

但是訪問法也有一些缺點為：

1.研究本身費時費力，特別是較大規模的調查。

2.訪問員的訓練更是費時費力，很難訓練出優良的、夠格的訪問員。

3.有些地區不是外來的訪問員能來去自如的。

4.有些地區，尤其是大都市，較難找到樣本中選出的被訪問者，甚或被拒絕訪問。

因此，有不少社會研究者就因上述這些限制就轉而採取社會調查法中的第二種方法。

㈡問卷調查法（questionnaire）

此法跟訪問法類似，只是將問卷以郵寄方式寄給被訪問之樣本戶；不派訪問員，也不打電話去口頭訪問；而是讓樣本戶收到問卷後，自己回答。此法的最大優點是省時省力，節省許多人事上的經費，更不需專業訓練的訪問員。然而，其缺點就是問卷的回收率不高；影響原來樣本的代表性。對該調查主題有興趣的，或有強烈意見的常會填問卷表而寄回：因此，回收資料的質與量是問卷調查法裡的大問題。問卷裡的問題必須簡單、易懂，不含糊；如此雖限制主題研究的深度，卻能避免對問題認識不清，而誤選答案。然而，常因研究經費的短缺，採用問卷調查法的學者就愈來愈多了。面對面的訪問較少，電話訪問日漸普遍，目前甚至可利用電腦在網路上蒐集資料。

二、觀察法（observational method）

觀察法常用在社會學家，特別是社會心理學家，對小團體的研究。觀察法的優點有：

1.在社會現象發生的當時得以親眼觀察、記錄，以待事後整理分析，報導較具真實性。

2.對現象的觀察是在現場，較為準確；不像訪問法所得之係根據被訪問者的記憶。

3.觀察者能親身感受一些不能以語言文字來表達或描述的社會現象。

4.可用以跟其他方法所得的資料對照比較。

5.可用以做初民社會或文化之比較研究。

觀察法也有其缺點為：

1.無法用在大規模或大數量社會現象之觀察。

2.觀察者無法顧及事件的每一角度，可能以偏概全。

3.觀察者本身的情緒能影響對事件真相的揭發及推斷。

4.如有數件現象同時發生，難以抉擇到底以何為重；瞬息間不能確定哪一事件在事後會較具影響力。

觀察法可分兩類：一是由研究者親身參與的「參與觀察法」，一是由研究者以觀察員的客觀身分來觀察的「非參與觀察法」。前者係研究者能以局內成員的身分來感受及描述某一事件、某一社會的真正心態及景況。譬如研究者有心研究不良少年幫會的組織及互動關係，調查法常不能探出真正的實況：當事人常不願對外人透露其真實的心態。參與觀察法則由研究者隱瞞自己的身分以取得其成員之信任，參與該幫會為其會員並參與一切活動，以觀察其組織及互動等。非參與觀察法是由研究者以局外的觀察員身分做客觀的觀看及瞭解，應儘量減少個人的偏見做忠實的報導。

三、實驗法（experimental method）

實驗法常用於小團體或面對面互動以探求「因」「果」關係的研究上。研究者為某一特定社會現象或行動的測定而設立一個可控制的人為環境，觀察及測驗在該人為環境中，此特定現象或行動的改變或成長。通常實驗法將受測驗團體分成兩組，以比較其結果：一為「控制組」，一為「實驗組」。實驗組的分子接觸或接受那在研究中被認為可能有影響力的因素之感染，而控制組則不被接觸；如前者因而受到了影響，而有所改變，而控制組未曾改變，那麼就可以證明該因素是改變的原因，或該因素導致此項改變。譬如，研究者欲瞭解玩電動玩具對學生學業是否有影響。如以實驗法，則找一群社會背景類似的學生，將之分成兩組。一組讓他們玩電動玩具（此即實驗組），另一組則不玩電動玩具（控制組）。這樣經過一段時間，再比較兩組的學業成績。如實驗組的學生成績有明顯的下降，而控制組則無，那麼研究者可以推斷玩電動玩具的確是影響學生學業退步的原因。如在兩組的後果中不能發現明顯的差異，則不能做上述之結論。

實驗法在社會研究上用的不多，一方面是難以大數量人口來做實驗，另一方面則是無法保證受試驗者在實驗前是一致的。而且在實驗中是否會對受試者產生傷害亦往往難以事先管制。

四、內容分析法（content analysis）

內容分析法是以書籍、報章雜誌、電訊、公開文件現成資料的內容來做客觀和系統的分析研究法。一研究由1913年到1984年的《美國女童軍手冊》，以內容分析法找出該手冊對女性的適當角色及事業企圖的看法。另一研究也採此法將國民政府時期政治領袖的傳記資料來研究近代中國官場中的升遷和政治流動過程。還可採用競選時的宣傳標語來比較不同的候選人，不同的政黨，或國家的政策。內容分析法採用的並不廣泛，為社會研究法中比較次要的輔助方法。

五、二手資料分析法（secondary analysis）

二手資料分析法愈來愈被社會學研究所採用，它利用既有的檔案資料來分析瞭解被研究的因素及變數。檔案資料包括政府及民間機構所蒐集的統計資料。政府的人口普查、經濟統計、人口統計、公報等都是可被採用的資料，這方面能提供研究的資料相當豐富；臺灣的資料尤是，例如：立法院對農業政策、老年問題等的公報；《中華民國統計提要》的中華民國衛生統計，省縣市之統計要覽，經合會出版的分類統計資料，警政署出版的《中華民國臺灣刑案統計》等，都能提供社會學家二手資料以研究許多社會現象及現象間的相關。此方法的優點是：

1.檔案資料的齊全豐富，不僅可用以研究當地及本國的社會現象，只要能取得相類似的資料，還可做地區間的比較，如能利用到其他國家或如聯合國、世界銀行所出版的檔案資料，還可做各國間的比較分析。

2.檔案資料有時能找出幾十年前的資料，所以能提供長期變遷研究所需的資料。

3.檔案資料的蒐集，統計方法之分析都不太費時費力，較受當前社會學者的歡迎。

但是二手資料分析法也有其缺點：

1.資料蒐集、記錄可能有錯，使研究者無從或較難查證。

2.有些屬於公務機密，研究者無法取得該項資料。

3.資料原非為社會研究所設計，因此社會研究者可能產生無法深入分析的挫折感，只得將就所擁有的資料。

4.由於資料分散各處，難以蒐集齊全。

六、歷史法及個案研究法（historical method and case study method）

歷史法採用歷史史料的記載，做描述或縱面的描述分析，甚或以數個時代的史料記載，做縱面的比較分析。個案法則係集中在某一特定的個案，做詳盡的分析解釋；由於僅以一個個案為其中心研究，故代表性較弱。兩者，在社會學研究上的份量不大。

以上，簡略的介紹了主要的及次要的社會研究資料蒐集法。方法的選擇及使用必須以研究主題及研究目的等為根據，並非各個方法都適用於不同的主題上，再好的方法，運用在不相宜的題目上，其功效不一定理想，資料蒐集方法的選擇須特別謹慎。

資料處理是整個社會研究過程中一個不可疏忽的步驟。無論資料蒐集得怎麼完整，怎麼合乎科學程序，如果沒能以科學方法來整理分析，再好的資料也必失去其效用及準確性。

資料處理的首要程序是「編碼」：將調查表或問卷表上的答案或其他方法蒐集的資料加以編號、整理，以供統計、分析、解釋；在觀察法、實驗法或內容分析法裡，是將零碎雜亂的資料分類整理成一有系統且簡單的順序項目，以供統計分析解釋。假設所蒐集的資料裡，職業的項目包括幾十種不同名稱的職業；如果不加以整理，則職業項目既多且雜亂無章。尤其在樣本數大時，則更無法分析，更難找出變項間的相關。有效的步驟是依職業的分類，將所有列出的職業分歸成類，以利分析。這種分類的整理，不僅可增加資料處理的速度，同時，還能使資料更合乎研究計畫的原訂目標及目的。在設計問卷或調查表時，許多研究者早已先把項目歸類清楚，受訪問者或被調查者在已提供的分類中選出一項，研究者可節省很多時間。

編碼工作完成後，第二步就是把分類資料換成編號以供統計分析之用。有經驗的研究設計者，能將此兩步驟合而為一，在時效上更為有利。由於電腦的普及，目前研究者在編碼、編號時都依電腦軟體的設計為準。例如：「一項」「一行」可有十個不同的編號：由0到9；或可有二十六個不同的編號：由（A）到（Z）。至於項目，或變數的多少則看軟體的大小而定。一般來說，電腦軟體都能處理相當大數量變數的研究。除了能快速的處理大量資料外，電腦軟體對分析、分類資料更是便捷、準確。在這整理分類編號的過程中，有幾點值得注意。

1.號碼的編排一定要具「自然性」，也就是要「合理」。愈合理，編排的過程不易出錯，就愈快速。例如教育程度的編號，應依據程度的高低順序而訂：未受過正式教育，小學，中學，大學，研究所，或將其完全倒過來，都較合理。如依次以大學、小學、中學、研究所、未曾受過正式教育來處理則較不自然。在工作過程中，將會增加困難、麻煩，而且容易發生錯誤。

2.號碼的編排，儘量不跳號，免得發生誤會，誤認其次數為零。

3.編號時，儘量以保留給「無答案」、「無資料」的情況。這常跟「無意見」不同，尤其在所列的分類中有一項「無意見」，則應為這項無意見的另外編號。

4.避免採用一些能引起誤解的符號作為編號的種類，如「＋」，「－」等。

5.儘量用一項或一行來代表一個變項，如以0至9為編號，只要其可能的答案或選擇在十個數目之內，都應只用一行來編號；不然就得超過一行。有時，部分問題可有二個以上的答案選擇時，則應另外設計，以免增加電腦程式或設計的困難；例如單獨一行代表一個選擇，或另外編號，以包括所有可能的狀況。

除了以電腦軟體來統計分析分類的資料外，其他傳統方式的編碼編號程序，在原則上應大致相同，近年來，由於個人電腦的普遍，很多研究的資料都直接輸入，由電腦軟體來處理「統計方法」中的計算過程。

以統計方法來分析資料是目前社會科學裡最常見的。不僅它能以科學的方法來分析資料，同時可用圖表來標明，顯出資料之特徵。統計分析的結果都易懂，一目瞭然；省時省事，加速研究。譬如，研究者能以敘述的方法來描述同樣職業的收入在性別上的差異：男性的所得較女性為高。這種敘述式的比較研究，遠不能像以統計數字將男性與女性的平均所得分別計算出，再並列比較那樣清楚明白。同時由統計分析中還能找出各性別收入分類的百分比分配、集中趨勢、分散情況等。

社會研究雖然難於不摻雜個人的偏好，但研究者在研究設計及資料蒐集分析過程中應儘量保持客觀中立，持此態度觀點所獲之研究結果方能具有科學之價值。其理論解釋才會具有說服性。〔註3〕

近年來電腦網路的使用，也給社會研究者提供了不少的資訊，方便了一些資料蒐集的手續。〔註4〕

〔註3〕有關社會學研究方法，讀者可參閱：李沛良，《社會研究的統計分析》，臺北：巨流圖書公司，民78年。英文書籍可參閱：Earl Babbie, *The Practice of Social Research*, 7th ed. Belmont, CA: Wadsworth, 1995。

〔註4〕在電腦網路上，美國老年學高等教育學會（The Association for Gerontology in Higher Education）有一網頁，讀者可查詢有關老年學的發展現況以及研究經費、獎學金等資料，其網址是Http://www.aghe.org。另外，Leslie Morgan & Suzanne Kunkel, *Aging: The Social Context*, 1998之第十二章亦可供參考。

第四節　老年社會學理論

社會學的觀點在老年學裡占有相當重要的份量。老年社會學理論是多層次的，它分析和解釋社會制度（如老年與退休、老年與家庭、老人與公共政策）與個人經驗之間的關係。大致上，主要的老年社會學理論包括：角色論、隔離論、活躍論及持續論。

社會學對老年社會的解釋理論基本上可以分為三個時期來討論：

1.**早期理論**：包括在1950至1970年代出現的「角色理論」（role theory）、「隔離論」（disengagement theory）、「活躍論」（activity theory）、「持續論」（continuity theory）及「現代化論」（modernization theory）。

2.**中期理論**：包括1980年代盛行的「符號互動論觀點」（symbolic interaction perspective）、「年齡階層論」（age stratification theory）、「社會交換論」（social exchange theory）、「年齡的政治經濟論」（political economy of aging）及「生命旅程論」（life course theory）。

3.**近期理論**：包括1990年代以來新提出的「老年社會現象論」（social phenomenology）、「女性主義論」（feminist theory of aging）以及「社會正義論」（social justice of aging）。

角色論（role theory）可以說是社會學對老人生活的最早理論之一。它認為角色決定一個人的自我概念，並影響個人在社會裡的行為。人們在社會化的過程中學習到如何去扮演社會角色，並表現出社會規範所允許的行為。但是由於社會化的訓練太集中於幼年期，很少涉及老年規範。因此，老年期的角色顯得有些模糊，造成老人行為的不穩定。尤其是以往一生中所扮演的角色已不適用，又不清楚要有哪些新角色，易成困擾。

撤離論（disengagement theory）或隔離論是1950年代晚期提出的一種觀點。美國兩位學者崑明（E. Cumming）和亨利（W. Henry）在1961年根據他們在1959年所做的調查提出的觀點。〔註5〕它是一個從功能理論出發的觀點，認為老人從社會活動中撤出，對社會是有功能有益處的。這理論相信人們由於年歲的增長對外界的活動必然減少。老人將其在社會上所占據的地位和角色空出來，交予年輕人，等待並面臨死亡。崑明和亨利把撤離看做是無法避免的人生過程：個人與社會上的其他人的關係逐漸減退，既使有些關係仍然存在，其品質也會有所改變。

活躍論（activity theory）是針對撤離論而發的。絕大多數的研究都無法支持撤離論的觀點，而且撤離論也未免把老年人描述得太灰色和悲觀。學者海威郝（R. Havighhurst）乃提出老人不是退出撤離而是轉換角色的看法。活躍論者認為活動對老年人有益處，也可提高其生活滿意度。南加大老年學中心（the Andrus Gerontology Center, University of Southern California）的邊森教授（Professor Vern Bengtson）在1970年代將其系統性的應用在老年生活的研究上，貢獻巨大。活躍論者認為人們經由他所做的事和所扮演的角色來認識自己。因此當個人由職業場上退休下來、由夫妻配偶而寡居、或由公共社團退出等都會造成個人自我認知的困擾。老人因此往往找替代的事情做或新的角色來扮演。因此，老人看似撤離，其實只是轉換跑道而已，由工具性角色轉換成情感性角色。研究資料發現能這樣做的老人會有較滿意的日子。〔註6〕

〔註5〕Cumming, E. and Henry, W. (1961). *Growing Old: The process of disengagement*. New York: Basic Books.

〔註6〕Kossuth, P. M., and Bengtson, V. "Sociological Theories of Aging: Current Perspectives and Future Directions," in Birren, J. E., and Bengtson, V. L., eds., *Emergent Theories of Aging*. New York: Springer Publishing Company, 1988.

延續論（continuity theory）或持續論是美國老年學學者艾契利（Robert C. Atchley）在1990年代提出的。這理論認為一大部分的老人不會因為身體健康的轉變而改變他以往的思想、活動方式、生活的安排、或人際關係。延續論認為人的思想、行為、及人際關係，由往昔到目前至未來是持續的，不會因為年歲大就改。艾契對4000個退休教師和電話公司員工做一調查，發現這些人在退休後仍然保有高的自尊心和行為的類似性。他在美國中西部俄州（Ohio）一個小鎮所做的1975-1995的長期追蹤研究也有類似的結果。

上述四種理論目前撤離論已不為學者所重視。其實按照蔡文輝的看法，可以把其中三個理論看成三個階段：延續論可以用來解釋退休後初期的老人生活（大約最初五年），活躍論可解釋退休後中期的行為（大約六至十年），撤離論則在晚期出現最多（大約十一年後時期）。老人最後的撤離是因為身體健康和心智退化所致。角色論則可用在每一階段的日常狀況下應用。

除了上述四種主要理論以外，社會學對老年的理論尚包括下列幾種。在此加以簡單介紹：

現代化論（modernization theory）認為老人在社會走向現代化過程中失去其在傳統社會裡的地位和權威，老人累積的經驗不適用於工業社會的急速變遷，因此淪為弱勢團體，遭受歧視。這個理論只適用於解釋二次大戰後的新興開發國家，目前已過時，不再為學者重視。

年齡階層論（age stratification theory）指出社會常用年齡將人分成高低不同的等級。而社會資源的分配亦因年齡有所不均。老年人和年輕人皆屬於其各自不同的階層，故有不同的待遇。

次文化論（subcultural theory）指出老年人的思想和行為往往不同於主流社會，因此是一種次文化。因此不應以平常的社會規範來處理老人問題。

交換論（exchange theory）是社會學四大主要理論之一。它的主要論點認為個人的社會地位取決於其對社會的貢獻及社會所給予之酬賞。老年人對社會貢獻少，因此無法爭取較多的酬賞和較高的社會地位。不過近年來老人的貢獻略有增加，故其地位亦稍有升格。

符號互動論（symbolic interactionism）也是社會學四大理論之一。它認為人與周圍環境及與其他人的互動影響了人的老化經驗。有正面互動的老人對老境的滿意度會較高。

生命圈論（life course theory）認為人從生到死要經歷好幾個不同的階段。人的生命經驗也因此常有改變或成長。老化經驗是多樣和多層次的。老年階段自有其特色，不能以偏蓋全。

女性主義論（feminist perspective）認為研究者常把老年婦女忽略了。其實，性別差異影響了人與人之間的互動。不能用男性觀點來代表女性。女性主義論者最重要的目的是提升婦女地位。

政治經濟論（political economy of aging）認為社會的經濟和政治結構決定個人獲取社會資源的途徑及多寡的分配。社會裡的權勢團體往往掌握操縱社會地位的不平等。老年人因非權勢團體的一份子，故受社會歧視和排擠。

社會正義論（social justice theory）分析老人對社會的各種貢獻，以決定老人所應享的福利。持此論者希望為今日老人爭取到他們在現代化過程中失去的福利和社會地位。

上述每一個理論皆有其優點和缺失，像所有社會科學的理論，沒有任何上述理論能解釋老人的全面性。

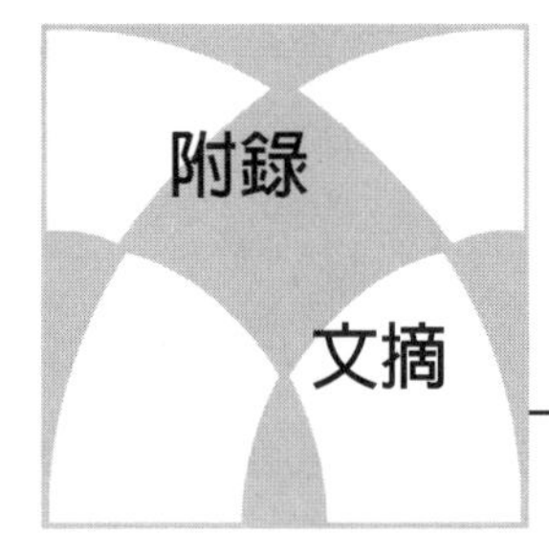

亞洲華人社區的老人人口和老年學研究工作的探討

齊鉉

引　言

全世界有許多華人聚居的社區，這些社區無論占人口比例的多少，都能維持中國的文化和生活習慣。而華人移居外地，無論歸化程度的深淺，仍受到原來中國文化的影響，保留許多價值觀與生活取向，尤其是年老的一批。因此在研究中國老人方面，有許多共通之處，同時由於移民之地，主流文化及政治經濟條件的不同，而使同樣的中國老人有許多不同的生活經歷，無論是共同處、相異點都值得老年學研究者互相參考。

在亞洲區最主要的華人社區當然是中國大陸，不過中國地大，城鄉之間差異很大，本文將以城市老人為主與亞洲區內其他華人社區進行探討。其他地區包括香港、臺灣和新加坡（新加坡四分之三的人口是華裔）。老年學本身是多學科的研究，本文主要以老年社會學為探討的中心，對於其他的學科如老年醫學並沒有提及。

亞洲華人社區人口的老齡化

人口老齡化對老年學研究所帶來的重視是顯而易見的，在亞洲華人社區裡也不例外。讓我們先看一下幾個主要華裔社區的人口老齡化的情況。與西方社區相比，在亞洲區的華人社區才初嘗人口老齡化的滋味。雖然中國內地65歲或以上老人占人口的比例低於7%，但是在一些大城市，例如上海、北京、天津，廣州老年人口的比例已經超過12%。就香港而言，在90年代中期，老年人口的比例已經超過10%，另一些華人社區，例如臺灣和新加坡的老年人口比例也已經超過世界衛生組織所訂立的老齡化城市的標準（參考表1）。

表1 老年人口的比例變化，1970與1996年的對比

地區＼年代＼年齡	年齡0～14（%）		年齡65或以上（%）	
	1970	1996	1970	1996
中國內地	39	26	5	6
香港	37	19	4	11
新加坡	39	23	3	7
臺灣	39	23	3	8

資料來源：《UNESCAP人口數據1987 & 1996》，臺灣大學人口研究中心，1995。

人口老齡化只在過去的十年間才引起社會廣泛關注，因此對於這些社區老齡化的研究，也只是從80年代才開始。比較起其他的專科研究，算是一個很短的歷史。不過這個扎根不深的老年科學，卻要面對很嚴峻的考驗。在討論老年學研究之前，先簡單介紹一下亞洲區老齡化的特徵，從中可以領略到老年學所面對的挑戰。

亞洲華人社區老齡化的特徵

首先雖然亞洲華人社區的老齡化歷程才開始不久，但預期它們只需要西方社會一半的時間就可以達到相等的老齡化水平。人口預測的數據顯示，大多數的西方社會用了將近半個世紀的時間才使它們的老年人口比例從10%增長到20%，但對新加坡來說這只需四分之一世紀的時間。其他的亞洲地區也有類似的經驗。從圖1中我們看到1985年到2025年亞洲地區預期的人口增長速度至少為西方社區的二倍。許多西方歐洲國家人口老化已經達到頂峰，在未來二十年的增長率相對的減緩（見圖1）。

由表2的數據來看，亞洲華人社區在未來四十年間老人人口都將達到

18%～34%之間，是目前老人人口的三至四倍，總體人口的年齡中位數將提升到40歲左右，香港的人口在2025年的年齡中位數更高達53歲，可以想像到時候香港所需要面對的社會問題一定不少。

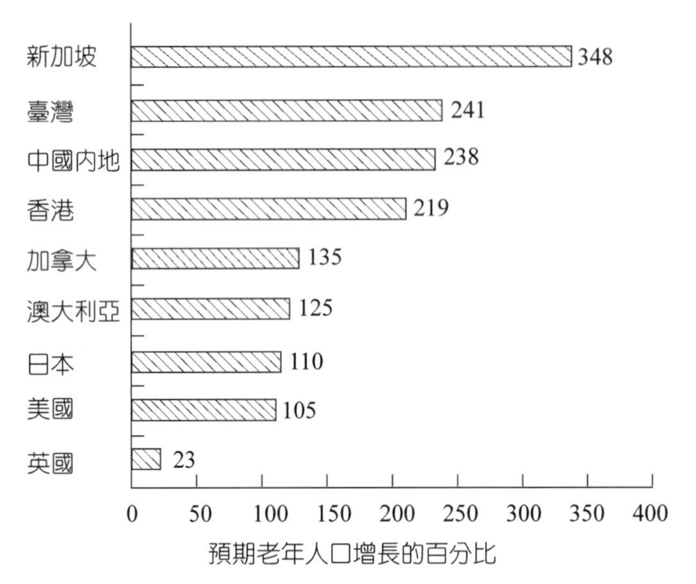

圖1　人口老齡化的國際比較（從1985～2025年的預期增長率）

資料來源：US Department of Commerce. Global Aging: Comparative indicators and future trends, 1991.

表2　預期65歲或以上的人口增長（1955年與2050年的對比）

年代（年齡）／地區	1995	2050	65歲或以上人口比例		年齡中位數	
	（千人）	（千人）	1995	2050	1995	2050
中國內地	74,667	291,820	6.1	18.2	27.6	39.2
香港	597	1,715	10.2	34.7	34.1	53.0
新加坡	192	781	6.7	23.6	32.2	42.9
臺灣	1,618	6,517	7.6	25.0	31.8	44.2

資料來源：《UNESCAP人口數據1987 & 1996》，臺灣大學人口研究中心，1995。

這些社區人口迅速老化主要是由兩個因素造成的。一個是迅速下降的人口出生率，另一個是人均壽命的延長。從1960年代在香港和新加坡開始推廣的家庭計畫，使每對夫婦的生育數目有顯著的減少。1970年代中國政府開始實施「一孩」政策，城市出生率的下降加速了老齡化的進程。由表1中可見過去25年間，0～14歲的人口在亞洲華人社區都大量減少。

其次，由於臺灣、新加坡和香港經濟的高速發展，這些社區居民開始享受到良好的公共衛生設施和醫療服務，以往常見的致死疾病和幼兒夭折的情況都受到控制，壽命也因此而延長。例如中國自1970年代之後，在過去的二十五年之中，人口的平均壽命有很大的改變，男性平均壽命增長17%，由70年代的58歲到96年底的68歲（參考表3）。香港1996年的人均壽命更高，列入世界之首的幾個國家內，比起許多西歐先進國家仍要高出許多。

表3　人口預期壽命（1970與1996年的對比）

年代／性別／地區	1970		1996		增長百分數	
	男	女	男	女	男	女
中國內地	58	61	68	71	17.2	16.4
香港	65	72	76	82	16.9	13.9
新加坡	66	70	73	78	10.6	11.4
臺灣	67	72	73	79	9.8	10.5

資料來源：《UNESCAP人口數據1987 &1996》，臺灣大學人口研究中心，1995。

從以上的數據看來，亞洲的華人社區比西方社區在迎接老齡化的過程中，只有更短的準備時間，所以他們不能完全依賴西方社會人口老齡化的經驗，而必須尋求適合自身發展的解決方法。

對亞洲華人社區來說，人口老齡化的第二個特點是人口老齡化常常伴隨著家庭功能的衰退。當然這種家庭功能的衰退在西方社會的20世紀上半葉也同樣發生，但是不得不引起關注的是家庭在華人社區所占的重要地位和其發揮的作用非常之大，往往是不可取代的。傳統中國社會的家庭不僅滿足家庭成員的需要，而且提供個人的一種認同。家庭功能的衰弱不僅使老人的支持系統受到削弱，而且，削弱了老人曾經擁有的受尊敬的地位。所以，華人社區在面對老齡化問題時，必須提供另外的支持資源以及為老人建立新的角色（Chow, 1993, 1996a）。

第三個特徵是長期以來中國人就相信養老最好的地方是家庭和社區。當「社區照顧」和「家庭照顧」這些概念近年來在西方流行的時候，卻不知這是在華人社區中幾千年來一直供奉的原則之一。老人留在家庭的信念使子女或是老人所屬的社區責無旁貸地要擔負起照顧老人的責任。當這種「社區照顧」的觀念在強化了老人和其周圍人的聯繫的時候，它無形中阻礙了正式支持服務的發展，譬如在香港，「社區照顧」是過去二十多年推行的安老政策，但實質的社區照顧服務卻從未得到重視或發展，政府仍視家庭為主要且全能的護老系統，而不願意插手提供社區服務來協助有家人或與家人同住的老人。缺少社區服務使一些出於種種原因而不能在家庭或社區得到照顧的老人遇到很多困難，也同時令許多照顧老人的家庭因為面對太大的壓力而又得不到舒緩，最終要放棄照顧老人的責任。總之，當亞洲華人社區只有西方社會一半的時間到面對老齡化問題的時候，它們也同樣面對著家庭功能削弱的困境。當政府與社會重新定義照顧長者的責任的時候，老年人自己也要為自己在變化環境中的角色、功能和地位重新定位（Chow, 1997）。

老年學研究的趨勢

華人社區老年學的研究是從人口統計學對人口特徵變化的研究而展開的，這些研究提供了豐富的人口統計學資料，許多早期的老年學家，本來是人口統計學家，他們開始研究生育問題，如何通過減少生育解決人口膨脹的問題。控制生育成功後，卻促進了人口老化，也使他們轉移了研究目標，從事老年學研究。

另外一個研究領域是由社會保障的影響引發的。表4顯示用現金形式支付的保障，在四個亞洲地區華人社區中有顯著的不同。1950年代臺灣開始實施社會保險計畫，老年人口的增長意味著退休保障費用和醫療開支的增加。從1980年代中期開始，臺灣政府開始意識到由人口老齡化所帶來的老年退休和醫療保險開支的大幅度增加。

在1980年代中期之前，中國政府擔負著城市老人社會福利的責任。雖然憲法明確規定子女有供養父母的責任，中國作為一個社會主義國家，早在1951年就實行了勞動保險條例，對城市工人實施全面的保障，包括退休和醫療保障。香港仍然是四個社區中唯一一個沒有退休保障的地區，許多老人靠公共援助來維持生計。而公共援助是從稅收支付的，所以香港政府有沈重的財政負擔來提供這一項現金保險。雖然香港政府已為此付出了龐大的財政開支，相當部分的老人還是生活在很低的水平。

表4 支付老年人現金福利

	支付種類			
	供款	非供款		強制性儲蓄
	按收入供款	資產審查	全民性同數量	公衆
中國內地	xx	xx		
香港		xx	xx	
新加坡	xx	xx		xx
臺灣	xx	xx		

資料來源：《UNESCAP人口數據1987&1996》，臺灣大學人口研究中心，1995。

除了新加坡之外，中國、香港和臺灣都在檢討現行的老年保障計畫並考慮改進。例如，自1986年，中國的社會保障體系正在發生很大的變化，政府正考慮推行一個新的、有中國特色的社會主義初級階段的社會保障體系（Chow，1995）。香港是一個自由經濟不干預的政府也在1998年底開始推行強制性退休保障計畫。

日漸增長的老年人口，帶出更多的老人需要他人的幫助和支持，這無疑是推動實踐老年學研究的一個重要因素。但是研究者意識到不僅是數量上的增長問題，更重要的是能否提供長者一個理想的生活選擇。從老人照顧研究的角度來看，研究主要集中於家庭在照顧長者中所扮演的角色。如前所述亞洲華人地區也不可避免地受到城市化和工業化的影響，再加上西方文化的薰陶。例如家庭規模縮小且已經以核心家庭為主。但是長期以來對於孝道的宣揚使年老與年輕的一代或多或少仍受到影響，年輕人被認為有責任照顧家中的長者。所以，很多研究集中在家庭支持的主題上是意料之中的。香港政府推崇的「社區照顧」的理念，假設老人留在社區中和親人生活在一起將會得到最好的照顧。相關的研究指出，雖然長者傾向於生活在社區中與子女同住，但從家庭而來的支持和照顧，特別是長期性的，遠非想像中的那般理想（Chow,1993）。研究指出，即使家庭支持網路存在，這種網絡規模也相當的小，一般不超過三個家庭成員或近親（Ngan & Wang，1993）。老人可以從這個網路中得到的幫助和支持也相當的有限（楊國樞，1994）。事實上，家庭的支持功能下降得很快，所以「社區照顧」單靠家庭照顧是無法實現的，必須有社會服務的補充來代替部分家庭功能。

在臺灣和新加坡所做的關於家庭支持的研究也有類似的結果。和香港不同的是，在臺灣和新加坡的老人和家庭的關係似乎比香港老人更為密切。雖然這兩地的政府沒有明確表示實行「社區照顧」的原則，但是他們已假設子女有照顧父母的責任，而且在新加坡不負責任的子女還可能受到處罰。因此在臺灣和新加坡的子女被期望照顧父母的事實比香港更強。研究指出價值觀念上的差別似乎是一種更為合理的解釋（Chow，1996b）。雖然家庭體系在新加坡和臺灣都有所改變，但是在觀念上子女仍然被認為應該照顧長者，而且不盡義務者會受到指責。中國和新加坡都立法或提交私人法案規定子女供養父母，香港近來也有人提出立法的建議。一個重要的議題是單靠這種孝道的觀念來養老還能持續多久？以立法來規範子女養老是否能解決未來老化的社會問題？譬如未來90歲以上的老人，他們的兒女也已經60或70歲，怎麼樣要求他們來供養父母呢？這是個值得研究的題目。就中國而言，對老齡問題的重視更受到「一孩」政策的影響，當每一對夫婦只有一個孩子之後，無疑加重了孩子與下一代撫養父母和祖父母的負擔，為了防止事態進一步擴展，儘早的預防措施是非常必要的。

另外，從80年代中期開始的改革開放也使得中國的社會保障體系經歷了一系列的轉變。除了國家要負擔養老的責任外，個人和社區也要相對地有所貢獻。政府的政策明確指出，撫養老人的責任要由國家、個人和集體共同承擔。如果可能，家庭、親戚、朋友、同事以及鄰居也要出力。上海市近年來「空巢」家庭漸占多數，市政府要發動街道、單位和鄰居來協助殘弱的老人。由於國家對退休保障計畫的政策有所改變，從1980年代中期開始，老齡化研究有了新的焦點。當然家庭照顧仍然是研究重點，主要是看「一孩」政策對它的影響。同時很多研究對政府如何改革社會保障制度進行了探討，這不僅引起本地研究者的興趣，也受到國際關注，例如世界銀行以及國際勞工組織等。

與家庭照顧和城市化相關聯的另一個問題是住房問題。許多研究著眼於居住安排以及與此所關聯的照顧的質和量的問題。當研究發現老年人更可能從同住子女那裡得到較多的照顧時（Chi, 1994），希望獨立居住的老人卻也漸漸增加（Chi, 1995a）。從另外一個角度來說，由於價值觀念的改變，城市化小住房的限制，我們不能想當然地認為華人社區的老人必定選擇和子女同住。這種居住安排的改變對社會服務的需求有深遠的影響。因為那些獨立居住的老人可能對家庭以外的支持有更多的要求，這是值得研究的另一個課題。

當然健康也是一個研究的主題。華裔老人的家庭關係和西方有許多不同之處，但是他們所面臨的健康問題和西方老人則大致相同（Chi & Lee,

1991）。與西方相比，老年病學在華人社會的發展只是近幾年的事，研究也沒有那麼精密。不過亞洲華人社區也面臨醫療費用高漲的困境，鑒於華人社區老人醫療開支的急速增加，老人的健康問題日益受到重視。除了新加坡之外，華人社區的健康開支主要來自政府而很少由社會保險來支付（參考表5）。這些社區需要在不久的將來對醫療健康開支做出全面的檢討，新的醫療融資方案必須儘早提出才能應付迅速老化的人口。一些研究探討華人對健康的觀念，因為個人對於健康的觀念可能影響他們對於醫療和健康服務的使用。研究指出華人對於傳統的中醫仍然有很強的信念，他們認為健康是一種人和自然的和諧狀態（Chan et al., 1994;Tjim et al., 1996）。

表5　醫療保健資源體系的比較

地區	資源來源	健康保險	政府角色
中國內地	公眾	已建立，政府補助	三級轉介體系醫院為中心
香港	公眾	不顯著	醫院為基礎專家
新加坡	私人	已建立，雇員參與	政府責任
臺灣	公眾，保險補償	已建立，政府補助	政府責任

另一些研究指出，華裔老人老年癡呆症的發病率比較低（Chiu et al., 1998），其中的原因值得再深入研究。另外，一些心理健康問題如憂鬱、自我形象低落和無助感在華裔老人中較普遍（Chi & Boey, 1994）。從老人自殺的比例中，我們看到當西方老人自殺率接近或只略高於一般人群時，華人社區老人的自殺率遠超過一般人群（參考表6），不僅華人社區老人的自殺率比西方國家高，生活在白人社區的華裔老人的自殺率是同區白人的三倍（Hooyman & Kiyak, 1996），這一現象也許可以解釋為由傳統價值觀念和新的價值觀念的不和諧所致。

表6　老人自殺率比較

國家（地區）	老人自殺率	一般人群自殺率	年度
澳大利亞	16	13	1994
中國（城市）	13	4	1994
香港	28	12	1995
新加坡	50	14	1994
臺灣	26	7	1994
美國	20	12	1991

資料來源：Chi et al.（1997）*Elderly suicide in Hong Kong.*

在一個跨地區的研究中發現，香港老人的憂鬱程度要高於中國城市老人（Chi, 1995b），可能是因為比較香港而言，中國內地仍是一個未完全現代化的地區。由於大多數華人社區的老人仍帶著傳統的中國家庭的價值觀，現代化所帶來的新的價值觀念的衝擊會引發很多問題。例如，缺乏別人的尊敬、社會疏離、低弱的自我形象等，這些問題使心理健康成為華人社區老人的一個重要問題。

總　結

綜合以上所述，華人社會老齡化的研究主要集中在一些實務性的課題上，例如：退休保障、居住的安排、家庭養老、社區服務的提供以及住房提供等。同時由於華人社區老人的研究資金主要來自政府，所以學術性、理論性的研究尚不多見，這些實際問題與老人的福利息息相關，研究可以幫助構想和實施這方面的政策。另外一些研究上的問題是：缺乏多學科的合作研究，缺乏不同社區的比較以及缺乏追蹤研究以探討因果關係。這些都應該成為未來發展的方向。此外，由於中國的傳統價值觀對於華人社區的老人照顧有深刻的影響，所以任何華人地區老人的研究都應該把這種特徵考慮在內。如果在規劃華人社區老人的生活素質時不充分利用中國傳統價值觀的優勢將是一種遺憾。

◎轉載自齊鉉主編（1999）。《華裔老人問題與研究》。香港：香港大學出版社

生理與心理老化過程

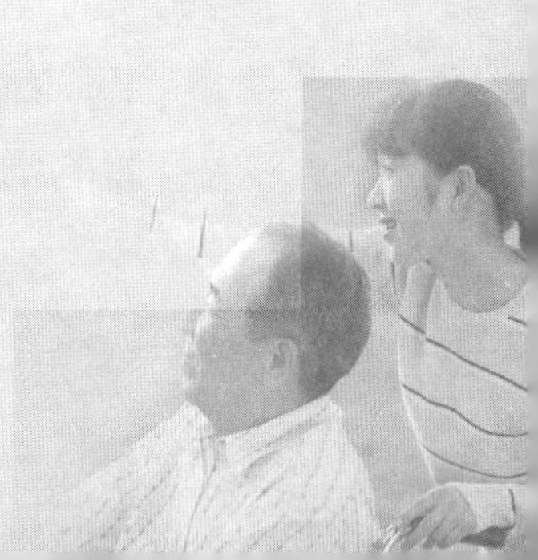

第一節　生理老化過程

不論古今中外，長生不老和永生的尋求一直是人們追尋的理想。人們用各種不同的手段方法試圖延年益壽。有人煉製仙丹，有人食飲滋補、有人求神信佛、有人做善事積德，也有人不問人間煙火。終歸是求長生不老和永生。中外神話古籍有關這類的傳說記載處處可見。

可惜的是，人總是要老，也總是逃不過死亡這一關。沒有人能長生不老，也沒有人能夠永生不死。正如所有自然界裡的生物，人的一生不過是出生、發育、成長、衰老和死亡。過程是一致的，所差別的只是時間問題。有些生物活得長些，有些則命很短。烏龜算是長壽的動物，可活到200歲左右，馬的壽命大約是四十六年，雞約三十年、老鼠則只活四年左右。至於人類壽命極限大約是120歲至135歲。記錄上活得最久的是一位法國的老婦人。她在1997年8月逝世時是122歲。加拿大有一位男性，他在1998年4月過世時是115歲又252天。俄國有一長壽村莊，傳說中大約有五百位120歲至170歲的長壽村民。但是有些學者懷疑這些村民的真實年齡，因為他們沒有確實的生日年月或其他足以證明年齡的資料。

人的壽命並非毫無極限，能活到100歲以上者為數甚少。20世紀以來，世界上許多開發國家裡人的壽命延長了很多。學者們大多數認為這種延長，不是人的壽命極限的延長，而是在壽命極限期內，人經由生活環境的改善而減少早逝而得。老年醫學（geriatrics）是一門專門研究老年人的生理健康與疾病的學問。它重視的不是如何延長人的壽命的極限，而是如何防止人的早逝。學者們相信如果能做好疾病的控制，則人們就有可能活到生命極限。

生命極限（life span）係指人生命歲數的極限終點，也就是說，人身體的細胞組織只能活到幾歲。前面提過，生物學者相信這極限大致是120至135年之間。一個相近的名詞是生命承受年數（life endurancy）係指同一年齡組到某一年齡時只有10%的尚活著的年數，即活到幾歲時90%當年同時出生者皆已死亡。

生命餘年（life expectancy）係指某一年度出生之嬰兒由生至死的平均預期年數。生命餘年之長短因社會之生活環境之善惡而有所不同。例如，美國在20世紀初期的生命餘命大約只有40歲，到20世紀末年已達78歲，增加了將近一倍，主要的原因就是生活環境的改善，臺灣的情況亦頗類似。生物學家估計地球上人類在公元前2000年時的平均生命餘年只有18歲；到公元500年時大約是22歲，到公元2008年則已超過65歲。這些我們在第一章已詳細介紹過。

衰老（senescence）係指人的生理器官在到達成熟之後的衰退和老化，因而逐漸接近死亡。衰老是指細胞失去修復受損的DNA的現象，以致生理產生不平衡的狀態和疾病增高的風險。因此一些研究員認為衰老是可以醫治的疾病。

老逝（senility）係衰老的終點，也就是死亡。

基本上，醫學和生物學者想要瞭解的問題有三：

人為何會老？這是有關生理器官衰老的現象的瞭解。

人為何能活到那麼老？這是有關人壽命長短原因的尋求的問題。

人為何會死？這問題主要是探討人們由生病至死亡的轉變的過程。

學者們大致上同意器官的壞損造成病變，因而導致死亡。但是器官怎麼會變壞，怎麼造成非死不可的地步的原因和過程卻不容易瞭解。因此，有關老化的理論相當紛歧繁雜。為了方便討論起見，所有的老化理論大致上可以歸納成兩大類：「程式理論」（programmed theories）和「差錯理論」（error theories）。〔註1〕

〔註1〕有關生理老化的理論，可參考下列文獻：

一、程式理論

認為人的生命由生到死是有一定的程式或步驟的。老化是這一過程中必然的一段，是延續嬰兒的發育，中年成熟後的必然階段。這類理論包括：

程式衰老論（programmed senescence theory）：這理論認為人的生理基因在人的成長過程中會有開和關的前後程序。當基因由開而關時，人就會開始衰老。

內分泌激素論（endocrine theory）：這理論認為人的生命時鐘經由荷爾蒙的分配來控制人的生長和衰老過程現象。

免疫理論（immunological theory）：這理論認為人體內皆有免疫體系來對抗疾病，當這免疫系統失去這能力時，人就會衰老終至死亡。

二、差錯理論

認為人的衰老老化是因為人的生活環境影響了人們的生理狀態，使正常的基因在環境的衝擊下產生差錯。這類理論包括：

用久會壞理論（wear and tear theory）：它認為人的身體用久了自然會壞，這是必然的現象，老化就是因為人的很多器官都因長久使用已經損壞了的結果。

差錯危機論（error catastrophic theory）：它認為人的老化是蛋白

Finch, C. E., *Longevity, Senescence and the Genome*, Chicago: University of Chicago Press, 1991.Institute of Medicine, *Extending Life, Enhancing Life: A National Research Agenda on Aging*, Washington, DC: National Academy Press, 1992.Martin, G. R., and Baker, G. T., "Aging and the Aged: Theories of Aging and Life Extension," *Encyclopedia of Bioethics*, New York: Macmillan, 1993. Schneider, E. L., and Reed, J.D., "Life Extension," *New England Journal of Medicine* 313:1159-1168, 1985.Warner, H., Butler, R. N., Sprott, R.L., Schneider, E. L., eds., *Modern Biological Theories of Aging*, New York: Raven, 1987.

質在製造過程中有所損傷而造成壞蛋白質帶來的。因為壞蛋白質累積到危機程度時就會破壞白血球、細胞和人體器官。

體細胞突變論（somatic mutation）：它認為人體細胞會有突變的現象，年齡增加後，這突變會累積過多而損壞細胞，影響其正常的功能而導致老化。人體有相當多的細胞是為發育而製造出來的；年輕時它們有其功能，可是到年紀大了以後這些為發育用的細胞就變成壞細胞，損傷其他細胞而導致老化和死亡。

其實，以上這些理論並不完全相反，它們之間有些見解還是很相近的。表4-1將上述「程式理論」和「差錯理論」做一簡單比較。

表4-1　生理老化之兩大理論

程式理論	差錯理論
1.老化是生命過程之一段，深植於人體細胞內。	老化的速率直接跟生活的速率有關
2.老化現象是必然的，在人體基因內就已定案。	細胞因使用日久而有所損壞，造成其功能之遺失而老化
3.老化是人和所有生物的內部改變。	老化是外在因素所造成

資料來源：Leslie Morgan and Suzanne Kunkel, *Aging: The Social Context*. Thousand oaks, CA: Pine Forge press, 1998, p.133.

學者們大多數皆同意，並非所有老化的現象皆是生理因素；有些老化是個人非生理的因素所造成的。這就是為什麼二個同年齡的人可能一個看起來很年輕很有朝氣，另一個卻是老態龍鍾，死氣沈沈；有些人老得快也可能是因疾病的外來原因所造成的。

所以，生理上真正跟老化有關的原因應該具有下列的條件：

1.老化的現象在每一個人身上都會發生的才算是真正生理的老化。例如，雖然癌症是死亡的主要原因，但並非每一個人都會患癌症，因此它不算是生理老化的徵象。

2.老化是個人身體內部自然的衰老現象。因外在因素；如吸煙或受輻射線感染等外在因素而得的老化現象不算是生理的老化。

3.老化現象是慢慢長期發展出來的，不是偶發突然的現象。個人因受傷或手術而產生體能上的衰弱不算是生理的老化。

4.老化現象會造成個人身體功能的減退，影響個人的生活。

5.老化現象是單向的改變，生理機能不會返老還童，也就是說只有愈變愈老，不會愈變愈年輕。

個人生理功能的減退如果不符合上面這些特徵條件，則就不算是生理老化，可能是其他非生理因素所造成的老化。〔註2〕學者的研究大致上可以肯定一個事實，人體的基因成分與個人生命的長短有關。有些基因是直接跟生理的老化直接關聯。目前生物學家與遺傳學者一個努力的研究是把這些基因全數細列出來。〔註3〕他們希望藉由基因的瞭解來分析生命的長短與活動。也希望藉此改變由遺傳而得的不良基因。

第二節　生理老化特徵

人總是會老，但是老了以後身體會變得怎麼樣？所謂的垂垂老

〔註2〕Richard c. Crandall, *Gerontology : A Behavioral Approach*. New York: McGraw-Hill, 1991, p.125.

〔註3〕有關基因與老化的研究文獻，請參閱：
Jazwinski, S.M., "Genes of Youth: Genes of Youth: Genetics of Aging in Baker's Yeast," *ASM News* 59: 172-178, 1993．Johnson, T.E., "Aging Can Be Genetically Dissected into Component Processes Using Long-Lived Lines of Caenorhabditis elegans, *Proceedings of the National Academy of Sciences* 84:3777-3781，1987. McCor-mick, A.M., and Campisi, J., " Cellular Aging and Senescence," *Current Opinion in Cell Biology* 3:230-234,1991. Pereira-Smith, O. M., and Smith, J.R., "Genetic Analysis of Indefinite Division in Human Cells: Identification of Four Complementation Groups," *Proceedings of the National Academy of Sciences* 85:6042-6046, 1988.

矣又是哪些特徵呢？古人說的人老了會「視茫茫、髮蒼蒼、而齒牙動搖」是不是每個老年人都會有呢？這裡我們要簡單介紹老年人身體上的特徵。

老化的速度和老化的程度人人不同，有些人老得快且明顯，有些人則老得慢且很難看出來。生理學者也發現一個人身體內部各種器官的老化速度和程度亦非完全一致。在些器官老得快，有些器官則慢。雖然有這些差別，大致上生理上的老化可包括下列幾項特徵：

一、心臟

年齡大了以後心臟會稍微擴大，吸收氧氣的份量也會減低。成年男性在運動時大約是每十年減少10%左右，女性則減少7.5%左右。不過，心跳的速度變化不大，因為心臟振動變得較有效率。年齡大的人的心肌通常會變得較厚些，血壓也會較高些。同時，由於生活習慣與飲食習慣的影響，心臟血管受阻塞的現象會比年輕人多。由於心臟的健康與否牽涉到身體其他器官的正常運作，因此如果心臟功能減退則會導致其他器官的不正常而為疾病所侵。

二、肺部

肺活量在20歲至70歲之間大約減少了40%左右的能力。因此，一些肺部的相關疾病在老年人較易發生，亦較有生命危險。

三、腦部

年齡大了以後腦細胞數目會減少，另外有些腦細胞則可能受損，腦中風、老年癡呆症都跟老年的腦部問題有關。

四、腎臟

年齡大的人其腎臟排洩血液中雜物之能力會減少。膀胱的容量減低，往往增加上廁所放尿的次數。老年人膀胱的容量大約只有年輕人的一半。

五、身體脂肪

脂肪的份量不會隨年齡而增加，只不過分配的部分與年輕人有別。男人大都會集中在腹部；女人則集中在臀部與大腿部。

六、肌肉

在30歲至70歲之間，如果不做運動，男性肌肉減少23%，女性減少22%，不過，運動可避免或減少這種現象。年紀大者，肌肉彈性少，而且反應較不敏感。

七、視覺

大約從40歲開始，人的視覺就開始減退，尤其在70歲以後更為明顯的退化。50歲以後對光線較不能適應而且對移動的東西也較看不清楚，老花眼常常是老年人的一個特徵。

八、聽覺

年紀大者較難聽到高頻率的聲音，男人在聽覺的消退上要比女人來得快。

九、性格

人到30歲左右時，性格大致已定，不會有太大的改變。若有劇變，則可能是疾病所致。如果年輕時脾氣暴躁，年紀大後仍然會有這種性格，改不了的。

十、皮膚

老化的一個最常見的生理變化在皮膚和頭髮上。皮膚的皺紋和頭髮的變白讓人看起來覺得老。髮膚的變化往往跟個人的遺傳、蛋白質平衡、營養及日曬風吹雨淋有關，尤其是長期暴露在日光下，皮膚老化最明顯。

十一、性慾

男人的性荷爾蒙和精子製造的能力可以一直持續到老年，不過生殖器的硬度可能減少，而且需要較長的時間來刺激。因此，也需要較長的時間才能達到高潮，射精後會較快變軟，並且需要較長時間才會再硬挺。女人大約在45歲左右會有月經停止的改變，性荷爾蒙減低，陰唇潤滑液減少，刺激反應較不敏感。因此，老年婦女需要較長時間才有性慾，較長時間才能有潤滑陰液，高潮較少較短，亦較不刺激。〔註4〕

〔註4〕有關生理上老化的現象，可參閱下列文獻：
Adler, W., Song, L, Chopra, R.K., Winchurch, R.A., Waggie, K.S., Nagel, J.E., "The Immune Deficiency of Aging," in Powers, D., Morley, J., Coe, R., eds., *Aging, Immunity, and Infection*, New York: Springer, 1993. Fiatarone, M. A., Marks, E. C., et al., "High-Intensity Strength Training in Nonagenarians," *Journal of the American Medical Association* 263:3029-3034, 1990. National Institute on Aging. *Research on Older Women: Highlights from the Baltimore Longitudinal study of Aging*, Bethesda, MD: National Institutes of Health, 1991. Shock, N.W., Greulich, R.G., Andres, R.A., Arenberg, D., Costa, P.T., Lakatta, E.G.,Tobin, J. P., *Normal Human Aging*, Washington, DC: U.S. Government Printing Office, 1984.Warner, H.R., and Kim, S.K., "Dietary Factors Modulating the Rate of Aging," in Goldberg, I., ed., *Functional Foods*, New York: Van Nostrand Reinhold, 1993. Weind-ruch, R., and Walford, R.L., *The Retardation of Aging and Disease by Dietary Restriction*, Springfield, IL: Charles C. Thomas, 1988.

上述這些生理上的老化現象會受到營養的影響。在西方已開發的工業國家，因生活環境的改善。絕大多數70歲左右的老人，身體上的毛病不多，且多能自理事務，無需他人協助。往後，年紀愈大、毛病會愈多，則須依賴他人的協助。

老年人常患有慢性疾病（chronic illness）。慢性疾病不是突發的疾病，而且患病期間往往要拖一長段時間，輕者影響到患者之日常活動，重者則導致死亡。老年人最常見的慢性疾病有五種：心臟病（heart disease）、癌症（cancer）、腦中風（stroke）、糖尿病（diabetes）及老年癡呆症（Alzheimer disease）。

心臟病是老年人死亡的主要原因，它也使老年患者產生行動上之不便。心臟病的最主要原因是心臟血管受阻塞，因血管的阻塞而無法供給心臟足夠的養分血液而發生心臟病。血管的阻塞可能是因為脂肪過多造成血管通道的狹小，也可能是因為血塊流到狹小血管部分而產生的，年紀大的老年人往往會有上述現象。

美國衛生部在1992年發表了一個〈公元2000年健康人〉的報告，提出了下列防止心臟病的注意事項：〔註5〕

1.高血壓應加控制。

2.減少油的食用量，特別是動物油。

3.膽固醇要適量控制。

4.注意體重，避免過肥、過胖。

5.注意經常性的運動。

6.減少抽煙。

癌症近年來也是世界各國人民死亡的主要原因之一，特別是在

〔註5〕U.S. Department of Heath and Human *Services, Healthy People 2000: Summary report of mental health promotion and disease prevention objectives*, Boston : Jones and Bartlet, 1992.

非洲，其感染人數之多已成世界衛生最為重視的課題之一。癌細胞是從正常細胞變化而來。正常細胞依中樞支配而增殖，但癌細胞任意增殖，無終止繼續分裂下去並侵犯四周組織，最後導致其母體的死亡。

可能致癌的原因目前已知的因子，大致上包括下列幾項：

1.放射線：如日光、輻射元素等。

2.致癌物質：如亞硝胺、石棉、炸烤食物及發霉物質等。

3.濾過性病毒：如白血病毒、淋巴癌菌、B型肝炎、子宮頸瘤等。

4.個人生活習慣：如抽煙、性生活等。

腦中風也是老年人常見的疾病，它是由於突發性腦部缺血或出血所致。包括病症有四：腦血栓、腦出血、腦栓塞、蜘蛛膜下出血。中風的死亡率高，也有部分患者造成昏迷不醒，大小便失禁，行動不便。腦中風患者會有部分肢體無法正常活動，造成長期臥病在床，需人長期照顧，因此，對家人、親友的負擔最為沈重，有些患者可拖延數十年。這種慢性疾病雖因突發原因而致，但對個人和家人身心之損害相當嚴重。

糖尿病雖然不侷限在老年人身上，但老年人患有此病比例高是不爭的事實。糖尿病。它是一種代謝內分泌失常的疾病；是由於人體內胰島素絕對或相對缺乏所致，以高血糖為主要特徵，是一種慢性病。當人體中缺乏胰島素或者胰島素不能有效發揮作用時，血液中的葡萄糖濃度會異常升高，發生糖尿病。糖尿病患會終至失明、下肢敗壞、尿毒症、腦中風、或心肌梗塞死。

老人癡呆症也是最近受到注意的老年病。所謂癡呆症是指一個原本心理、智慧、才能皆走正常的人，逐漸出現記憶力減退、心智功能障礙的慢性病理變化。癡呆症發生的原因相當複雜，一般大致可歸類為十大類：(1)漸進性中樞神經的退化；(2)腦血管疾病；(3)頭部外傷的後遺症；(4)藥物中毒或酒精中毒；(5)腦炎、腦膜炎的後遺症；(6)中樞神經系統腫瘤；(7)新陳代謝及內分泌障礙；(8)正常腦壓性水腦症；(9)營養不良及貧血；(10)重度憂悒症之晚期情況。癡呆症的症狀因人而異，但皆有健忘症和無法處理日常生活事務的狀態。

按照行政院1998年的資料，臺灣地區十大死亡原因按其順序排列是：(1)惡性腫瘤；(2)腦血管疾病；(3)心臟疾病；(4)事故傷害；(5)糖尿病；(6)慢性肝病及肝硬化；(6)肺炎；腎炎及類似疾病；(7)高血壓性疾病；(8)自殺。如果從歷年資料來看，在以上十大死亡原因當中只有肺炎和自殺有明顯下降，以及腦血管疾病稍微減少之外，其他七項全呈增加的趨勢，尤其是惡性腫瘤和糖尿病的增加最為明顯。表4-2列舉1952年至2005年臺灣十大死亡原因的演變。

表4-2　臺閩地區十大主要死亡原因之死亡率比較，1952-2005

單位：死亡率

死亡原因	2005	1996	1991	1971	1952
惡性腫瘤	163.8	130.4	96.0	57.0	30.7
腦血管疾病	57.8	65.0	69.1	69.7	48.8
心臟疾病	57.1	52.6	58.8	38.7	49.0
糖尿病	46.2	36.1	20.6	--	--
事故傷害	36.8	57.9	66.7	42.6	--
肺炎	25.0	14.9	12.9	29.8	131.5
慢性肝病及肝硬化	24.7	21.5	17.6	13.9	7.8
腎炎及類似疾病	21.2	16.5	12.4	11.9	36.3
自殺	18.8	8.6	7.2	10.8	--
支氣管炎、肺氣腫、氣喘	6.3	9.5	10.6	18.9	--
所有原因合計	469.7	562.5	510.7	461.9	950.8

*死亡率係指每十萬人口死亡數。

資料來源：《中華民國統計年鑑，民國94年》頁87。

由於生活環境的改善及衛生保健的普及，臺灣地區總人口的死亡率已呈現明顯下降的趨勢。從1952年的每十萬人中的950.8人的死亡率降到2005年的469.7（若以每千人的單位來計算，即由9.5死亡率降到4.69）。這死亡率事實上已相當低，如果我們單注意到65歲以上老年人的死亡率則年齡愈高，死亡率愈高。以2005年為例，臺灣65-69歲的死亡率是1,717.9，70-74歲的死亡率是2,803.7，75-79歲的死亡率是4,623.9，80-84歲的死亡率是7,489.6，85歲以上的死亡率14,101.0。

謝瀛華醫生綜合老年疾病症狀，發現最常見的包括疲勞無力（fatigue and weakness）、昏厥（syncope）、昏眩（vertigo）、昏倒（falls）、頭痛（headache）、失眠（insomnia）、吞嚥困難（dysphagia）、胃口不好（anoresia）、便秘或腹瀉（constipation）、失明（blindness）、失聰（deafness）及呼吸困難（dyspnea）等。

他指出上述這些症狀通常具有下列特徵：

1.潛伏期長。

2.初期症狀不明顯，不易為病人或醫師察知。

3.多半是慢性病，不能治療，只能穩住病情。

4.數種病症混雜合併出現。〔註6〕

生理老化是一種人人都要經歷的無可避免的自然現象。隨著年齡的增加，體內器官機能逐漸衰退。醫生們認為平常注意飲食，並且有恆地做運動是緩慢老化的最有效方法。中國人相信食補，雖不能說完全沒有道理，卻不如做運動有效。人的生命是有極限的，平常的保健預防並非避免老化或求得永生，而是使老化速度來得慢些，或者是使慢性疾病能有所減少。生理老化因人而異，也因社會而異。因此，生理老化的了解必須把這些因素考慮在內。

〔註6〕E. Erikson, *Identity: youth and crisis*. New York: W.W. Norton, 1968.

第三節　心理老化過程

心理學家對老年心理的研究大都是從生命圈的立場上把它看作是生命圈的一個階段。第一本從心理學角度來談老年心理的書應該是1922年由心理學家厚爾（G. Stanley Hall）所寫的《衰老：人生的下半段》（*Senescence: the last half of life*）。厚爾是在他78歲時完成此書的。在書中，他把人生分成五個階段：(1)童年（childhood）；(2)少年（adolescence）；(3)中年（middle life）；(4)衰老（senescence）；(5)老年（senectitade）。他認為人生最豐富的一段盛年是從20歲到40歲，至於到45歲以後就衰老，受生理和心理退化的衝擊。

很多學者都認為老化的生理和心理是相關的，生理的老化影響到心理的老化。本章前面談到的老年生理上的變化往往會帶來老年人心理上的變化，不過心理學家對兒童心理的研究比對老年心理研究來得有興趣。20世紀的心理學深受弗洛伊德（Sigmund Freud）影響很深，因此心理學家依弗洛伊德的路線研究兒童心理。近年來雖有心理學家談到老年心理，往往只是把它當成兒童心理的延長，是生命圈中的最後一段路。

厚爾的分段法在往後的心理學著作裡也可看到，奧國的女心理學家布樂（Charlotte Buhler）在維也納兒童心理研究中心也提出了類似的看法。她把人生的旅程分為下列幾段：

第一段時期裡，兒童住在父母家，他（她）的活動中心以家庭和學校為中心。

第二段時期大約是以15歲開始，這時期的兒童開始進入獨立活動的境界，這段時期一直發展到大約人的25歲左右。離開父母家庭而自組家庭、職業生涯的安排以及人際關係的調整是這時期的主要活動。

第三段時期大約是從25歲至30歲之間開始，是人生中最有創造力也最鼎盛的一段日子，事業與婚姻已穩定。

第四段時期大約始自50歲左右，是人往下坡走的開始。疾病纏身、親友的故世、社交圈的縮小都是這段時期的陰暗面。

第五段時期大約從65歲正式退休日子開始。第四段時期的那些負面因素在此段時期更加明顯，疾病和死亡的恐懼是心理上的兩大負擔。

心理分析學家對生命圈的分析也著重在兒童時期所受的影響，大致上他們都認定老年時期的人格是兒童時期發展定型人格的延續。不過，老年時期的人格會稍微轉為內向，尋求生命意義的重新解釋。

當代美國著名心理學家艾克森（E. H. Erikson）所提出的本我發展（ego development）的階段論，大致上是繼承弗洛伊德和其他精神學者之觀點，不過，艾克森的階段論較早期的類似理論更為詳盡。

艾克森所謂的本我是指一個人用以抗拒任何威脅他本人生存的態度和價值，他認為在人生成長的全部過程裡，不同的階段會遭遇不同的危機和衝突。因此，人們必須在本我的成長過程加以調整和適應以處理這些危機和衝突。危機和衝突的解決是很重要的，因其有助於下一階段裡本我的成長和應付新面臨的危機和衝突的能力。

艾克森把人生本我的成長分成八個階段。每一個階段有其所要面對的危機和衝突，因此也就必須有特殊的處理方法。這八個階段是：

1.**嬰兒期**（infancy）：其基本價值是希望（hope），需要解決的危機是信任與不信任（trust versus mistrust）的衝突。

2.**初幼年期**（early childhood）：其基本價值是意志（will），須解決的是自主與懷疑（autonomy versus doubt）的衝突。

3.**嬉戲期**（play stage）：其基本價值是目的（purpose），須解決的是主動與罪惡感（initative versus guilt）間之衝突。

4.**就學期**（school age）：其基本價值是能力（competence），

其須解決問題是努力與卑劣感（industry versus lnferiority）之間的衝突。

5.少年期（adolescence）：其基本價值是誠實（fidelity），其須解決問題是認知與認知混淆（identity versus identity confusion）之間的衝突。

6.青年期（young adulthood）：其基本價值是愛（love），其須解決問題是親密與孤獨（intimacy versus isolation）之間的衝突。

7.成年期（maturity）：其基本價值是關懷（care），其須解決問題是成就與停滯（generativity versus stagnation）之間的衝突。

8.老年期（old age）：其基本價值是智慧（wisdom），其須解決問題是尊嚴與恐懼（integrity versus despair）之間的衝突。

艾克森認為每一階段裡的相對衝突問題必須加以解決，才不至於在下一階段產生不良後果。通常每一階段都會產生某種協調；這協調代表著每一階段裡所謂的基本價值。〔註7〕

心理學家派克（R. Peck）根據艾克森的生命八階段論觀點綜合提出面對老年的三項主要課題：

1.老年人必須擴充其所扮演的角色和活動，以代替某些年輕時的角色和活動。

2.老年人應該認清身體的限度。有些在年輕時體能可做得到的活動，年紀大時可能無法做到，不應逞強。

3.死亡既然無可避免，老年人不必懼怕它的來臨，應該想辦法怎麼樣在死後留名。

派克認為老年人若要順利面對上述這三個課題，就必須在中年時期加以培養。培養以智慧代替體能，以社交關係代替兩性關係，以彈

〔註7〕謝瀛華（1994），〈銀髮族的身心健康〉載於黃國彥主編《銀髮族之醫學保健》，臺北：教育部，頁12。

性的情緒代替固執，以及以彈性的心理代替單路線的心理。〔註8〕

烈文生（D. J. Levinson）和他的同事也發展了一套生命圈階段論，不過他們並不贊同艾克森認為前一段為後一段鋪路的說法，他們認為老年人需要為自己和社會兩者中間找出一個平衡點。他們認為人生主要的階段有四個：⑴兒童與少年期（childhood and adolescence）；⑵青年期（early adulthood）；⑶中年期（middle adulthood）；⑷老年期（late adulthood）。每一期包括大約二十年的時間。〔註9〕

以往心理學家的生命階段論總是過分偏向於幼年、童年和青少年的心理發展的討論。因此，對老年時期心理發展狀況往往避而不談或模糊帶過。也因此，生命階段的長度的劃分，往往把中年時期和老年時期混為一談，長度有三、四十年之久。烈文生的生命圈階段論則把人生劃分為四個同等長度的時期，注意到每一階段的獨特風格與對生命的挑戰。

第四節　心理老化特徵

有些人覺得人老了以後人格會變，變得怪怪的，變得像小孩子一樣或者變得脾氣暴躁。是否真是如此，或者只是人們的成見。心理學家大致上認為老年人的人格是會有變，但不至於變得太多。年輕時有怎麼樣的人格，年紀大了以後還是有同樣的人格。

心理學家把人格（personality）看作是個人行為的固定傾向。我

〔註8〕R. Peck, "Psychological Developments in the Second Half of Life," in B. Neugarten ed, *Middle Age and Aging: A Reader in Social Psychology*. Chicago: University of Chicago Press, 1968, pp.147-168.

〔註9〕D. J., Levinson, C. N. Darrow, E. B. Klein, M. H. Levinson, 8 B. Mckee, *The Seasons of a Man's Choice*, New York: Knopf, 1978.

們說這個人有很溫和的人格，就是說這個人一向表現出溫和的傾向。或者說那個人很狡猾是因為那個人有狡猾行為的傾向，葉純卿指出影響老年人格的可能因素大致上包括下列四項：〔註10〕

1.生理方面的衰老會影響到老年的人格。身體機能的退化往往造成日常行動上的不便，因而影響人格。尤其是腦部細胞的退化或損害多多少少會影響到人格的變化。

2.自我概念是人對自己本人的信心，一個人若自認為老就往往會做出想像中老態的行為，「我真的老了」的概念使做起事來毫無興趣。

3.脫離社會形成老年的閉鎖行為。上班、同事、事業在退休後全部脫離了，使原有的生活方式、活動空間及人際關係有了改變而影響老年人的人格行為。

4.接近死亡的事實造成心理上的恐懼，以致意志消沈、憂悒、緊張、沮喪、憤怒的人格會出現在老年人的身上。

雖然老年人的人格與青年時期有持續性，變化不大。心理學有雷哲（S. Reichard）和其同事在他們的老年性格研究裡還是找出了下面幾種老年人格的類型：〔註11〕

1.**成熟型**——老年之前的人生歷程過得很平順，對自己的老化能積極面對，沒有驚慌或怨尤。

2.**搖椅型**——隱居退休的日子，一切仰賴他人，消極平淡的過日子。

3.**防衛型**——觀念固執，不願面對老年的事實。外表上以積極工作和好勝心來掩蓋心理的恐懼。

〔註10〕葉純卿（1994）。〈人格與心理病理〉黃國彥主編《銀髮族之心理與適應》。臺北：教育部。頁88-90。

〔註11〕S. Reichard, F. Livson, 8 P. G. Peterson, *Aging and Personality*. New York: Wiley, 1962.

4.憤怒型——怨天尤人，認為自己尚有很多任務理想尚未實現，不應該就這麼老下去。受不了這種時不予我的壓抑而產生攻擊性的行為。

5.自怨自艾型——跟憤怒型相似，只不過把責任完全放在自己身上，悲觀、消極和孤獨。

在這五項老年人格類型中，成熟型是最理想的，對老年生活比較能以正面的觀點來處理；搖椅型是一種心安理得的消極成熟型，也算是正面的老年人格。一般而言，大多數老人對外來的刺激反應會比收較遲緩，長期性記憶力減退，辨字能力減退，對立方體辨識能力較低等的心理特徵。因此，常見於老年人的心理問題大致有下列幾項：

1.知識能力減退和心理困惑而造成社會正常運作的困難。有大約30%的85歲以上老人有此症狀。

2.有5%的老人有情緒緊張的症狀。

3.自殺的傾向。在所有年齡組的比較，老人自殺率最高，尤其是85歲以上老人。

4.性無能。

5.失眠症。85歲以上老人大約50%以上患有此症。

6.疑神疑鬼，總覺得身上有病。

7.酗酒。

8.濫用藥物。

9.患悲傷、失落和無力感。

10.行為反常。

11.老人癡呆症。

另外一項由董氏基金會心理衛生組採自高雄醫學院和成大醫學院對1500名65歲以上老人的調查發現老人患有憂鬱症者高達21.1%。

並非人一到老年就會有上述所有心理問題。絕大多數老人心理正常。因心理病而需住院者並不多。家庭親人的照顧非常重要。

社會心理學用「鏡中之我」（looking glass self）來強調社會互動對個人本我概念形成的重要性。人之所以知道「我是誰」的原因是因為社會互動中的對象之印象所造成的。例如，一個自認為信心十足的人有這種本我概念是因為他周遭的人都認為他很有信心。經由他人的眼睛，我們才能知道「我是誰」，正如我們在鏡中看到自己一樣。

所以，老年人的人格和情緒不僅決定在老人個人的主觀概念，而且也深受其周遭的人的影響。在老年社交活動範圍日減情況下，老伴和老友就變得相當的重要。現代人由於生命餘命之延長，可活到長壽。以20幾歲結婚一直到70幾歲的老年，夫妻相扶相持有四、五十年間之久，老伴之重要是毫無疑問的。社會學家把婚姻的伴侶稱之為「重要他人」（significant others），因為夫妻間的互動要比跟其他人互動來得重要。在所有的互動對象中，老友的重要性只比老伴低些，但是有一、二位老友聊天亦是老年人的人生樂趣。〔註12〕

總而言之，老年人的人格和情緒多少跟身體器官功能的減退有關，但是老年的社會互動圈對老年心理也是很有影響的，記憶力的退化，感覺器官的遲鈍，知識的減退雖有發生，但並非人人必然要經過的老化過程，常有因人而異的差別。林美珍建議我們以老年生理健康的原則來處理老年的心理健康，她說：「我們可以經由培養良好的健康習慣，使正常老化延後，如飲食均衡、規律運動、不暴飲暴食……，如果我們將這個維持身體健康的原則用之於心智的維持上也是一樣的。受教育、再學習可使我們心智活絡，思想敏銳，延緩心理的老化。」〔註13〕這建議的原則是正確的，可供參考。

〔註12〕蔡文輝（2000），《社會學》，臺北：三民書局。

〔註13〕林美珍（1994），〈智力、學習及其需求〉黃國彥主編《銀髮族之心理與適應》，臺北：教育部，頁43。

附錄

文摘

銀髮族飲食保健

人體像一部機器，需要適當的保養，才能夠好用、耐用。營養不良，免疫力變差，感染性疾病如肺炎增加，影響疾病復原；但若營養過多過少，飲食偏差，體重過重，則罹患慢性病的機會增加，可見營養對於保健的重要性。因此如何正確飲食，維持良好的營養狀態，以擁有健康、快樂生活是營養照顧的目標。

飲食原則

營養均衡，多蔬果，多喝水，少油少糖少鹽。

營養均衡

以確保攝取到維持健康所需的各類營養素。

每天都要吃水果、蔬菜、油脂、五穀、肉魚豆蛋奶，並且經常輪換選擇，不要每餐重複相同的食物。

適量攝取熱量，以維持理想體重為原則。

攝取足夠良質蛋白質，如奶類、豆類、魚、瘦肉。

不偏食，不暴飲暴食，少量多餐。

多蔬菜

以獲得纖維質、礦物質、維生素，預防便秘，增加膽固醇排泄，增加身體抗氧化能力。

多選用深綠色或深黃紅色蔬果，維生素含量較豐富。

可用果汁機攪碎，或剁碎，或煮爛，連同菜渣一同食用。

多喝水

幫助體內廢物之排泄，預防及改善便秘。

每天應攝取六至八杯水。

不宜喝濃茶、咖啡，以免影響營養素吸收及睡眠。

睡前減少喝水，以免頻尿而影響睡眠。

少油

由於分解脂肪酵素及膽汁分泌量減少，油膩食物不易消化；而且高脂肪飲食與肥胖、脂肪肝、心血管疾病及某些癌症有密切關係；攝取過多的飽和脂肪及膽固醇更是造成心血管疾病的主要因素之一。

少吃肥肉、五花肉、肉燥、香腸、核果類等脂肪量高的食物。

少吃油炸、油煎、油酥食物，奶油蛋糕、巧克力等。

肉類應選用瘦肉，去皮的雞鴨肉，去皮的蹄膀等。

採用清蒸、紅燒、滷、水煮、涼拌、燻烤等烹調方法，以減少用油量。

蟹黃、魚子、內臟、蛋黃等膽固醇高，不宜大量食用。

少糖

老年人常有葡萄糖耐受不良現象，且糖除了提供熱量外，幾乎不含其他營養素，又易引起肥胖。

多選用五穀根莖類食物，少吃精緻糖類，如蜂蜜、煉乳、甜食及可樂、汽水等加糖飲料。

甜食宜放在一餐之末，以免影響食慾，降低營養素之攝取。

少鹽

味覺、嗅覺靈敏度減退，口味變重，而過多的食鹽與高血壓的發生有密切關係。

多攝取新鮮食物，少吃鹽漬、臘味或罐頭等鹽分高的食物。

採用烤、燻、蒸的烹調方式，以保存食物的鮮味。

利用具有酸味（如醋、檸檬、蘋果、鳳梨、番茄）、甘美味（如香菇、海苔），香辛料（如胡椒、芫荽、香椿、蔥、薑、蒜、芥末）等材料調味，以減少用鹽量。

減少使用鹽水浸泡食物及水果。

每日飲食建議

奶類：一至二杯，宜選用低脂或脫脂奶。

蛋豆魚肉類：每人四份。每份相當於蛋一個或豆腐一塊或魚類一兩或瘦肉一兩。

五穀根莖類：三至五碗飯。但因

每個人的體型及活動量不一樣，所需熱量不同，應依個人需要量增減。一碗飯相當於二碗稀飯或二碗麵條或一個中型饅頭。

油脂類：烹調用油每天二至三湯匙，宜選用植物油。

蔬菜類：三碟，其中至少一碟為深綠色或黃色蔬菜。一碟的份量約等於三兩或一百公克，或煮熟半碗飯。

水果：二個，最好有一個是橘子、柳丁或葡萄柚等枸櫞類水果。一個水果的份量約為一百公克，如一個中型橘子或柳丁或蘋果。

◎轉載自http://www. sfot. org. tw/health/

老年人的家庭生活

第一節　家庭的社會功能

在人類所有的社會制度裡，家庭制度是最普遍和最重要的一種。在人類演化歷史上，沒有一個社會是沒有家庭制度的。雖然社會因環境的差異而產生不同型態的家庭制度，家庭仍然具備了下列數項基本社會功能。〔註1〕

一、家庭基本社會功能

㈠生育功能

社會學家認為生育是家庭最主要的功能之一。他們指出，一個社會如果想繼續生存下去，它必須要有新的一代來接替和延續香火。絕大多數人類社會皆鼓勵和認可在家庭內出生的嬰兒，非婚生子女往往遭受社會的排斥或歧視。傳統社會的規範相當嚴格，非婚生子女為社會所不容。即使在今日性觀念相當開放的西方社會裡，非婚生子女仍然受到社會或多或少的歧視。事實上，到目前為止並無其他社會制度能取代家庭的生育功能，另外，從生理的角度來看，初生嬰兒並無自力求生的能力，必須受到大人的照顧與保護。家庭具有這種身體保護的功能。

㈡社會化的功能

社會對新生嬰兒具有教養的責任。將一個嬰兒給予社會化，教養與模塑其人格而成一個為社會所接納的人格。社會心理學家和兒童心理學家大致上同意個人人格成長最主要的影響來自家庭。社會所表

〔註1〕參閱Robert H Lauer & Jeannette C. Lauer, Marriage and Family. New York: McGraw-Hill, 2000. 蔡文輝，《家庭與婚姻》，臺北：五南。（2006）

達的語言溝通技巧，文化倫理與社會規範的學習，以及其他人際關係的培養和個人自我形成皆始自於家庭的父母、兄弟姊妹以及親戚們。雖然社會化的過程不止於家庭，家人互動卻是最重要的一環。俗語上講的：「有怎麼樣的父母，就有怎麼樣的子女」，「虎父無犬子」，「這女孩長得跟她母親一模一樣」等等皆說明家庭對兒童人格培養的重要性。

㈢經濟的功能

家庭一直是一個經濟單位。在傳統農業社會裡，家庭具有生產的功能。每一個家庭成員，無論大小，皆負有生產的責任。家庭裡的成員同心協力聚集生產資源共同養家。在目前的工業社會裡，生產的工具和場所已為工廠與雇員所取代，家庭的經濟生產功能大減，但是家庭的經濟消費功能卻相對的提高了。以往父母為子女找對象著重在「幹粗活」能力，是經濟生產的功能眼光，現在看對方的財富，則是經濟消費的功能眼光。家庭是一個相當重要的消費單位。

㈣感情的功能

家庭賦予人們一種安全感和一種舒適的歸屬感。無論在外面受到多少挫折，多少委曲，回到家就好多了。對許多人來講，工業社會是無情和冷酷的，人際關係理性但疏離淡薄，家庭是少數能提供人們感情需求的一種社會制度。社會學家稱家庭成員的關係為「初級關係」（primary relation）：一種全部的關懷和溫情。其他的社會關係為「次級關係」（secondary relation）：一種理性和低感性的關係。對個人來講，很少有其他的人能比家人更親，更能提供感情的支持。

㈤社會地位的功能

人在社會裡扮演不少社會角色也占據不少社會地位，人與人的關係亦往往受到社會角色與社會地位所影響。社會學家提醒人們家庭賜予人們第一個社會地位。一個初生嬰兒的姓名，不僅代表這嬰兒的生理個體，也代表這嬰兒的家世背景。「李家的小孩」對這小孩將來的一生會有某種程度的影響，富貴人家的子女的生命機遇往往與貧窮人家的子女有所不同。

家庭的上述社會功能隨著社會變遷而有所改變，但是它們並未完全消逝。雖然近年來有些思想家認為工業社會不需要家庭，因此，家庭制度變成一種無用途的社會制度或甚至於完全被取消；但是，事實上每年結婚新組家庭的人數數目仍然相當可觀。可見家庭仍然對個人具有相當程度的吸引力，也仍然對社會具有不可取代的功能。從出生至死亡，人一生大部分的生活皆與家庭有關，往昔如此，今後仍然是如此。這是可預見的。

二、生命階段

有些社會學家用「生命階段」（life stages）的概念來討論家庭，強調不同生命階段的家庭特質的不同。家庭的生命階段大致可由結婚成家開始一直到配偶的死亡和個人的死亡為止，其中可細分成下列幾項主要階段：〔註2〕

第一階段：初組家庭（beginning families）

指婚後時期尚無小孩，這階段時間相當短，通常只有二年至三年左右。

〔註2〕行政院主計處編印（1999），《中華民國87年臺灣地區社會發展趨勢調查報告》，行政院主計處。

第二階段：生育子女家庭（childbearing families）

通常一般家庭平均有兩個小孩。而且第一胎與第二胎通常相隔一年半至二年左右。因此仍然是初組延續。

第三階段：學齡前兒童家庭（families with preschool children）

最大的孩子大約是2.5歲至6歲之間。母親責任最大。這階段大約是三年至四年左右。

第四階段：學齡兒童家庭（families with school children）

最大的孩子大約是6歲至13歲，母親育嬰時間減少，很多重新進入勞動市場尋找工作機會。

第五階段：青少年子女家庭（families with adolescents）

最大的孩子是13歲至20歲之間，即中學時期，跟第四階段類似亦有約七年時間，子女與父母往往有代溝問題，夫妻感情在此時期亦有低潮的危險。

第六階段：子女離家時期家庭（families as launching center）

最大的子女已成年，最小的則剛離家遷往外地就讀大學，前後大約有八年的時間，夫妻關係有好轉跡象。子女偶爾會回家。

第七階段：中年家庭（families in middle years）

指整個空巢時間。由最小的小孩的遷出至丈夫由職場退休為止，大約可延續二十年至二十五年。

第八階段：老年家庭（aging families）

指退休後的家庭。身體健康日益衰退，經濟收入減少。配偶之一可能去世（通常是丈夫先過世）。需他人照顧，這段時期可能有二十年以上時間。

按照以上的階段論，中年家庭與老年家庭占人生家庭生活中相當大的一段時間，有四十年以上的時間。可惜社會學家與心理學家研究家庭的重點似乎仍集中於婚前與初婚時期家庭，對於中年家庭與老年家庭所知有限。

第二節　當代的家庭制度

美國人口普查局對家庭的定義是指一個由兩個或兩個以上的人因生育、婚姻或收養關係且居住一處所組成的。不過，很多學者都認為這個定義似乎太狹窄，無法包括當代社會裡的一些新發展出來的新型家庭。例如，當代的人往往認為一個家庭不一定要有血緣關係，也不一定要有婚姻關係，甚至於不一定要有兩個或兩個以上的人才能組成。他們認為家庭的定義應包括由同性者組成的同性家庭（same-sex family），同居未婚者組成的家庭（cohabitation），單身家庭（family of singlehood）等等。中國人傳統的家甚至於連飼養的牲畜都包括在內。把「家」這個字拆開，「宀」部首指房屋居住之地，「豕」指家庭內的牲畜動物。

不過也有一些學者認為某些新型的家庭，因為成員沒有血緣或婚姻的關係。雖然這些人居住在一起，分擔經濟財物，甚至於有性關係，他們仍然不能算是家庭，只能說他們是「類似家庭」（quasi-family）或只是一種「戶頭」（household）。

研究美國家庭的學者大多數同意1960年代是美國家庭組織脫離傳統的轉捩點。1960年代的性革命（sexual revolution）、婦女解放運動（woman liberation movement）、嬉皮次文化（hippie subculture）、吸毒次文化（drug subculture）等等新興的社會運動改變了美國的社會傳統，也牽引出了美國人追求非主流文化的生活方式（alternative life style）的熱潮。同時，1960年代也是美國經濟由重工業生產轉型至服務業的啟端。服務業的產業製造了許多以婦女勞動為主的職業，刺激了婦女的走出家務而轉進勞動市場。也因此改變了婦女在社會和

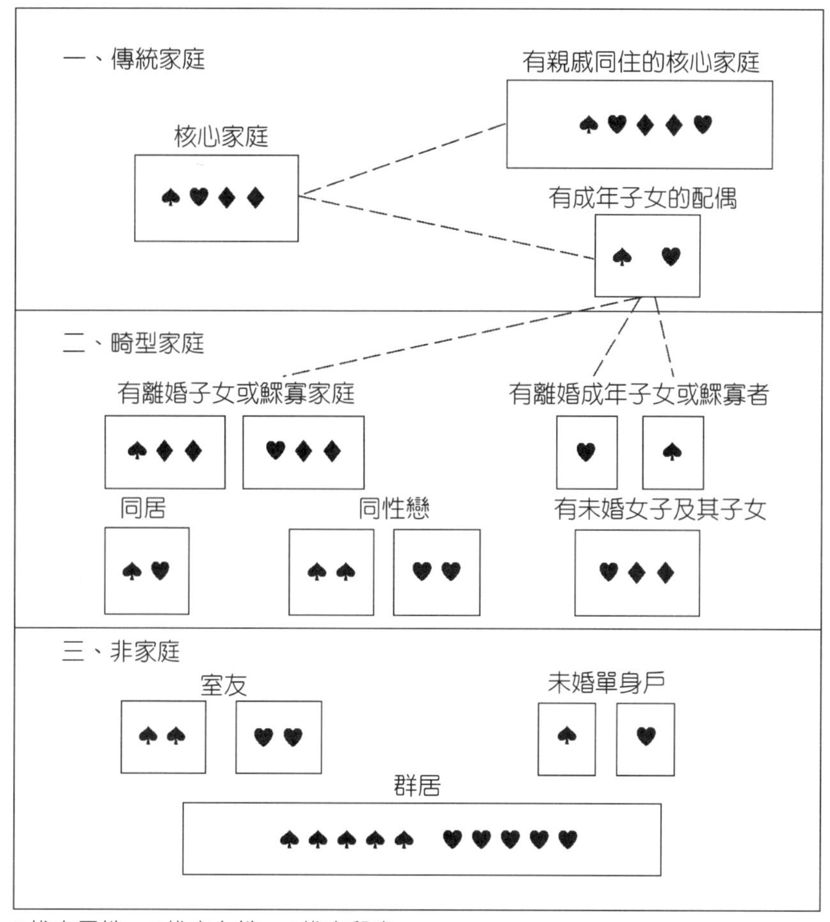

圖5-1　家庭與非家庭之組成

家庭的地位。

在這些社會運動和產業轉型的衝擊下，美國的傳統式家庭不得不加以改變以對付與適應新的社會趨向。婚前同居、婚前性行為的開放、公社的出現、同性戀者的公開、雙職家庭的增多、單親家庭以及均權婚姻等成為美國社會不可否認的社會制度和行為。

下面我們引用一些統計資料為例，解釋1990年代美國家庭的改變：

1.在1960年時，由已婚夫婦與其子女共同組成的核心家庭大約占美國所有家庭的44.2%。同時，由夫婦兩人但無子女的家庭則占30.3%左右。但至1990年時，核心家庭只剩26.3%，無子女的家庭略顯增加。另外，男單身家庭由1960年的4.3%增到1990年的9.7%，女單身家庭亦由8.7%增至14.9%。

2.子女數目減少。1960年有一至二個小孩的家庭大約占63.9%，在1990年時已增至79.9%，現在美國婦女的平均生育子女數是1.8個左右，亦即不到兩個孩子。子女數目少一方面是因為經濟負擔的問題，另一方面則是醫療保健的進步，不必多生子女來延續香火。

3.已婚婦女參與有薪資勞動者占所有已婚婦女之比例在1960年為30%左右，然在1990年則已高達58%。其中很多是有幼齡子女的婦女。

4.子女在18歲以下與父母同居的情形，在1960年約有88%是雙親俱在，8%只有母親。到1990年有雙親的是72.5%，只有母親者激增至21.6%。其中多數是未婚媽媽，特別是美國黑人家庭。

5.初婚率和再婚率從1960年以來一直在下降，但離婚率則在穩定的成長。

6.老年家庭的增加，尤其是婦女老年獨身者家庭增加迅速。這一方面是男人的生命餘命較短，另一方面也是因男老人少，老年婦女難找對象，只能獨身。

在美國，法律所允許的婚姻制是一夫一妻制（monogamy）。不過根據人類學家與民誌學者的調查，世界上大概只有25%的人類社會實行一夫一妻制婚姻，其他75%傾向於一夫多妻制（polygyny）和一妻多夫制（polyandry）。尤其是一夫多妻制最為盛行。舊中國社會是允許一夫多妻的，西方社會在早期的猶太教傳統裡亦是如此。有些學者甚至認為美國或西方社會亦非純粹的一夫一妻制，而是一種

「改良型的一夫一妻制」（modified monogamy），因為允許離婚與再婚；雖然沒有在同一時間擁有多妻或多夫，但在一生中卻往往有數個伴侶的一系列的一夫一妻（serial monogamy），所以是一種改良型或變態的一夫一妻制。不過1960年代出現的「群婚制」（group marriage）並未流傳。

同樣的，當代美國的家庭也非純粹的「核心家庭」（nuclear family）只包括夫妻兩人及未婚子女。因為再婚的結果，一個家庭往往包括兩組混合的家庭，即與前任配偶所生子女加上婚後新配偶合生的一組子女。另外，今日美國家庭雖然沒有擴大家庭（extended family）包括一些親戚（如祖父母）同居一處，但他們之間仍然保持聯絡，因此有些學者稱它是一種「改良型擴大家庭」（modified extended family）。後者對老人家的關係相當重要。

美國家庭的另一個形象是愛情第一。年輕人存有一種幻想，沒有愛的婚姻不會有幸福，也不會長久。其實不然，學者們發現，只有大約25%的美國婚姻是完全建立在愛情上，其他75%則是非純愛情的婚姻。而且，他們在比較自由戀愛的婚姻時和其他國家裡的由父母安排的婚姻，發現父母安排的婚姻比較持久，較不會離婚。

臺灣家庭的改變雖然沒有美國那麼的複雜，今日臺灣家庭與1960年代以前的舊式家庭還是有一些不同的特徵，以家庭人口來講，臺灣每戶家庭人口有逐漸遞減的趨勢。1960年代初期每戶大約有5.5人（即5到6人之間），1990年中期則僅剩3.67人（即3至4人左右）、2004年已低至每戶3.2人。雖然如此，學者們並不認為臺灣是採核心家庭，由父母與未婚子女組合而成，他們認為大多數是採折衷家庭，由父母與已婚子女之一組合而成，通常是兒子結婚以後仍然與父母同住一處。在挑選婚姻對象時已非傳統的「父母之命、媒妁之言」的婚姻，不過也還沒有到完全戀愛的地步。大多數的婚姻是在父母同意下由子女選擇而來的，很少是完全由父母主宰，也很少是沒徵求父母同意的婚姻。婚前的約會相當普遍。

臺灣目前的家庭組織可以用行政院主計處所做的民國87年（1998）的《社會發展趨勢調查報告》裡面有關家庭的幾項統計來說明。根據調查報告的前言，此次調查「優先以家庭生活為主題，主要係因家庭制度為社會之重心，且現行統計中有關家庭結構變遷及倫理部分倍感缺乏，為完整描繪目前家庭現況，探究家庭生活內涵與問題。」〔註3〕

圖5-2是調查報告中統計所得臺灣家庭類型之百分比分配。有超過半數以上的家庭是由夫婦及未婚子女組成的核心家庭，占51.15%；其次是核心家庭再加上祖父母的折衷家庭，有14.56%；占第三位的是單身戶，有11.49%。平均家庭人口數是3.91人。2004年有46.7%是核心家庭，其次是核心家庭再加上祖父母的折衷家庭，有15.2%，只夫妻兩人家庭占14.2%，單人家庭有9.9%，單親家庭有7.7%，只有祖孫的家庭是1.2%。

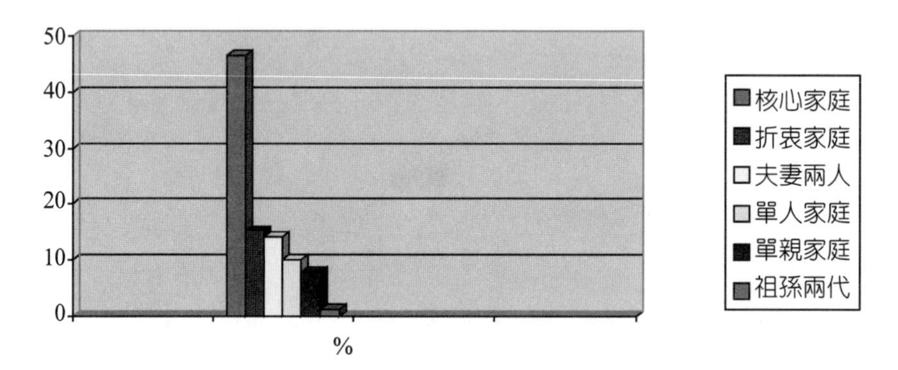

圖5-2　臺灣家庭類型之分配，2004

〔註3〕內政部統計處編印（1998）。《中華民國87年臺灣地區婦女生活狀況調查報告》。臺北：內政部統計處。

在核心家庭中，調查中也發現，若僅丈夫就業且為經濟主要負責人者，對家務的幫助不大，但若夫妻皆就業，則丈夫分擔家務略有增高。至於子女未同居的最大原因是結婚搬出最多，占48.55%，其次為就業遷出，占21.71%，求學者占12.14%。請參考圖5-3。

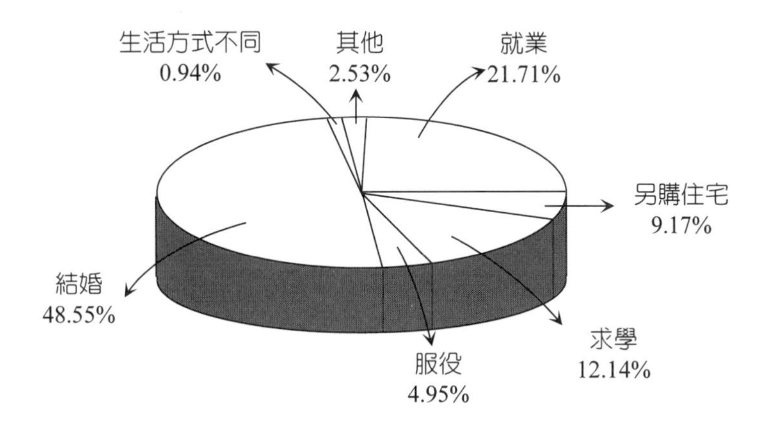

圖5-3　未同住子女分開居住的原因

另外一項內政部的調查發現婦女大約有46.6%從事工作，尤其是在服務業（29.3%），就業的主要原因以經濟需要最多。因不想受家庭束縛而就業的人並不多。在工作上感到有困擾者約占58.7%，其中以工作壓力大為最大的困擾，請參閱圖5-4與圖5-5。〔註4〕

隨著就業婦女的增加，已婚婦女在家務事的時間必有改變。主計處2003年的調查指出15-64歲已婚婦女每天平均料理家務事時間是4.98小時，其中做家事2.84小時，照顧老人和小孩2.14小時。但就業已婚婦女每天平均料理家務事時間是4.01小時，但非就業已婚婦女每天平均料理家務事時間則高達6.01小時，多了2小時。

〔註4〕參閱內政部統計處編印（2000）。《中華民國89年臺閩地區國民生活狀況調查報告》。臺北：內政部統計出版。

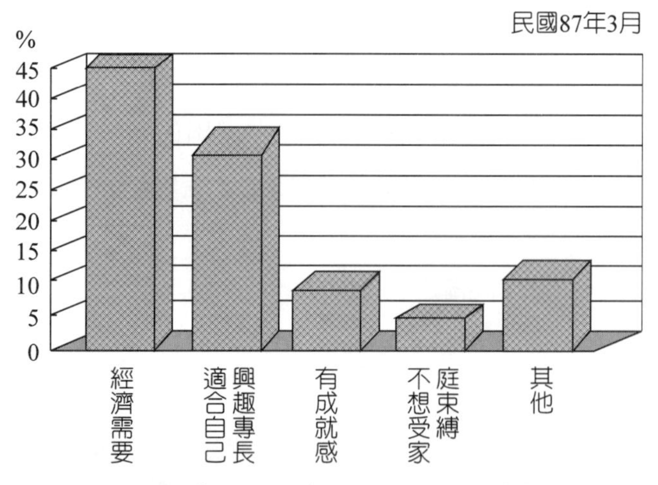

圖5-4　就業婦女從事目前工作之主要原因

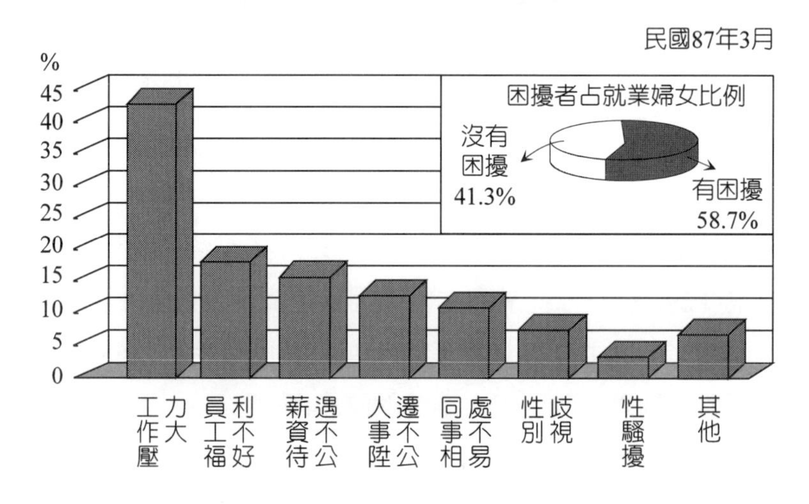

圖5-5　就業婦女目前工作環境之困擾

主計處的調查也發現絕大部分有偶者對婚姻生活還是滿意的。大約有18.3%非常滿意、42.7%滿意、23.0%還算滿意。至於不滿意和非常不滿意的不到16%，這種滿意的情形在內政部的國民生活滿意程度調查也看出。在圖5-6各項生活滿意程度上，對夫妻生活滿意的高達92%，對親子關係滿意的也達91%。可見雖然臺灣的離婚率有升高的

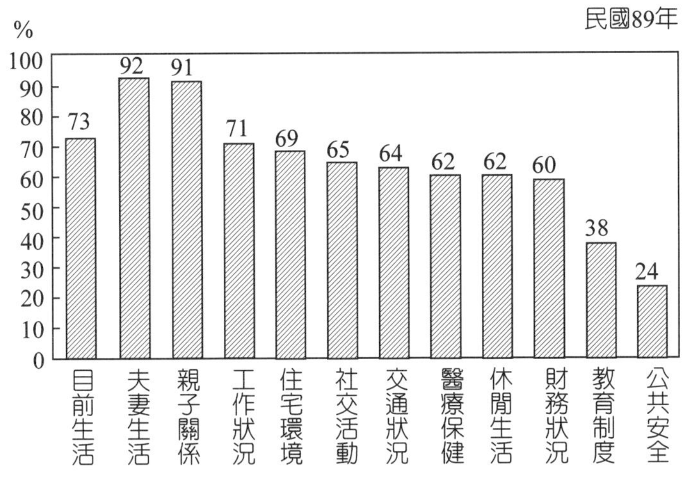

圖5-6　國民對目前各項生活滿意程度

趨勢，雖然夫婦不合的新聞也常出現於報紙上，絕大多數的家庭還是蠻健康的。〔註5〕

主計處在2004年的新調查同樣發現有大約95%的人對夫妻生活、親子關係及父母關係感到滿意。57%的人認為理想子女數是2個，只有1.2%不想要小孩。〔註6〕不過近年來單身婦女人數有增加的趨勢，而且外籍新娘的問題也多多少少改變了臺灣家庭。

第三節　老年家庭生活

無論是在美國或者是在臺灣，家庭在一個人的生命歷史過程中扮演著相當重要的角色，年幼時需要父母的扶養，成年時需要配偶與親子之溫情，年老時需要其他家人的扶持照顧。雖然在目前已工業化的

〔註5〕參閱內政部統計處編印（2000），《中華民國89年臺閩地區國民生活狀況調查報告》，臺北：內政部統計出版。
〔註6〕參閱內政部統計處編印（2004），《中華民國89年臺閩地區國民生活狀況調查報告》，臺北：內政部統計出版。

社會裡，成年子女與老年父母同居一處的現象愈來愈少，但關係的維持對獨居的老人有很深刻的影響。

根據美國人口普查局的資料，2003年時65歲以上老人中，男有配偶者占71.2%，喪偶寡居者17.5%，未婚者4.3%，離婚或分居者7%；女有配偶者41.1%，喪偶寡居者46.6%，未婚者3.7%，離婚或分居者8.6%。

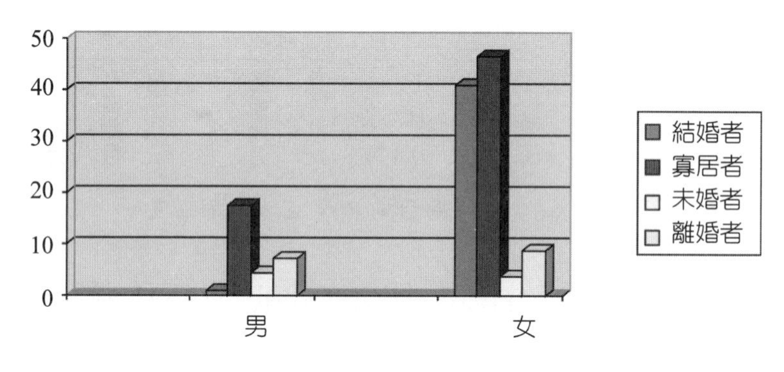

圖5-7　美國65歲以上老人之婚姻狀況，2003

可見，男老年人四個當中就有三個是有配偶者，而女老年人不到一半有配偶，有將近一半其男配偶已過世。這種現象的產生主要是丈夫往往比妻子早過世，故老婦女守寡者數目相當多。其他的研究發現，男老年人在喪偶後再婚的機會比女的要多，再婚者數目比較多。心理學家則認為男人本來就不善於獨居，喪偶後會很快就再婚有伴。因此，有些研究也指出如果男老年人在妻子過世後不再婚，則平均大約只能多活三年左右，就是因為喪偶後的孤獨帶來心理與身體上的各種疾病致死。婦女在類似情況下則較長壽。

臺灣的情形也大致類似。根據行政院主計處的資料，2005年65歲以上男老人有配偶的約占76.6%，喪偶者占14.7%，未婚者5.4%，離婚或分居者占3.2%。女性老人有配偶的約占48.8%，喪偶者占46.7%，未婚者2.5%，離婚或分居者占2.1%。（見圖5-8）可見男性老人尚有配

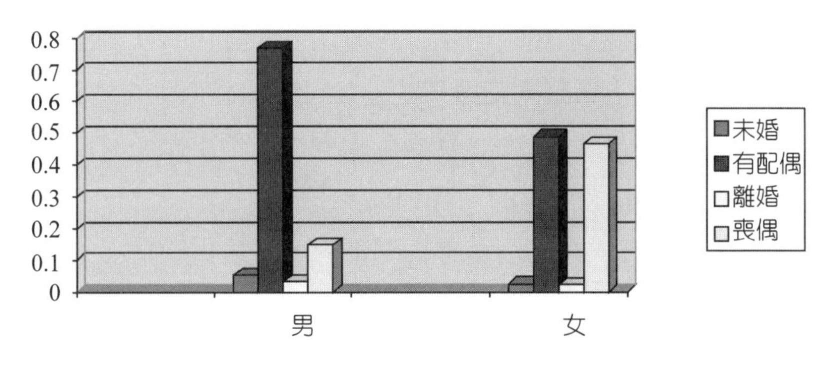

圖5-8 臺灣65歲以上老人之婚姻狀況，2005

偶者遠高於女性老人。相反地，女性老人喪偶者則高於男性老人。

若以居住狀況來分，則2002年固定與子女同住的老人約占61.7%，僅與配偶同住的占19.5%，獨居者占8.5%。雖然老年父母與子女同住的人數占大多數，但若與1986年的70.2%相比較，其百分比有逐年下降的趨勢。表5-1又顯示，與子女同居者老年女性要高於老年男性。不過一個改變最明顯的是住在安養院等機構的老人增加很快：由1986年的0.8%增到2002年的7.5%。可見社會對安養院等機構居住安排的排斥已減少。

表5-1 老年人居住型態之分配（1986-2002）

單位：%

年	獨居	夫妻兩人	與子女同住	祖孫兩代	與非直系親屬同住	安養院等機構	其他
1986	11.5	14.0	70.2	2.5*		0.8	0.9
1996	12.3	20.6	64.3	1.4*		0.9	0.5
2002	8.5	19.5	61.7	2.0	0.6	7.5	0.2
女	8.8	14.4	67.9	2.4	0.6	5.7	0.3
男	8.3	24.1	55.9	1.7	0.7	9.2	0.1

*包括與非直系親屬同住者。
資料來源：《社會指標統計年報2005》頁27。

至於老年人認為理想之居住方式，在主計處1991年的調查中發現，有65.5%的老人希望固定與某些子女同住。至於到子女家中輪流住的意願並不高，僅有7.5%。僅與配偶同住，但不跟子女同住者占13.8%，希望遷入扶養機構的只有4.1%。

理想之居住方式與性別差異相關不大，不論男或女老人皆最希望與固定子女一起居住，不願意獨居和遷入扶養機構。唯一有明顯差別的是在與配偶同住項，似乎男老人在這項的意願比較高；男占16.5%，女僅有10.6%，這也許是因老年這一代婦女在婚姻上吃虧較大的緣故吧。2002年時尚有一半（50.8%）的老人認為與某些子女同住是理想之居住方式。

前面我們曾經提到家庭生命圈的概念，強調夫婦兩人在生命圈的每一階段時會有不同的社會角色的要求。因此，夫婦兩人應會有不同的適應方式。許多研究發現，離婚大都發生在第一階段與第二階段，一方面是夫婦雙方尚未完全協調，另一方面則是小孩的出生，造成夫婦感情上的壓力和衝突。在第七和第八階段時，小孩大都已成長離家自立家庭，夫婦在最初會有「空巢」（empty nest）的恐懼。但是這些已近老年或已進老年階段者，往往在夫婦感情上有迴轉上升的現象，重享婚姻樂趣。用圖來表示，則婚姻滿意程度在生命圈階段的改變，大致如圖5-9所示。

決定退休及其來臨對老人的家庭有很大的影響。退休前夫妻都各忙各的，相處一齊的時間並不長，退休後倆人整天面對面，反而可能會發生衝突。尤其現代的人長壽，退休後可能還要二十年左右的日子，需要在婚姻的關係上做某些調整。例如家務事的重新分配、夫妻溝通的方式、退休後居住地的抉擇、與成年子女關係的處理等都要調整。

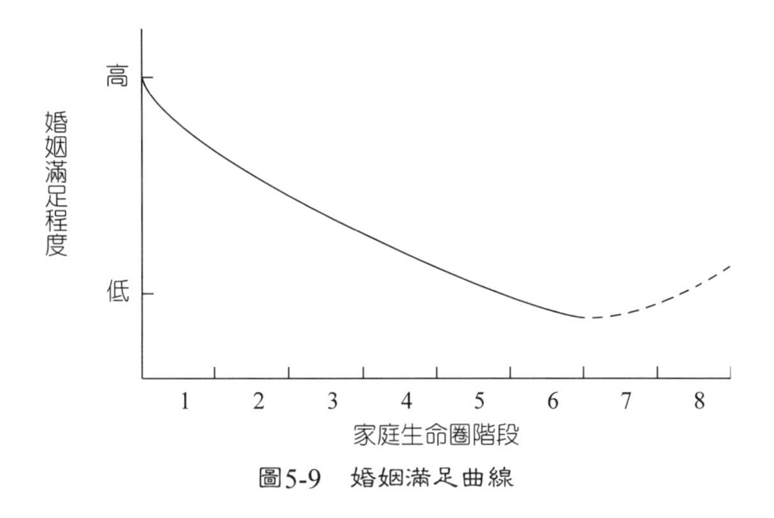

圖5-9　婚姻滿足曲線

雖然大多數的老人對他們的婚姻還算滿意，尤其是男性老人。但是老年人離婚率在一些國家已有上升的趨勢。英國的每日新聞（Daily Mail）將其看做是流行病（epidemic）。義大利55歲以上者的離婚率在2000年至2004年之間增加了3.5%。日本那些結婚20年以上者在1985和2004年間離婚者增加了一倍。加拿大在1993和2003年的十年內，55至59歲的離婚率增加了47.8%，60至64歲者離婚率增加了31.7%，65歲以上者增加了9.2%。

美國退休人協會（American Association of Retired Persons，簡稱AARP）在2004年對1,147年齡在40至79歲間的人做了問卷調查發現66%的離婚由女方先提出，而且很多是在丈夫事前不知覺情況下提出。很多婦女說離婚是因為無法再忍受長期的肢體和精神虐待以及酗酒吸毒。提出離婚的男性則往往是因為有了第三者。四分之三受調查的人認為在離婚前後會有恐懼感，但離婚的決定是對的。

美國政府把45歲當作中年人的起點年齡，即當最小小孩離家遷出時算起，一直到退休時算為中年，約有二十年。中年時期代表著一種人生旅程的轉變時期。從中年婦女的角度來看，這些轉變最主要的是她的小孩的離家遷出。這種轉變是巨大的，因為在過去二十年期間，她每天主要的工作就是為子女而忙：嬰兒時，忙著餵奶、換尿布、衣服換洗和製作；在學年齡時，忙著煮飯、督促課業、參與學校和校外各種活動等等。現在每一個孩子都長大成人遷出，一種空虛感產生，一種無用的感覺亦可能隨之而出，甚至於感覺從此人生無趣。雖然如此，有些中年婦女則有一種解脫的輕鬆感，一種重獲自由的快樂，以前沒時間做的事，現在可以做了，而且夫婦間的感情也因子女不在一旁而有新發展。有些婦女回去工作、有些到大學選課、有些做某種研習、有些積極參與慈善活動。在子女離家後的這段時期，婦女的滿足程度會影響到她在老年時期的日子。

中年男子在這一段時期所遭遇的轉變沒中年婦女那麼明顯和激烈，大多數的男人在中年時期達到他職業生涯的高峰。40歲是一個男人事業的轉捩點，如果他已獲得他所要的職位和薪資收入，他會盡力維護；如果他尚未獲得他所要的職位和薪資，那麼他很可能會恐慌，因為超過四十歲，再轉行的機會就大為減少了。許多中年男性回顧職業生涯或成就時很可能有一種無可奈何的感覺，「我跟這公司做了這麼多年，才搞到這個小主管位置，實在不值得！」或者「我做了二、三十年小公務員」等怨言會時有所聞，以後的日子將平淡無味，沒沒無聞。

既然是大多數的中年夫婦各有其心理負擔和角色認定的問題，那麼他們之間婚姻關係又會是怎麼樣？孩子們都已遷出，現在又只剩下他們夫婦兩人，日子怎麼過？婚姻如何調適？美國一個1976年的研究指出中等階級家庭夫婦兩人婚姻關係在孩子們離家後較孩子們在家時期要更和諧更快樂。然而這時期新發現的婚姻關係的重點是一種「老

伴」式的關係，而非結婚初期的愛情式關係。〔註7〕

至於中年夫婦的性關係亦可能有改變。婦女更年期的經驗可能帶來某些心理壓力，但是同時因減少了懷孕的可能性，而增加對性的興趣；中年男性可能因為體質上的改變無法時常有持續的性行為，但同時也可能因事業的穩定與夫婦感情的重新發現，而對性保持興趣。研究報告裡尚無法整理出一個大家有共識的理論，性關係依人而異卻是事實。

退休是第八階段的開始。我們將在第六章對退休的經濟問題做一個詳盡的介紹，在這裡我們只想討論退休後的家庭婚姻問題。退休常給老年男人帶來一種震撼，因為退休正式宣告一個男人的進入老年期。特別是對一個一直以工作事業為中心而未培養任何嗜好的男人，這種無事可做的日子是很難捱的。

在家庭裡面，退休的來臨改變了男人的角色，從一種賺錢養家的主要角色而變成幫助家務的輔助角色。以前夫婦雙方見面的時間不多，現在則丈夫整天待在家裡，妻子的主婦角色受到威脅，夫婦的衝突可能產生。但是研究者發現老年夫婦常會發展出一種分享家務的方式，例如一起安排屋內裝飾，一起整理花圃、一起出外購物等等。社會地位的差別也影響了老年夫婦婚姻關係的調整，中上等社會家庭老年婚姻要比下等社會家庭更美滿。

老年家庭常見的一個問題發生在夫婦一方可能有嚴重的疾病，造成行動不便，半身不遂等，需要另一方長期的照顧。由於婦女的生命餘歲長於男性，而且婦女總是跟比她年長的男性結婚。因此，老年時照顧病人的責任常發生在婦女身上。長期照顧生病的老伴可能使婚姻

〔註7〕參閱David Knox, *Exploring Marriage and the Family*. Glenview, ILL.: Scott, Foresman, 1979及Margaret H. Huyck and William J. Hayer, *Adult Development and Aging*. Belmont, CA: Wadsworth, 1982.

產生嚴重的裂痕，但也可能更增加夫婦兩個人的互相珍惜和憐愛。無論如何，對照顧的一方，仍是一個挑戰。

在老年階段裡，最嚴重的事件可能要算配偶的死亡。死亡不僅斷絕了夫婦兩人長期的婚姻關係，而且也給當事人一種命運將終止之恐懼。既然婦女活得長些，則老年婦女喪偶的經驗自比老年男性要多些。配偶的死亡對男人的打擊要比對女人來得嚴重，主要的原因包括以下：

1.男人一生的大部分時間都專注在事業上，對家務毫無經驗，一旦妻子過世後，老年男人常有不知所措的空虛感，尤其是妻子的死亡在老年初期。

2.男人跟親戚來往交遊往往沒有女人來得頻繁親密，因此在妻子過世後，他必須重新建立這層關係。

3.男人在家庭內角色一直是支配性的角色，妻過世後只剩他一人，角色無法實現，產生恐懼。

4.男人不易表露情緒的需要。妻子的死亡使他需要慰藉和同情，但是他以往的社會化並沒有學到這些，或者甚至於認為同情與慰藉是弱者的表現。

5.男人與男人的來往總是比較正式化，在喪偶之後無法由同性朋友處得到心理支持。

反過來看，老年婦女在喪偶之後所可能遭遇的困難是比較容易適應。一方面是因為家務事一直是她婚後的主要工作，不受丈夫在否之影響；另一方面是她比較容易獲得親友的精神支持和慰藉。雖然如此，婦女喪偶以後仍然會遭遇一些困擾，這些包括：

1.經濟上的困難。老年夫婦因丈夫退休，在經濟上本就已顯困難，退休金和養老金之數額往往僅夠糊口而已，丈夫的死亡有時更中斷了退休金的領取，收入大為減少，難以維生。

2.行動上的困難。丈夫在世時，出門有伴安全些，而且也有人開車方便些。現在則須自己開車，單獨出門，在今日犯罪率高升的美國社會裡危險性增加、安全感減少。

3.社交上的困難。丈夫在世時，外頭的社交活動常由丈夫個人參加，或由丈夫領著一同出席，現在則須自己處理，社交上的困難是可預期的。

4.基本上，當前美國社會仍是男性中心社會，一個喪偶老年婦女單獨生活相當不易。

我們不清楚目前臺灣社會裡喪偶老年人的處境如何，內政部的一些零碎資料曾有如下的報導：

1.56%的獨居老人雖有子女，但經常保持來往者只有其中的50%。

2.68%的獨居老人患有慢性疾病。

3.17.5%獨居老人生病時無人照顧。

希望將來有人能做系統性研究加以探討。我們可以想像得到的是他們所遭遇的問題會和美國老人不盡相同。臺灣社會裡人與人之間的互助比較直接與親近，因此，老年喪偶後的孤獨感可能要少些，子女對父母的奉養目前仍然是一種社會所稱頌的價值，父母經濟上的困難亦比較不嚴重。然這些問題雖然如此，喪偶對當事人來講，無論中外，必有某種影響，在臺灣的老年人這方面的問題仍值得注意。

至於老年家庭是否和諧的問題，根據休克（Huyck）分析一些研究結果而綜合出三個要點：

1.老年家庭有許多不同的特質，並非同質性。因此不可以偏概全。有些家庭很重視夫妻間關係的和諧，有些家庭則注重老年父母與成年子女間關係，有些家庭則把興趣轉到外界事務或興趣上。這些不同影響到老年家庭婚姻的滿意度。

2.大多數的婚姻原本就相當穩定。因此，進入老年期後仍然穩定。

3.早期的人格特質影響到老年時期的婚姻滿意程度和家庭和諧。〔註8〕

至於喪偶或離婚後再婚者的人數並不多，一個研究指出再婚是否會成功，必須具備四項條件：

1.新婚夫婦皆有健康的身體。

2.有足夠的收入和經濟來源。

3.家人及朋友的贊同。

4.以前的婚姻大致上沒有大問題。〔註9〕

顯然地，老年人的再婚必須要有健康的身體，不然會造成配偶照顧的負擔。經濟不良則應付不了日常生活所需，如果一旦有病痛，更是沈重。家人和朋友的贊同，尤其是成年子女的贊同更是重要，最後是避免惡劣的婚姻史，正如前面提到的老年家庭往往是中年家庭的延續，不愉快的第一次婚姻會影響到第二次再婚的滿意程度。

第四節　為人祖父母

老年家庭生活一個重要的互動關係是老年父母與子孫們的互動。老年夫婦之間的互動是頻繁的，而且研究資料也發現在孩子們離家外遷後的一段時間裡，夫婦兩人的感情有回升的跡象，成為兩個相依為

〔註8〕M. H. Huyck, "Marriage and Close Relationships of the Marital kind" in R. Bliseznerr & V. H. Bedford, eds., *Aging and the Family: Theory and Research*, pp.181-200. Westport, CT: Praeger.

〔註9〕Bengtson & E. L. Roberts. "Intergenerational Solidarity in Aging Families: An Example of Formal Theory Construction," *Journal of Marriage and the Family*, 53, 1991, pp.856-870.

命的「老伴」。但是對老年人來講，其與子孫們的互動關係仍然是相當重要的。

在美國這個社會裡，老年父母與子孫的互動關係有下面幾個主要特點：

1.子孫不同住一處，地理距離的限制使互動的直接關係頻率減少，面對面式的互動難以發生。

2.家庭生育率的減少，使得父母與子女的互動較能集中，因此感情的維持延續較久且長遠。

3.雖然老年父母與子女間有代溝的問題，但是他們仍然在需要時提供意見和幫助。

4.老年祖父母為孫輩們提供必要的情感角色（expressive role）。年輕父母常忙於事業，而無法給予子女必要的感情，老年祖父母正可補充這缺陷。

從許多的實地研究報告裡，我們可以發現證據來支持上面這四個特徵，老年父母與子孫輩的互動仍然是有某種程度的滿足。如果我們要求孫輩的美國人對祖父母的印象做一描述時，大多數的形容用語都偏向於好的一方面，例如：和藹可親、有信心、有知識、受尊敬等等；然也有少數人會用沒耐心、自傲、孤僻等字眼來形容他們。

從社會角色的觀點來探討，個人對從父母轉變到祖父母這角色的反應可能是不同的。事實上，祖父母的角色也不是那麼容易扮演。一方面，進入祖父母這角色代表著一個人的老化。在社會裡的輩分突然因有孫兒輩而升高，這種升高對某些人來講是一種榮耀且值得驕傲的轉變，但是對某些人來講也象徵著他快要退出社會活動圈日子的來臨。這些反應的不同自然也因社會而異，在美國這樣一個以青年人為中心的社會，祖父母的角色自難獲得稱頌。在另一方面，由於個人以往的社會化過程裡，並沒受過訓練來扮演祖父母的角色，會有手足無措之困惑。

因此，祖父母對孫兒輩的關係自然會有所差異。有些人很可能不喜歡祖父母的角色，或者不願意太親近於子孫們。也許我們可以把祖父母角色分為下列四種類型，供讀者參考：

1.**嚴肅的祖父母**：這一類型的祖父母高高在上，與孫兒們保持一個很正式的嚴肅關係，是一種不易親近的角色。

2.**疏遠的祖父母**：這一類型的祖父母沒有像第一類型那麼可畏，但是他們與孫兒們間總保持一段距離，有點像外人一樣。

3.**家庭的祖父母**：這一類型的祖父母扮演一種孫兒們父母的父母之角色，他們支持並幫助父母教養子女，給家庭必要的協助或忠告，是家庭內不可或缺的一份子，對孫兒們疼愛，但不過分。

4.**溺愛的祖父母**：這一類型的祖父母過分溺愛孫兒們，常在教養方式上與年輕父母爭執衝突。他們是孫兒們的保護者，一切以孫兒們為中心。

上面這四種類型不一定專指同居一起的祖父母而言，從理論的觀點來看，祖父母居住地點並不影響我們的分類。舉例來說，一個同住一起的祖父也可能是屬於第二類型的，如果他總是與孫兒們保持一段距離，總是置身於事外，即為疏遠的祖父。同樣的，一個不同住的祖母也可能是溺愛非常的祖母，而屬於第四類型。

另外一種分類法是由紐卡頓（B. Neugarten）和韋斯汀（K. Weinstein）兩人提出的，分為五種類型：〔註10〕

1.**正式的祖父母**（the formal grandparents）：寵愛和溺愛孫兒們，但不干擾父母對子女的管教。

2.**玩伴的祖父母**（the fun seeker）：與孫兒們一起玩耍，保持親

〔註10〕Neugarten & K. Weinstein, "The Changing American Grandparents," *Journal of Marriage and Family*, 26, 1964, pp. 199-204.

密關係。

3.**兼職父母**（the surrogate parent）：母親在外工作，祖父母仍代母職，處理孫兒們的教養。

4.**家庭智慧的寶藏**（the reservoir of family wisdom）：祖父母具有某種程度的權威與智慧，要求孫兒們服從與絕對的尊敬。

5.**疏遠者**（distant figure）：此類祖父母僅在節日或其他紀念日才跟孫兒們來往，平常對他們相當冷淡和疏遠。

其實無論是哪一種類型，絕大多數的美國老人都願意跟孫兒們親近，即使是所謂「疏遠者」，也很少是永遠疏遠的。臺灣專門對祖父母與孫子女們互動的資料相當少。不過從一般對老人生活的調查中，間接可以獲得一些結果。衛生署家庭計畫研究所1996年的調查裡發現有26.2%的中老年人幫助照顧小孩，尤其是女性。男性老年人此項的百分比是19.3%，女性則高達33.9%。〔註11〕另外，前面我們曾經提到，臺灣老年人仍然與成年子女居住一處的數目不少，這些家庭自然有較密切的祖孫間的互動與來往。

總而言之，家庭對老年人來講是相當重要的，不僅老年夫妻的感情影響到老年人的日常生活，老人與成年子女及孫輩間的互動亦影響到老年人的快樂與否。

〔註11〕行政院衛生署家庭計畫研究所臺灣老人研究叢刊系列八（1999），《民國85年臺灣地區中老年保健與生涯規劃調查報告》，臺北：衛生署。

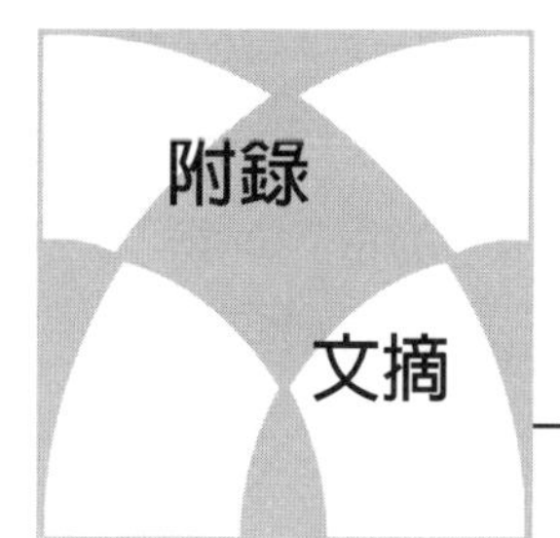

書香父女情

姚嘉為

父親在世上八十年，經歷過憂患重重，沒有留下豐功偉績、傳世著作，但他卻給了我一筆最豐厚的遺產——他培養了我對文史終生的熱愛以及手不釋卷的習慣。

父親喜愛讀書，談起中外文史名著，總是神采飛揚，欲罷不能，最愛《史記》、《莊子》、《資治通鑑》。他年少得志，中年未能更上層樓，加上心高氣傲，常有懷才不遇之嘆。一次他在閒談中透露，若童年家道未中落，今天他或許有機會在大學教歷史，畢竟那是他的最愛。因此幾十年來，餐桌成了他的講壇，母親和我們姊弟三人是他最忠實的門生。他喜愛親自下廚做一桌下酒的好菜，然後煮酒論史。他有千杯不醉的酒量，有時候我們婉言勸他保重身體，少喝兩杯，他總是不依，反而豪情萬丈地說：「沒有酒，哪有文化！」他記性過人，有過目不忘的本事，不論是講古代的稗官野史、背誦文人雅士的詩文，或是近代的二次世界大戰、抗日剿共，他都能引證年代、人名、地名，娓娓道來，如數家珍，令聽者動容。

我是長女，他對我期望甚高，從小就教我如何作文通順之道。記得初中聯考填志願時，他在三項志願欄中全填上臺中女中，並為我考前猜作文題，果然料中，題目是：「我最喜歡的一門功課」。我洋洋灑灑大談我對歷史的喜愛，儼然是父親第二，果然高分考取。後來考大學時，我亦以臺大歷史系為第一志願，結果以數分之差，未能如願，後來我從圖書館系轉入外文系，自此與歷史一門愈走愈遠。

大二那年，父親退休，但他仍思有所作為。他每天早晨步行到臺中圖書館看報讀書，有時候寫文章投稿抒發對社會的關懷，甚至上書市長，慷慨陳辭，呼籲改善公共設施，取締地下工廠。我從學校返家，和他談天，他從《莊子》、《史記》、蘇東坡、胡適談到約翰克利斯朵夫、戰爭與和平、羅素，不時背誦書中的佳句，笑逐顏開。我則談當時流行的存在主義、精神分析，在外文系讀的海明威、哈代、華滋華斯、葉慈、易卜生……，當時年輕，無非拾人牙慧，父親卻對我大加稱許，引為知音。

後來我受父親影響，猛看胡適作品，並去中文系旁聽鄭騫教授的蘇辛詞。那時期，我說起話來，搖頭擺腦，寫起信來半文半白，頗有學究模樣，嚇走了不少學理工的男孩子。母親暗自擔心，父親卻大笑說：「告訴那些小子，將來選女婿，我要考他中國文史和作文！」炎炎夏日，我們常常大談最近讀的書，思潮澎湃，眉開眼笑，不覺夜之將至。父親和我都沒有受過學院嚴格的訓練，只是興之所至，抒發讀到好書的興奮之情，母親常笑我們父女為一對書呆子。

我出國以後，父親常寄包裹來，十之八九都是書。他為我買了梁實秋、吳魯芹、陳之藩、張曉風、余光中、張系國的全部作品，我在挑燈夜讀中，文化鄉愁得到了紓解。後來聽我感嘆要加強文史底子，他又忙不迭地寄來《史記》、《莊子》、《詩經》、《楚辭》、《唐詩》、《世說新語》等古書。國內有任何好書出版，只要我提出，父親立刻就到書店買了為我陸空聯運寄來。可惜在人生的中途，我身兼職業婦女、妻子、母親的角色，時間被雜事分害得支離破碎，無法潛心有系統地研讀，至今依然沒有長進。

前年夏天父親罹患末期胃癌，我二度回國探病，伺候湯藥。第二次別離時，預感此為最後一面，我執著父親骨瘦如柴的手，向他表達感激之忱：「爸！你是這世上最欣賞我的人，因為你的欣賞，我在人世的困頓中，還能一直振作，奮發向上。爸爸！父女一場，我感謝你。」父親露出笑容說：「我沒欣賞錯，你值得我的欣賞。不要悲傷，我們縱使不能在天堂見面，還可以在夢中相見。」我淚如雨下，對父親央求道：「爸！你答應我，一定要來夢中找我。」父親滿口答應，困難地抬頭目送我離去。回美後，我數次打電話到醫院，他均在昏睡中。只有一次他接了電話，氣息微弱地說：「你瞭解我，我瞭解你，這就夠了，還有什麼好說的呢？一個人又不能活一萬年，不要想不開，等我休息夠了，我們再好好談一談。」

我再也沒有機會和他暢談。父親在前年8月23日正午去世，病中照料他的年輕護士說：「姚老伯一生愛國，連去世都挑選在八二三砲戰紀念日！」

喪事過後，我整理父親的書架，選擇了十來冊攜回美國。如今，我翻閱父親的書冊，看到他的紅筆眉批，又如同見到他的面容，接觸他的心靈。那是一顆在塵世飽經憂患寂寞，在文史哲學裡找到安慰的率真的心。

◎轉載自姚嘉為（1997）。《深情不留白》。臺北：九歌出版社。

工作、退休、經濟

第一節　當代經濟體制

馬克斯（Karl Marx）認為經濟制度是其他社會制度的基礎，人與生產工具的關係主宰人在社會內之地位以及人際關係，人的生老病死皆與經濟活動息息相關。雖然今日的社會科學家並不贊同馬克斯這種單元的經濟決定論，但也不得不承認經濟活動的重要性。美國的社會學家籃斯基夫婦就以經濟活動型態及工藝技術發展用來分類和描述人類社會的演化史。他們的社會演化包括五種類型社會的序列演進。〔註1〕

一、狩獵與蒐集社會（Hunting and Gathering Societies）

這類社會的經濟活動主要是以狩獵動物和蒐集自然界植物為食物來源，因此這階段的工藝技術相當簡易。由於自然界裡所能獵取與蒐集的食物相當有限，也無財富的囤積。這類社會人口少，而且常因食物的缺乏而遷移。沒有固定的居住地，是一種游牧型社會。這類社會裡的人並無貧富之差別，因此社會相當平等，社會地位大致由性別與年齡來決定。

二、園藝社會（Horticultural Societies）

這類型的社會大約出現於九千年前。社會的成員開始從事小型的食物耕種。人們不再完全依賴自然環境裡既有的現成食物。較固定的

〔註1〕有關馬克斯理論，請參閱Henri Lefebure, *The Sociology of Marx*. New York: Vintage Books, 1968 & T. B. Bottomore, ed., *Karl Marx: Selected Writings in Sociology & Social Philosophy*. New York: McGraw-Hill, 1964。另外，蔡文輝（1990），《社會學理論》臺北：三民書局。第五章〈馬克斯的社會的思想〉亦有介紹。籃斯基夫婦之進化觀點，可參閱：Gerhard Lenski and Jean Lenski, *Human Societies: An Introduction to Macrosociology*. 3rd ed. New York: McGraw-Hill, 1978.

居住開始出現。但是當土壤不再適合耕種或收成不良時，他們仍然會遷移至別處。這時期的工藝技術比前期進步，簡易耕種工具的使用是這時期的特色。由於食物的耕種足以供應更多的人口，這時期的社會人口亦較前期為多。不過，園藝社會裡的貧富差異開始出現，食物的耕種造成「社會盈餘」（social surplus）。所謂社會盈餘是指一個社會在生產足夠的需求之外尚有剩餘，能提撥出來供養一些與食物生產的工作與社會活動，例如：教士、軍隊、藥師等。籃斯基夫婦相信社會不平等（social inequality）和「社會階級」（social class）就是在這段時期出現的。

三、農業社會（Agrarian Societies）

園藝社會階段所累積下來的耕種知識及工藝技術，擴大了人們的耕種土地範圍及耕種食物的種類。這一時期的主要特徵之一是動物動力的使用與工具的進步使用，生產量大為增加，食物的供應與剩餘亦大為增加，因此，社會的人口增加，社會的地域範圍大為擴大。由於人口的增加與食物的增產，非生產性的都市開始出現。政治官僚組織成為最大的非生產的社會組織，藝術家、文學家、哲學家、建築師等行業逐漸成形。籃斯基夫婦認為如果食物不足以供應非生產業者，大都市不會出現，龐大的政治官僚組成的大帝國如古代中國、埃及、羅馬等帝國也不可能出現，社會階級差別更為顯著。

四、工業化中社會（Industrializing Societies）

這是一種轉變型的社會，工業革命創造了非以農作物生產為主的各種行業，機器代替了人力及動物勞力。在這時期生產量大為增加，人口也會增加。社會由傳統的農業經濟活動逐漸轉向工業生產。工業革命始自於16、17世紀的西歐國家，而後延伸到北美洲、東歐及二次大戰後的亞洲各國。這時期社會變遷急速，也往往產生複雜的社會問題和社會解組。貧富階級差距更大。

五、工業社會（Industrial Societies）

工業化的結果不僅改變了生產方式，也影響了社會其他部門的改變。工廠的出現將以家居為中心的經濟活動移到工廠廠房。人們因而離開其世代居住住所而遷移至工廠所在地。離鄉背井，與家人親人接觸減少了，產生一種馬克斯所稱的「疏離感」（alienation）和無力感（powerlessness）。分工制度成為社會團體運作的主要手段和運作原則。家庭與社區的自給自主性大為減低，物品的交換與服務的交換成為工業社會的主要經濟活動方式。人與人之間的關係是建立在彼此間的需要與互賴，而非宗親或同鄉關係身分上。家庭的傳統權威地位在工業社會裡亦有降低的趨勢。

籃斯基夫婦的理論具有演化論的色彩，雖然他們並未堅持每一個社會皆必須由第一階段的狩獵與蒐集的階段一步步的按序而發展到工業社會，但是他們相信絕大多數社會的演化過程符合他們所提出的這五種類型。

社會學家貝爾（Daniel Bell）大致上同意籃斯基的理論，不過他特別補充了一個「後工業社會」（post-industrial societies）用以區別那些工業化程度相當深入的先進國家，如美國和西歐國家。因為在後工業化社會的主要經濟活動不再是工業生產，而是在知識資訊的控制及服務的提供。如銀行資金運用、貿易、運輸、法律、教育及娛樂方面的服務。在這些先進國家，絕大多數的經濟人口集中在服務業上，並非生產業。貝爾認為今後，哪一個國家能操縱資訊（information）就能對全球具影響力。事實上，經由電腦和精密工業（hi-technology）及資金（capital resources），美國已可左右世界大

多數的國家。〔註2〕

如果我們不從演化史的立場來看經濟制度，我們也許可以把當代經濟制度歸類成三大類型：即，資本主義經濟（capitalist economy）、社會主義經濟（socialist economy）以及福利資本主義經濟（welfare capitalist economy）。

資本主義經濟的最主要原則是私人對生產工具、工廠、土地等的擁有，其指導原則是市場的供需分配關係，產品的質與量、產品的行銷價格及行銷對象都依市場所需而定。資本主義經濟強調自由市場的重要性，在這市場裡，人們可以自由決定買、賣以及利潤的獲取。資本主義經濟活動的最主要目的是利潤的獲取和財富的囤積。〔註3〕

社會主義經濟與資本主義經濟最大的不同因此就在於前者不允許私有財產，政府代表人民控制並擁有所有的生產工具。財產屬於社會或國家，而非私人擁有。社會主義的目標是保證社會裡的每一個人都能分享財富，社會沒有貧富之別。社會主義的經濟活動因此往往決定於政府所釐訂的經濟計畫上。生產的質與量、生產的產品價格及行銷對象非決定於市場之供需原則，而是決定於政府經濟政策計畫。〔註4〕

資本主義經濟的優點是經由利潤的獲取與私人財產的擁有，人們認真和努力、工作力強。經濟活動亦因市場的需求而有理性的決策與靈活的運作。調整與適應能力強，且能及時應變。其缺點則是經濟

〔註2〕Daniel Bell的理論可參閱其*The Coming of Post-industrial Society*. New York: Basic Books, 1973。

〔註3〕資本主義經濟的介紹，請參閱K. Tribe, *Genealogies of Capitalism*, London: 1981及I. Wallerstein, *The Capitalist World Economy*. Cambridge: Cambridge University Press, 1979.

〔註4〕社會主義經濟的介紹，可參閱：Z. Gorz, *Farewell to the Working Class*, London: 1982及R. V. Daniels. ed., *Marxism and Communism: Essential Readings* . New York: Basic Books, 1965.

波動大，起伏不定，而且利潤與私人財產的擁有造成了社會上的明顯貧富階級之分。社會主義經濟的優點是社會對全體人民利益的照顧，而且政府對經濟活動掌握全盤操作，比較有長遠穩定的經濟。但是在這種制度下，人們沒有努力工作的意願；經濟活動停滯不前，缺乏活力。尤其是政策決定者所釐訂的經濟計畫往往只照顧到在上的權勢者（美其名為國家利益）而忽略中下層人民。在經濟發展的成效來評論，資本主義經濟的國家大多數富於實施社會主義經濟的國家。因此，在近年來，包括蘇俄和中國大陸在內的一些社會主義經濟國家不得不採用部分資本主義經濟的策略。

西歐一些國家採納的是一種折衷於上述兩型態的一種福利資本主義經濟。一方面允許私人企業的擁有，以提高經濟發展效益，另一方面則抽取高稅額以提供較完整的全盤社會福利以減少貧富差距。英國、瑞典、芬蘭，以及東南亞的新加坡都是偏向於這種福利資本主義的國家。

在今日21世紀時代，經濟逐漸走向「全球經濟」（global economy）的型態。以美國為首的「資本經濟中心國」（core-capitalist nations）以雄厚的資金和工藝技術左右其他國家的經濟發展方向。因此，美國經濟一有風吹草動就會影響到其他國家的經濟。美國高科技股市（high tech stocks）的崩潰影響了臺灣最近的經濟成長就是一個好例子。中國大陸近年來的急速經濟成長雖然值得稱讚，但其受制於資本經濟中心國的左右則為明顯。

人們在經濟活動中所扮演的角色大致上有兩種：生產與消費。生產的角色表現在各種產業勞動力的分配，而消費則顯現在人們所擁有的購買力上。

經濟學家所稱的產業大致上可分成三類。第一產業指農、林、牧業，第二產業指產品的製造工業，第三產業則指服務業。大多數國家的經濟發展途徑是由農林業轉變到製造業而後再提升到服務業的擴張。以臺灣的情況來解釋，1952年政府遷臺初期的產業結構中，農業占35.9%，工業占18.0%，服務業占46.1%，工業化的程度並不高，仍然是農業為主的經濟型態，服務業雖已有46.1%，然其所提供的仍然偏重於最基本的服務，如交通業和商業活動。但是到1969年時，農業已減低到五分之一以下，約18.8%，工業則升至34.6%，服務業則未有成長，停留在46.6%左右。可見1960年代臺灣工業化已開始，至2004年時農業則已遽減至僅剩1.7%，工業維持在29.5%，而服務業則大漲到68.7%。

產業的改變自然影響到就業的分布。在1952年時，有56.1%勞工受僱於農業部門，工業僅有16.9%，服務業亦只27.0%，至2004年，農業勞工只占6.6%，工業是35.2%，服務業高達58.2%。詳情可參閱表6-1。

表6-1　就業者按產業別分

（單位：%）

年	農	工	服務
1952	56.1	16.9	27.0
1960	50.2	20.5	29.3
1970	36.7	28.0	35.3
1980	19.5	42.4	38.1
1990	12.9	40.8	46.3
2000	7.8	37.2	55.0
2004	6.6	35.2	58.2

資料來源：Taiwan Statistical Date Book, 1987, pp16-17;《中華民國社會指標統計》，2004，頁32-33。

從表6-1，我們也可以看出臺灣經濟轉型的趨勢。很明顯的，早期從事農業的就業人口所占比例最大，但工業就業者的比例逐年增加，1980年代以後則有衰退的現象。服務業就業人口有穩定的成長率，到1990年代晚期則已超過就業人口的半數。目前臺灣服務業就業者最多。同時，就業者占臺灣總人口的比例亦有增加趨勢，例如1966年是29.2%，至2004年是43.4%。以性別來分，1966年婦女所占的就業人口率是27.6%，2004年則是41.06%。這增加跟服務業的擴張是相關的，至於失業率雖在2000年來略呈上升，但基本上仍一直維持相當低，2004年只有4.4%的失業率。

行政院家庭計畫研究所1996年的調查報告指出65歲以上的老人，無論男性或女性以農業為其一生最主要的工作職業。因為這一代的老人經歷早期的臺灣農業經濟，大都以務農為生。當年工業與服務業尚未成形，這一代老人年輕力壯時期自以農業居多。詳細情形可參閱表6-2。

表6-2　臺灣老人一生最主要工作之職業別

（單位：%）

職業＼性別＼年齡	65歲～74歲		75歲以上	
	男	女	男	女
農　業	25.5	28.2	39.8	35.6
自營／經理	19.4	4.9	18.8	6.1
專業技術人員	5.9	2.3	3.9	1.7
文職人員	11.5	3.0	11.0	0.9
技藝工作人員	6.8	5.5	6.2	4.3
半技藝工作人員	18.9	3.1	10.5	1.5
售貨／店員	3.0	3.0	3.4	2.6
服侍性勞動	3.9	7.3	1.4	3.9
都市勞動者	3.7	5.4	4.3	7.2
無業者	1.5	36.9	0.7	36.2

資料來源：《民國85年臺灣地區中老年保健與生涯規劃調查報告》，頁205。

六十五歲以上老年人的勞動參與率一直不高，過去三十年來一直維持在8%至10%之間，變動不大。行政院家庭計畫的研究報告更詳細的調查發表，目前有工作的老年人亦不多。例如，65歲至74歲老人有18.7%有工作，75歲以上老人則只有5.6%。尤其女性老人目前有工作者要比男性老人為低，參考表6-3。

表6-3　老人目前工作狀況，1996

（單位：%）

性別	年齡	有工作	幫忙性質	無工作
男	65歲至74歲 75歲以上	26.2 9.4	14.1 12.7	59.7 77.9
女	65歲至74歲 75歲以上	8.0 1.7	48.3 25.7	43.7 72.6
合計	65歲至74歲 75歲以上	18.7 5.6	28.2 19.2	53.1 75.3

2004年內政部的老人調查指出：65歲以上老人目前有工作者占15.65%，其中以從事農林漁牧等第一產業者占61.51%最多；從業身分以自營作業者占64.81%最多；有工作者為家計負責人占40.79%；這些人平均計畫退休年齡為74歲。

另外一個有趣的現象是女性老人從事幫忙性質的比率要比男性老人為高，幫忙家人照顧事業、看店等似乎老年婦女意願高。不過無論男女，無工作者居多數是事實。

第二節　工作的意義

人的一生中，工作占據了相當長的一段歲月。在古老的農業社會裡，「日出而作，日入而息」是日常生活的常規。在那個舊社會裡，「做到老」是平常事，沒有所謂「退休」這概念。

有些學者認為工業革命把個人的工作常規做了一個相當巨大的改變，把工作（work）轉成了就業（employment）。有些學者更指出很多已開發的國家未來都可能變成一種「就業受僱者社會」（the employee society），即社會裡的絕大多數的人受僱於他人，為他人而工作。

以往社會學家和經濟學家對工作的定義因此往往放在工作者的受僱身分與受僱者的薪資所得上。如果一件事是為他人所僱，或者是獲有薪資所得，就是工作。一些沒有獲得支薪的則不算工作。所以工作（work）和非工作（non-work）之差別最主要的特徵是支不支薪的問題，非工作的那些活動屬於休閒，所以休閒活動（leisure activity）即指那些不受僱於人也不支薪的活動；不過休閒與失業兩者是有差別的。休閒活動是心甘情願的一種享受，而失業（unemployment）則是不心甘情願的無事可做的情況。

派克（Stanley Parker）把人生的活動範圍做了一個相當有趣的分類。他劃分出五類人生的活動範圍：〔註5〕

1.工作（work）花在受僱與支薪的時間內的一些活動，例如上班的時間內的活動。

2.工作相關的義務（work obligations）跟工作有關的一些上班之外的活動，例如出差，或通勤所花的時間皆屬於此類。很多工作族雖然表面上看來是上班八小時，但到上下班所花的時間或出差的日子都可能是上班之外不能避免的時間。

3.與工作無關的義務（non work obligation）指一些與工作無關，卻是必須常做的事，例如家事、照顧子女等，人們花在這方面的時間亦相當長。

4.生理必需（physiological needs）指人們用來維持生命所需的時間與活動，例如：飲食、睡眠、清洗或上廁所的時間。這些活動雖然

〔註5〕Stanley Parker, *Leisure in Australia*. London: 1971.

看起來毫無特別之處，卻是不可避免的。

5.休閒：指上述四類活動以外所做的活動及上述四類活動以外所剩下來的時間。

美國一項在1998年對三千位有職就業者的調查發現花在工作時間平均是每週43.6小時至47.1小時間，也就是說，每天工作8至9小時。按照派克的分類法，人們還要花相當長的一段時間處理其他類日常生活必需的活動，真正屬於休閒活動時間就少而又少了，難怪常有人嘆氣說：「每天都累死了」。

仔細來看，工作是牽涉到下面幾個主要特徵：

1.它是一種活動（active）。

2.它能讓人滿足（satisfying）。

3.它是一種享受（enjoyable）。

4.它是有意義的（providing meaning）。

5.它通常有金錢酬賞（monetary gain）。

6.它多多少少也是必須要做的事（obligatory）。

因此，人們工作的原因不外乎是為了金錢酬勞、聲望和受人肯定、同時也為了自己的尊嚴而做。雖然做何種工作才是重要常因社會的不同而有差異，大多數的社會皆對不工作的人有較負面的評論。一個人所從事的工作往往影響到別人對他的評價與互動。

工業革命製造了一大群受僱於資本家的勞工。早期的工時相當長，工資也低。馬克斯的剩餘價值論就針對這種削剝加以批判。1800年時英國和美國勞工不論男女老幼每天都工作14小時，在紡織業和礦業每日的工時更長。不過在1840年時英國議會就通過法案將每日工時減少到10小時，維護工人利益的工會在此問題上扮演一個相當重要的角色。美國在1820年時農場工人每週平均是72小時的工作，工商業勞工則大致是64小時。後來經過工人的努力爭取，到1890年已大致減低到每週60小時。

今日很多產業所實施的每日8小時的工時，事實上是始於1856年奧地利的國際工人組織在馬克斯的領導下開始爭取的。美國國會在1916年通過8小時工時的法案，一直到第一次世界大戰終了，英國和美國勞工的每週平均工時大約是48小時。二次大戰初期更減少到每天8小時每週五天，即每週40小時。這制度在二次大戰後，特別是在1960年代以來廣為世界上大多數國家所實行。美國有些產業更已實行每週35小時的工時。臺灣原則上是每天8小時，每週6天或5天半的工作日，1990年代晚期再實施每二週輪修星期六的所謂「雙週休日」制度，不過2001年已開始實施每週五天的工作日，即每週40小時的工時。

表6-4是臺灣工業和服務業部門每月平均工時減低趨勢的統計，工業部門受僱員工每人每月平均工時在1976年是219.8小時，服務業是217.9小時，2000年工業部門已降至183.8小時，服務業183.4小時。2000年以後工業部門工作時數雖略有增加，但服務部門仍持續下降。如表6-4所列，2004年工業部門工作時數是188.9小時，服務部門則是178.6小時。

表6-4　受僱員工每人每月平均工作時數

（單位：小時）

年	工業部門	服務部門
1976	219.8	217.9
1981	208.6	205.5
1986	207.0	201.8
1991	200.1	192.1
1996	199.8	187.1
2000	183.8	183.4
2004	188.9	178.6

資料來源：Taiwan Statistical Date Book, 1987, pp16-17;《中華民國社會指標統計》，2004，頁31。

在傳統社會裡，一個人的社會地位往往由個人的出身家世來決定；但是在工業化社會裡，個人的地位是由工作來決定。工作的高低與工作所得之多寡決定一個人在社會上的地位，也影響到個人的人際關係。因此，工作影響到個人的自尊心，也影響到個人的經濟地位。工作是個人在社會上成功的最主要途徑和手段，並用以取得物質上的滿足。沒有工作的人往往為其他人所唾棄，也往往象徵個人社會地位的式微。失業並不是一件光榮的事，無業更是低人一等。

人們對其所選擇的工作總多多少少抱著某種期望和達到該目標的年齡日期。例如一個在銀行做櫃檯出納工作的職員總期望有一天能當上經理。「給我十年我一定會的」。但期望和目標是會改變的，因為⑴個人人生觀的改變，不再追求老的目標；⑵個人能力的不足；⑶沒有機會；⑷社會制度所設置的障礙，如性別和族群身分；⑸目標不符現實。在這些情況下，目標期望就必須修正。

工作的有無與工作地位的高低往往受到年齡因素的影響。前面我們提到老人有工作者比率很低，一方面雖然是自願的，可是另一方面也可能是社會對老人的偏見。例如：

1.老年人做事慢，無法及時完工。

2.老年人身體衰退，無體力。

3.老年人不可靠，病假較多。

4.老年人頑固，不願接受新知識。

5.老年員工增加公司退休金和醫療保險金的負擔。

6.老年人反應慢，不適合競爭。

7.老年人不願遷調。

由於上述這些偏見，一些年紀稍大的中、老年人很難找到工作，即使現職的中、老年人也往往受到歧視和排擠。1995年美國聯邦法院就曾宣判三家藥品公司要對那些在年齡62至65歲被迫退休的員工賠償

200萬美金，因為這三家藥品公司企圖擠退老年人，引進年輕人。

事實上，很多國家都設有法律禁止年齡歧視。美國在1967年就已通過「就業年齡歧視法案」（Age Discrimination in Employment Act）嚴禁任何公司機構對40歲至70歲間員工有任何不合理的職位安排、解僱、減薪等歧視政策。1986年該法案更加添一項禁止強迫退休的法案。不過在處理年齡歧視案件上，並不簡單。歧視的法律證據相當不易蒐集。如果公司主管不找年齡大的員工去受訓，而推薦年輕者，這算不算年齡歧視？尤其很難找到歧視的證據，因為公司可以用年輕者的學歷、能力、體力等等來證明年輕者較優秀，值得推薦。所以在年齡歧視案件的訴訟，被害者必須要蒐集足夠的證據，才有打贏的機會。例如，有一群員工皆有類似的遭遇，就遠比單一員工遭遇來得有說服力，容易為法庭所接受。正因這種難處，控告公司年齡歧視的案件並不多，而贏得訴訟的案件更少。

年齡歧視的存在反映了社會對中、老年人的進退兩難的困境，社會希望有新陳代謝，由年輕人掌舵，可是另一方面卻又不能完全遺棄老年人。不過近年來由於服務業的高度成長給老年人帶來了重新工作的機會。因為服務業不需大量勞力，適合老人，而且老人比較不會中途轉業，減少公司培訓新人的成本。老人工資通常也較低，符合公司利益。

對工作是否滿意是研究者常常要注意的問題。研究者發現工作滿意度（work satisfaction）通常來自個人對工作的難易和工作成果的評估。而且隨著年齡的增長，滿意度會由低而升至中度。資深者比資淺者滿意度高，職位高者的滿意度也比職位低者要高，有轉換工作者的滿意度也高於被困在原職位者要高。對工作不滿意的最主要原因來自個人認為所做的工作無意義和工作壓力太大之故。疏離感（alienation）減低了滿意度。退休對這種人是一種解脫。

第三節　退休

退休（retirement）制度的出現可以說是工業革命後的產品。農業社會裡並沒有退休制度。但是當新興的工廠制度僱用了一大批勞工以後乃有了所謂的退休制度。在當代的工業社會裡，大多數勞工皆受僱於資方，因此，退休乃成為人人皆必須經歷的人生歷程。

學者們也指出如果人無長壽，則無退休的可能。早期農業社會時代，人們壽命短，死亡是工作的終點。但在目前工業社會時代，人們的壽命延長。70歲以上的生命餘命相當平常，人們不僅可以活到正常的退休年齡，而且還可享受好些年的退休日子。

老年學者艾契禮（Robert Atchley）指出下面三個社會條件促成退休為一種社會制度：〔註6〕

1.經濟要有足夠的剩餘資源來維持一群不工作的退休人員。

2.建立社會安全或保險基金將社會剩餘資源轉移到退休人員的福利上。

3.社會必須接受退休人員的不工作，也不以異樣眼光歧視這些人。

退休年齡大致上是以65歲為準，在美國是因為社會安全（social security）補助金以65歲起計算，其他國家則大致仿效美國標準。不過，美國國內有些產業並無退休年齡，亦有一些產業退休年齡早或晚於65歲標準。其他國家亦有類似情況，所以事實上，65歲的退休年齡並非必然，何況65歲並非有無生理上工作能力的決定年限。很多公司機構都允許提早退休（early retirement），有些則無退休年齡。

功能學派認為退休對社會的運作是有益處的，它可以用來調節勞動人口的多寡。老年人退出勞動市場才能把缺空出來讓年輕人接棒，

〔註6〕Robert Atchley, *The Sociology of Retirement*. New York: Schenkman, 1976.

這種新陳代謝才能促成社會的進展。可是衝突論者卻持不同的看法，衝突論者認為有權有財的資方在控制員工的退休：多少人退休，如何退休，皆由資方來決定，是一種剝削的手段，甚至於在必要時還可用召回退休者來威脅現職勞工。

社會學家把退休看作是一種過程。艾契禮（Robert Atchley）指出下列五個階段，敘述如下：

1.蜜月期（honeymoon phase）

這是指剛剛退休的時候，退休者常有種如釋重負的輕鬆感，特別是自願退休者。通常工作的機構或同事或親友會向退休者慶賀一番，使退休者感到無限光榮，一生對社會有了貢獻和交代。退休者也預期以後空閒日子多，可以做很多以前一直沒時間做的事。例如，旅行、釣魚，與家人多相處，不必每天趕著上下班，不必看上司的嘴臉等等。把未來的日子想像的無限美好，這種蜜月期的長短要看退休者在事前的準備工作是否妥當。當然，那些被強迫退休而不願退休者不會有蜜月期。

2.憂悒期（disenchantment phase）

退休後的一段蜜月期淡化後，退休者可能遭遇到他不能適應的問題。以往他每天規律的上午六時半起床上班，下午六時回到家，現在則整天無事可做，不必上班，也不必忙這忙那，突然間，他變成一個遊手好閒，無用的人。他一生累積了幾十年的生活習慣突然改變了，心理產生問題，而且每個月的收入也減少了。退休前的美夢破碎，憂悒彌漫了一個人日子的全部。在家，他整天面對著妻子兒女；在外，他必須重新去結交新的朋友；而社會上更把他放在一旁，開始認為他是過時者，近於無用類。

3.重組期（reorientation phase）

大多數的退休者在經過第一段憂悒期後會重組自己，以更切實的眼光態度來處理安排以後的日子。他必須把自己從孤獨中解脫出來，必須重組新的社交圈，更必須重新把自己加以評價衡量。家庭和朋友在這一時期扮演一個很重要的角色。

4.穩定期（stability phase）

當一個人能夠把自己重新評估，把未來的日子重新安排以後，他會安定下來，穩定心情，把工作的重點轉移到一些無競爭性的事情上，培養出幾個嗜好，安心享受無工作壓力的日子。

5.終結期（termination phase）

病痛開始襲擾老年人，可能導致行動上的不便，或導致死亡。退休者開始為死亡陰影的來臨有更多的恐懼，準備後事等。

艾契禮指出並不是每一個退休者都要經過上面的每一個階段，有些人根本沒有蜜月期，或者有些人直接由蜜月期進入穩定期。其過程因人而異，其經驗亦是因人而異。一個人退休後日子的滿意與否常常跟他在退休前的準備工作有重大的關係。艾契禮指出退休前的二個階段：遠期（remote phase）和近期（near phase）的經驗非常的重要。前者係指一個人仍工作但尚未開始想到退休問題；後者則指一個人開始參加工作單位提供之退休金計畫或開始為日後之退休做準備工作時期算起。

用圖來表示，則艾契禮的退休前後七個階段應如圖6-1所列：

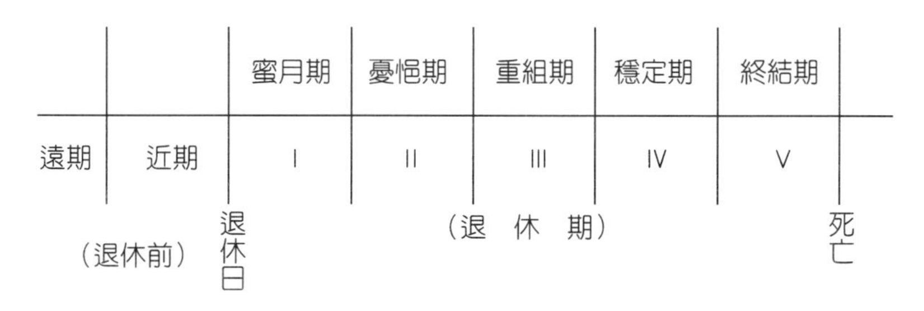

圖6-1　退休前後七個階段

資料來源：Atchley 1976. p.153.

至於退休的原因雖然因人而異，但大致上包括個人健康問題，經濟條件及退休金金額的計算、工作滿意程度以及由於社會結構的改變不得不退休等因素。

在前面，我們曾提到強制退休（mandatory retirement）和自願退休（voluntary retirement）可能帶來不同的反應。美國在1935年通過65歲以上者可領取社會安全救濟金，因此許多工廠、公司和機構仍以65歲為強迫退休年齡。但是近幾年來有很多人反對這種以年齡為基準的強制退休方式，贊成和反對雙方皆各持理由。贊成者認為一種標準式的退休年齡可以減少很多無謂的紛爭，而且也可以減少年輕人可能面臨的失業問題，同時強迫退休可以使不適合工作者退出，這種方式也比較經濟。贊成者同時指出從退休者立場上來看，他由此可先預備退休後的日子，因為他可以準確的知道他退休日子何時來臨。

反對者主要認為個人的能力不同，年齡不能算是一個好的指標。有些人雖然65歲以上，但工作能力尚強，因此強制退休一方面是個人的損失，另一方面也是社會的損失。同時自願退休的方式可減輕社會花在社會安全救濟金上的負擔，因為能夠工作而願工作者若有機會工作就不必依賴社會安全的救助。

目前美國的情形是兩方面並行的：有些機構將退休年齡提高到70歲，有些則允許並鼓勵工作者在65歲以前提早退休。這都是比較富有彈性的作法，似乎受歡迎。提高退休金也是政策之一。其實，允許退休後老年人做零工（part-time）也是可行方法之一，在個人心理上和社會上的影響應該是比較正面的，可增加老年人收入，也可減少其無用之感。

總而言之，退休對一個終生從事職業工作的人來講是一個很重要的決定。特別是在像美國這樣一個以工作來界定個人社會地位的國家裡，退休象徵著無工作，而無工作意味著無社會地位。強制性退休和自願性退休都顯示一個人社會生命史階段的改變。適應問題乃成為重要課題。

臺灣勞動基準法有退休專章，規定勞工工作15年以上年滿55歲者或工作25年以上者，得自請退休；勞工非有年滿60歲或心神喪失或身體殘廢不堪勝任工作者，雇主不得強制勞工退休。勞工符合退休條件時，雇主應依該法規定按其工作年資發給退休金。另為保障退休勞工之基本權益，該法並規定雇主應按月提撥勞工退休準備金，作為勞工符合退休要件時支付退休金之用。截至民國96年12月止，事業單位依法提撥勞工退休準備金開戶數計有14萬439戶，工人數為360萬1,644人，基金累計達9,038億元，事業單位家數提存率粗估為29.19%，受益員工率粗估為63.77%。

為改進現行勞工退休制度，使勞工工作年資得以累計，不受服務於同一事業單位之限制，並排除中高齡勞工就業之障礙，「勞工退休金條例」於民國94年7月1日起施行。該條例採個人退休金專戶制、年金保險制並行之機制，並兼顧勞工對月退休金之需求及勞工退休金財務安全而設計。截至民國96年12月底止，提繳勞工退休金的事業單位家數達37萬3,650家，提繳勞退新制勞工人數達449萬400人，基金累計達2,360億8,248萬元，勞退新制在政府積極宣導下，已獲得七成以上的勞工之認同，紛紛選擇新制。

不論是自願退休或強制退休，退休都不是一個單純的決定，因為它代表著人生歷程中的另一段新路程。在強制退休情況下，年齡與身體狀況往往是最主要的兩個因素。自願退休者的原因可能是對目前的工作厭煩，希望能有空間、時間做自己喜歡做的事，退休後財力沒有問題，希望能與家人多相處。女性在選擇退休的決定因素還可能包括要照顧年老父母或有疾病的親人等。統計調查發現提早退休者（即在達到退休年齡前即已自動提出退休者），男性要比女性多。可能原因是女性薪資原本就少，退休後經濟上會有很多的問題。

根據行政院內政部的1996年老人狀況調查統計，目前50歲至64歲的受訪者中，臺閩地區有53.2%仍從事工作，46.8%目前已無工作。調查發現目前有工作者在65歲以上願意繼續工作者的比率要比目前已無工作者為高。目前有工作者中有過半數願意在65歲以後繼續從事同樣的工作，即50.9%；有8.4%願意從事另一份工作，還有5.1%願從事志願性服務工作；至於不想再工作者有37.6%。至於目前已無工作者，約有高達82.5%的人不想再工作，只有17.5%想再工作。若以性別來做比較，並無太大的差異。雖然如表6-5所示，女性目前有工作者願意繼續同一工作者比率稍比男性為高，但換工作的意願則比男性低。

表6-5　50歲至64歲人口於65歲後之工作意願的性別比較（1996）

（單位：%）

	目前有工作者				目前無工作者	
	繼續從事目前工作	從事另一份工作	志願性工作	不再工作	想工作	不想工作
男	45.9	9.5	5.8	38.8	17.3	82.7
女	54.4	6.5	4.7	34.4	17.6	82.4

家庭計畫研究中心另外一項對目前有工作者預定何時退休的訪問發現大多數中老年人說：「只要身體狀況許可，就會一直做下去。」占67.1%，預定做到退休年齡者占16.1%，回答「不確定」或「視情況而定」者占9.9%，其餘6.9%則表示「再做一段時間就停止目前的工作」。同時，這調查也發現教育程度愈高，則愈傾向於「做到應退休年齡」，教育程度低者則比較傾向於「只要身體狀況許可，就會一直做下去。」這種差異可能是教育程度高的人，收入穩定，退休後無後顧之憂，也可能對退休比較有概念，或者是高教育者受僱於他人者

為多；教育程度低者從事自營事業，較無所謂退休不退休的問題。同樣的調查也發現在50歲至64歲目前沒工作之樣本中：女性教育程度愈高，其在50歲以前就停止工作的比例愈高；配偶仍在的或現住在都市者較可能早停止工作；閩南人似有較早停止工作的傾向。

據臺灣勞委會對退休後不再工作者的調查，人數最多者是預期找不到適合的工作，其次是因體力衰退無法工作，再其次是因需管理家務事，及技能已不適用。臺灣已經進人工業化成熟的階段，愈來愈多的人受僱於公家機構或民間企業。因此，退休制度的建立與完善規劃不能不加以注意。如何運用國家財力和民間的資源來安排老人退休生活將是今後的一大課題。根據勞工委員會初步估計，考量通貨膨脹、退休金投資報酬和加薪幅度等因素下，若希望維持既有的生活水準，光靠勞工退休金和勞保老年給付等是不夠的，尚需要預留其他資金；也就是專家所說的，退休財務規劃金三角。如圖6-2。

據臺灣《天下》雜誌2008年的一份調查顯示，從2005年起連續20年內，臺灣將出現更大的「退休潮」。該份調查指出，二次世界大戰後，臺灣1945～1965出生者創造了臺灣經濟奇蹟，但現在此批人將面臨退休。這批人一部分已經年滿60歲，到了規定中的強制退休年齡。例如2005年到2010年，累計退休年齡人數達68萬，平均每天500人退休。而20年後的2024年，退休人口達145萬，相當於每天4,000人退休，屆時，累計退休人數將達400萬，幾乎占現在所有就業人口的一半。因為生育率的降低，臺灣10年後就開始出現人力短缺約16萬人；20年後，將出現130萬人力短缺。另外，據臺灣經濟日報2008年3月6日報導，匯豐保險前日發表「未來的退休生活」系列報告，指出臺灣的中年女性（40歲至59歲）渴望提早退休，名列亞洲地區女性第二，僅次於香港；僅有2%的臺灣年長女性（60歲以上）選擇繼續工作，比重遠低於亞洲其他地區，位居倒數第二。

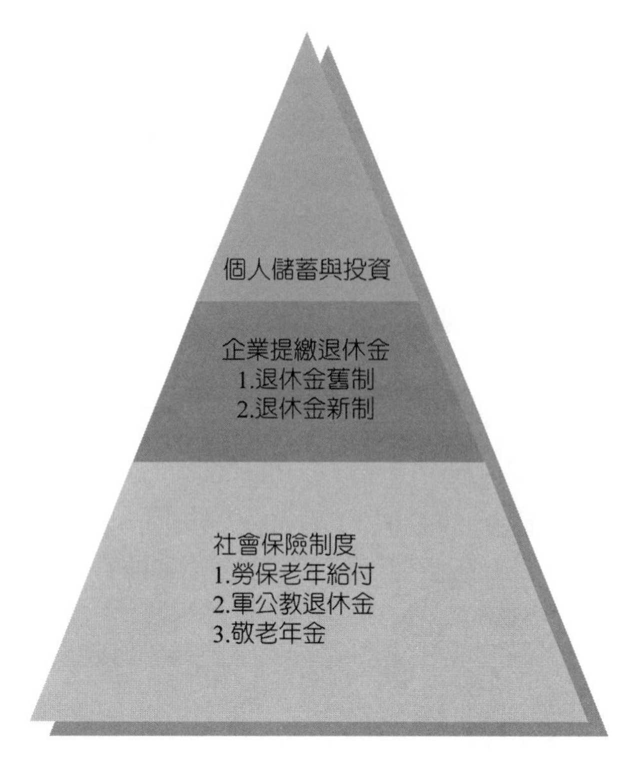

圖6-2　退休財務規劃金三角

該報告又指出，在年齡介於40歲至59歲的亞洲女性中，有超過四分之一（26%）的香港女性渴望提早退休，是調查中最渴望提早退休的一群人；臺灣和新加坡的女性，則分別有24%和15.5%，為香港以外地區最希望提早退休的女性。60歲以上的臺灣女性中，有21%表示可以年屆收取退休金時便退休（男性為37%）；另有三成的臺灣女性表示當有資格提前退休時便退休。此外，臺灣有6%的女性（男性為8%）表示，她們工作至雇主「強制退休」為止。選擇繼續工作的台灣婦女只2%，僅比排名第一的大陸女性之1%稍高。無論是否選擇繼續工作，僅有不到半數臺灣女性認為仍然「健康或非常健康」，比重不但低於臺灣男性（58%），同時也遠低於日本、新加坡、菲律賓、馬來西亞及香港女性。

匯豐銀行指出該報告發現臺灣女性期待能提前退休，而60歲以上的女性選擇繼續工作的比重也相當低。臺灣地區女性平均壽命較男性長五年，女性工作待遇平均比男性低20%，這顯示臺灣女性退休理財規劃的重要性。〔註7〕

第四節　老年經濟

老人退休以後面臨的一個問題是其經濟狀況。退休前有固定的薪資，退休後所領取的退休金往往比當年薪資要低，日子可能要比退休前緊些。在一個以金錢收入與衡量社會地位的美國，收入的減少就是社會地位下降的指標。退休後的老人若以經濟狀況來分類，大致上有三種不同類型的人。

第一種是在邊際上的老人（the marginal elderly）。這是指一群非常貧困的老人，三餐不繼，隨時可能在斷伙邊緣上求生存的老人。

第二種是地位下降的老人（the downwardly mobile elderly）。這是一群在退休前過著中產階級或勞工階級的人，退休後因收入減少，且儲蓄不豐，而在生活上比以往緊縮的老人。他們面對著可能變為貧困者的危機。

第三種是整合型老人（the integrated elderly）。這指一群在退休後仍能繼續過著中等社會或中上層社會生活的老人。這群老人能維持其退休前的社會經濟地位，也能維持其原有的社會價值感、角色、社團及社區成員的成分。這群人退休前後的經濟狀況改變不大。因此，其生活方式也無太大的改變。

〔註7〕趙靜，〈臺灣中年女性渴望提早退休 名列亞洲女性第二〉《臺灣日報》3/8/2008。

雖然大多數的退休老人經濟狀況要比退休前差些，但並不代表他們是社會上最窮困的一群人。相反地，退休後的老人經濟比年輕人要好得多。以美國為例，2000年全國有12.7%屬於貧窮者，但老人貧窮率遠低於24歲以下的貧窮率。所以可見老人貧窮情況並沒想像得多。表6-6把美國不同年齡組各組在2000年的貧窮人口百分比分配比較。

表6-6　2000年美國貧窮率按年齡分

年齡組	貧窮率
18歲以下	18.9%
18-24歲	16.8%
25-34歲	11.9%
35-44歲	9.1%
45-54歲	6.9%
55-59歲	9.2%
60-64歲	10.1%
65-74歲	9.1%
75歲以上	12.2%
全國平均	12.7%

資料來源：Statistical Abstract 2000, Table 757。

美國65歲以上老人的經濟也有改善的趨勢。1999年的貧窮率更降至9.7%。不過，白人情況最好，貧窮老人只占8.3%，西班牙語系老人則有20.4%，黑人最差，高達至22.7%。女性老人的貧窮率（11.8%）高於男性（6.9%）。最高貧窮率是西班牙語系獨居老婦女，有一半以上（58.8%）。

若以收入金額來看，1999年男性老人個人平均年收入中數（median income）是19,079美元，女性老人是10,943美元。若以老人家庭作為單位，則收入中數金額是33,148美元。按圖6-3所顯示的，美國1999年65歲以上老人有26%的人收入在5,000至9,999美元之間；有21%收入在10,000元至14,999美元之間；有22%收入在15,000元至24,999美元之間。至於超過50,000美元則僅有7%。在同圖6-3的老人

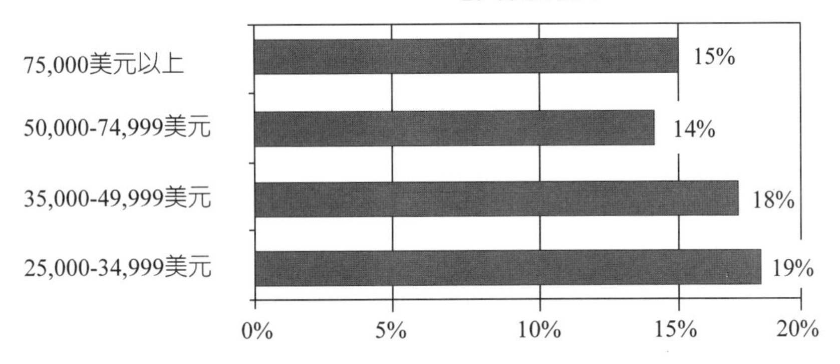

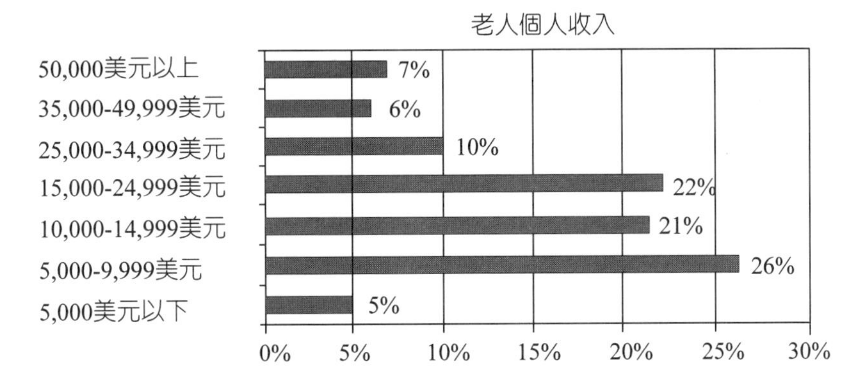

圖6-3　美國老人家庭和個人收入，1999

家庭資料裡，則收入在75,000美元以上者有15%，低於35,000美元者有19%。整體來講，以65歲以上老人為戶長之家庭平均收入，白人大約是33,795美元，黑人25,992美元，西班牙語系者23,634美元。

老人在美國最主要收入包括聯邦政府發放的社會安全金（social security benefits）占總收入的38%，其次是薪資占21%，然後是退休金占18%。1998年90%的老人領到社會安全金，62%有個人資產，44%有退休金，18%仍有工作，有薪資。〔註8〕

〔註8〕資料採自http://www.census.gov

臺灣老人的經濟情況，依內政部在2000年4月份的統計報告，其經濟來源最主要的是「子女奉養」高達47.13%。這一項跟美國老人比是很突出的，其次是退休金、工作收入，政府救助或津貼占第四位。也就是說，美國政府在老人經濟上扮演的角色比臺灣的政府重要得多。表6-7是臺灣老人2000年經濟來源之分配表。

表6-7　65歲以上國民主要經濟來源，2000年

（單位：人%）

項目別	總計		工作收入	儲蓄利息投資	子女奉養	退休金撫卹金或保險給付	社會或親友救助	政府救助或津貼	其他	不知道或拒答
	樣本人數	百分比								
	2,807	100	13.7	9.3	47.1	15.4	0.5	12.3	1.2	0.5

如果將50歲至64歲的人的經濟來源做比較，其子女奉養項只占21.63%，最主要來源還是工作所得占62.95%。可見退休後子女奉養的重要性。內政部的調查發現65歲以上老人尚有資產者大約是占56.4%，無資產者為43.6%。有資產者大都是有存款或房屋不動產類；而無資產者原本就沒資產，雖然有大約15%是因資產就已分給子女。1999年老人平均每月的生活費估計在9,414元。有三分之一每月平均花費在6,000元以下；6,000元與12,000元者約為四分之一。而且大多數的老人認為大致夠用（57.7%）或相當富裕（22.3%）；至於有點困難者有13.7%，非常困難者僅有4.8%。因此，臺灣的老人經濟狀況並不如一般想像得那麼艱苦。政府最近實施的老人年金金額雖然廣受批評金額少，但事實上，並非大多數老人所需要的，也不是老人經濟主要來源。〔註9〕

〔註9〕有關老人的經濟狀況，美國資料大多數是依據美國2000年做的人口普查而得。美國政府的「老人行政署」（Administration on Aging）出版的*A Profile*

內政部2005年的調查發現65歲以上老人之主要經濟來源仍以子女奉養為最多數，占53.37%：政府救助或津貼其次，占33.34%。平均每個月可使用生活費，約12,000元。有22%認為錢不夠用。

一個人的一生裡，工作時間占去了一大段，而因工作所得的經濟資源又是決定個人在社會地位的主要因素之一。因此，老人退休後的生活自然會有某種程度的改變，雖然今日美國和臺灣的老人經濟狀況並不算惡劣，但是日益增加的醫療費用必然增加經濟負擔。私人退休前的儲蓄和退休後的養老金的配合運用將決定老人日子的安穩與否，這是不應被忽視的。

---

*of Older Americans: 2000*有相當簡明的統計資料，讀者可在網頁上查到。該行政署的網頁地址是http://www.aoa.gov.

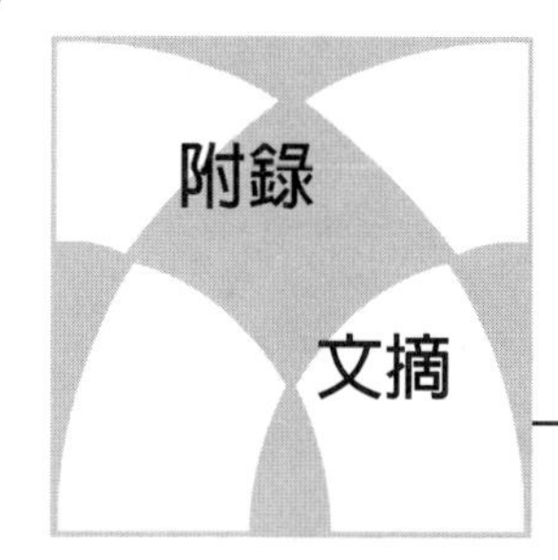

〈退休隨想〉

吳玲瑤

是不是每一個退休後的人都得搬一次家？搬到小一點的房子？搬到天氣好一點的地方？搬到都是老年同伴的公寓？搬到靠近孩子的家？或自己想住的地方，但是因為工作關係一直無法實現的夢想。如今不必每天上班，就可以選一個最喜歡的地方安置黃金歲月的家。常常聽人家說：「退休之後，我要搬到這裡來住。」通常是一個空氣好、風景美麗的地方，最好是冬暖夏涼，靠近購物中心、藝術館、醫院和圖書館的住所，搬這次家可以遠離討厭的鄰居，隔壁亂叫的狗，不見某些不想見的人，但也怕情況更糟。

做搬家的決定也不是那麼容易，有時想的是人老了一動不如一靜，一個地方住久了，什麼都熟悉，突然要離開還真捨不得。如果不搬到別的城裡，是不是搬到公寓比較省事？不必整理院子，要出門旅行的時候可以不必為房子的安全問題擔心。問題是一直住的房子累積了太多東西，割捨不得，每樣東西都有紀念價值，面對滿櫥的過去歲月痕跡，有著太多感觸。

搬到公寓後不必除草，時間如何打發，不種一點花草，如何向朋友炫耀自己是園藝高手？有許多親手種的花樹水果搬不走，也是遺憾。而且一直住在房子裡，不知道能不能適應像鳥籠的公寓？房子可以更接近土地，可以打拳、運動、呼吸新鮮空氣，不必睡不著的時候，得聽隔壁的打鼾聲音，也不必擔心隔牆有耳，別人能夠偷聽到你的談話，更也不必為爬樓梯擔心，怕老年人跌倒。也有的老太太是希望搬一次家，搬的時候可以不帶先生，侍候他五十年了，可不可以有一個喘氣的機會？他可退休不必工作，她的工作為什麼要加重？

常常聽到許多一旦退休，生活失去重心的老人，很快就去見閻王的故事，所以許多人對自己的退休特別慎重考慮，存款夠不夠下半生用？也怕沒有固定收入是不是應付得了通貨膨脹，所以一直在工作崗位上堅持著，但反面想想又覺得不值得，人一生就這樣過嗎？沒有輕鬆的時刻，沒有隨心所欲想做什麼就做什麼的時候？或什麼也不想做就不做的自由？到人世間走一遭就這麼回事？似乎心有未甘，而在邊緣強做掙扎。

什麼時候該退休？有法定的六十五歲當標準，但現代人因為醫藥發達，六十五歲還是青壯年，也正是經驗累積最夠的時候，讓所有的才華退而不用，豈不可惜？也有形勢比人強的時候，身不由己地不得不考慮退休，更有點點滴滴的暗示，這個社會這個公司是需要當事人休息的時候了，如何捕捉這退不退休的意念，敏感一點的人一定能察覺，自己去反思體會。

「如果公司每個人都聽過你的笑話和故事，是該退休的時候了。」一位老先生是這樣黯然離去的，他發現每次他講笑話別人不再笑，是表示他在公司已經失勢的象徵，也因為一個笑話講太多次，別人可以接著替他說完。「當所有的檔案櫃都滿了，名片簿一本又一本，到了無從整理的地步，是離開公司的時候。」有的人則說是：辦公室被愈改愈小，愈換愈偏遠。也包括開會的時候，沒有人注意到某人已經睡著了，隨時得感嘆現在剛畢業的小伙子一個月的薪水比自己當年一年的收入還多，還有勞年輕人一直問：「你們以前沒有電腦，沒有傳真，沒有網路的時候，生意是怎麼做成的？」這類問題公司新進連想都無法想像，許多當初用的文具，博物館有興趣當古董收藏，是退休的時候了。

◎轉載自吳玲瑤（2001）。《Easy生活放輕鬆》。臺北：健行文化。

休閒與宗教

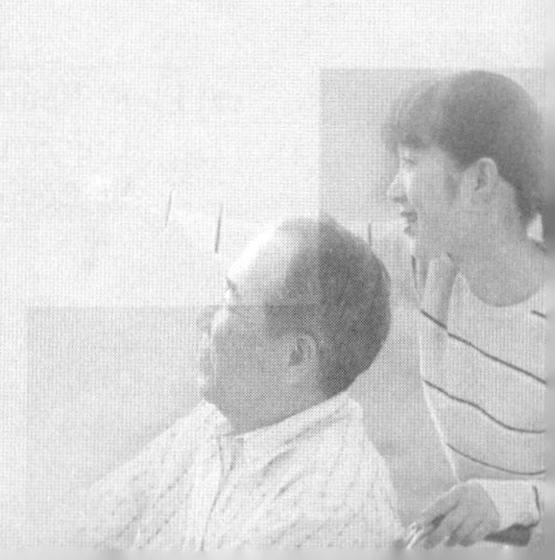

第一節　休閒活動的定義

在第六章我們曾經提到工業革命以來由於工藝技術的發展，人們必須花在工作的時數減少了，因為機器不僅代替了人力，而且也比人力做得快速與精準。不過，工作時間的縮短並不代表人們花在休閒的時間增加了。

在人類歷史演化過程裡，兩種思想一直交互影響人類的生活。一種意識強調如何創造、發展及利用器具以增加人類對付自然環境挑戰的能力和增強人類生存的機會。這就是雷德弗（R. Redfield）所稱之工藝秩序（technical order）的問題。另外一種意識則是偏重於生活的品質與意義：人際關係，以及社會經驗的培養。這亦即是哲學家們通常所稱之道德秩序（moral order）也是拉伯坡特（R. Rapoport）所指之人文秩序（human order）的問題。〔註1〕

工業革命以前，人類必須時刻注意到與自然環境鬥爭的問題，無暇談及休閒的品質。工業革命後初期，雖有機器代替人力增加人們適應生存的能力，但緊跟著出現的資本主義精神卻要求更積極的投入工作，以求最高的利潤。因此在資本主義精神的號召下，工業革命初期的工人花在工作的時間更多也更耗精力。德國社會學家韋伯（Max Weber）在他的名著《基督新教倫理與資本主義精神》（*The Protestant Ethic and the Spirit of Capitalism*）就曾分析這種勤奮工作的新倫理。他指出，喀爾文教派所代表的基督新教相信侍奉上帝的方式不在於定期積極參與週日的宗教崇拜儀式，而是要把世上的事務做好。基督新教認為每一個人的心靈皆可隨時直接與上帝交通。因此，

〔註1〕R. Redfield, *The Primitive World and Its Transformation*. Ithaca, N. Y.: Cornell University Press, 1953. Thomas Kando, *Leisure and Popular Culture in Transition*. St. Louis, MS: The C. V. Mosby, 1975.

侍奉上帝最理想的方式是把個人在世上的事務做得儘可能完備：不奢侈、不浪費、不懶惰的工作倫理。它號召每一個信徒認真勤奮，盡心做本分的工作。〔註2〕

資本主義的工作倫理要求時間即金錢的指導原則。人的日常生活應以工作為中心，其他的活動皆是為輔助工作效率而做的。不過這種工作倫理在20世紀初期已慢慢地有了改變，一方面是因為機器自動化的發展後，工人的工作時間不僅指實際操作機器的時間，也包括操作前準備工作的時間；另一方面是受僱人員日益增加，形成勞資雙方的一種社會關係，而有了工作時間（working hours）與非工作時間（non-working hours）之區別。尤其近年來，資本家也開始體會到休閒時間對工作效率的重要性，紛紛提供員工適量的休閒假日與休閒活動。休閒活動乃成為今日人們生活重要的一環，不算是罪惡的墮行。

休閒活動是指什麼，一直是爭論的題目。古典派理論認為休閒活動應該是培養個人心靈高等價值的那些活動，是一種尋求身心解放的境界。不過今日大多數的社會科學家卻比較偏向於把休閒活動視為那些人們不必工作而能利用以輕鬆自己、發展人們身心的活動。這種新的定義包括有兩個層次：一個是指可以自由支配使用的時間，另一個則是指娛樂性的活動。

美國學者卡普連（Max Kaplan）認為休閒活動應具有下列特徵：

1. 它是非經濟性或酬賞性的活動。
2. 它僅具少量的社會角色義務的擔當。
3. 它具有心理感覺上的自由。
4. 它是一種自願性的活動。
5. 它是低度「重要性」的活動。

〔註2〕Max Weber, *The Protestant Ethic and the Spirit of Capitalism*. New York: Chavles Scribner's Sons, 1958.

換句話說，按照卡普連的定義，休閒活動係指那些不是為了經濟酬賞而做的活動，沒有太多的責任壓力，有心理感覺上的自由舒暢，不是為他人而做，也不是非做不可的「重要社會」活動。休閒活動也可以說是為自己本人做的活動，不受制於他人。〔註3〕

休閒活動對老人的身心都有助益。近年來醫生們高聲疾呼，人總是要衰老的，體力會減退，但運動是不能不做。既使是輕微的運動也好。他們指出運動有下列的效用：

1.可以減低心臟類疾病的發生。

2.可以幫助控制糖尿病、高血壓、肥胖、及高膽固醇。

3.可以增加關節炎或肺膛疾病患者之獨立活動能力。

4.減輕憂鬱症程度。

5.增進睡眠。

醫生們認為不論活動多少皆是有益於老人的。其他非運動型的休閒活動亦是如此。每天做半小時的散步並不遜於做激烈的運動，年輕未婚前多做參與型活動，已婚者較多觀賞不參與，老人則偏好養身型活動。

第二節　休閒活動的種類

如果按照一般學者給予休閒活動的定義來看，休閒活動最主要的特質不在於活動本身而是活動的意義。舉個例子來說，開車出外旅遊是休閒活動，但開車去上班則是工作。同樣是開車的活動，因目的之不同而劃分為工作或休閒。看書閱讀通常算是休閒活動的一種，但是對學生來講，讀書就成為學生工作的要求。

〔註3〕Max Kaplan, *Leisure: Theory and Policy*. New York: John Wiley & Sons, 1975.

休閒活動的種類是包羅萬象。每一個社會對休閒活動的定義也不完全一致。例如，足球（soccer）在歐洲和中南美洲相當盛行，一到球季人人瘋狂。中美洲有兩個國家還曾經因球賽而開戰。美式足球（football）則只流行於美國和加拿大，秋天的球季還產生所謂「足球寡婦」（football widow）的現象，因為男人花太多時間觀看足球賽，而忽略、冷落了太太。

社會階級的差異也可能影響到休閒活動項目的選擇。在美國，高爾夫球（golf）和網球（tennis）是比較為中上流社會所採納，籃球（basketball）和棒球（baseball）則較流傳於中下層人士。在臺灣，近年來上層社會流行高爾夫球，其費用非一般人可負擔，因此有人把「高爾夫球」英譯音成「高而富」球，實在傳神。

人們在年齡上的差異也會在選擇休閒活動上有所不同。年輕人比較喜歡的休閒活動是熱門音樂、激烈運動項目、電動玩具等，也偏好體能和單人活動而且實際參與；中年人對聚會性的社交有興趣，如聚餐、打牌、家庭式卡拉OK等，家庭外的活動，觀賞多於參與；老年人則偏向於有益健身的體操、閱讀、音樂、飲茶等較慢節奏的單人靜態休閒活動。

休閒活動之流行亦常因社會變遷而有所改變。臺灣在1960年代盛行呼拉圈運動和去電影院看電影，後來又有少棒時代的出現。在1970年代以來，看錄影帶、唱卡拉OK、看電視就成為主要的活動。1990年代底迄今，則電腦遊戲和電動玩具取而代之。目前的開車出遊、出國觀光也是早期所難見。在美國，1970年代網球頗為流行，目前則是高爾夫球時代，電視也由無線電視轉為有線電視（cable television）；以往的旅遊是開車，現在搭乘飛機至遠地旅遊的人則日益增加。

美國學者卡普連因此認為當我們對休閒活動加以分類時就必須注

意到上述的特質，同時也注意到三個基本的問題：

1.活動的主要目標是不是為人？（如探訪朋友）。

2.規則的重要性如何？（如比賽、競技）。

3.個人的參與程度如何？（如球員或觀眾）。

根據上述三問題的原則，卡普連將休閒活動分為六大類：

1.**社交**（sociability）：例如訪友閒聊。

2.**組織**（association）：例如社團活動。

3.**遊戲**（game）：例如球賽。

4.**動作**（movement）：例如運動健身動作或吃喝、散步。

5.**靜止**（immobility）：例如閱讀與睡眠。

6.**藝術**（art）：例如繪畫、音樂等。〔註4〕

另外一種分類法是把音樂、文藝、舞蹈、戲劇、繪畫等藝術性之創作與欣賞視為上流文化（high culture），而把電影、電視、流行音樂、運動競技、廣播收聽歸類為通俗文化（popular culture）。按照肯杜（Thomas kendo）的說法，這種分類牽涉到下面四個層次：

1.**量的差異**：可謂上流文化係指少數上流社會人士所採納參與者；而通俗文化則是社會一般大眾人士皆能參與的活動，參與人數有所差異。

2.**社會階級的差異**：上流文化是給都市社會裡的貴族、權勢者與富人提供的；而大眾文化是一般民眾都能消費的。

3.**質的差異**：上流文化的活動傳襲自歐洲上流貴族所欣賞的文化；而大眾文化則有鄉土草根性。

4.**特性的差異**：上流社會文化偏重心靈的感受、體力活動量少；下層的大眾文化則較多肢體上的運動，須動勞力。〔註5〕

〔註4〕同上。

〔註5〕同註1 Thomas Kando。

另外，還有學者按照休閒活動所需的精力程度來分，則最緊張至最不緊張區列可包括：

1.**非常緊張**（very high intensity）：包括性交、宗教經驗、親戚之間的來往。

2.**中高度緊張**（medium high intensity）：包括著作、辯論、解析等。

3.**中度緊張**（medium intensity）：包括認真精讀、博物館或美術館的賞美，社團活動、旅遊、益智性的遊戲等。

4.**中低度緊張**（medium low intensity）：包括社交、看球賽、休閒性的閱讀，慢節奏性的演唱或跳舞等。

5.**低度緊張**（very low intensity）：靜坐、睡眠等。

除此之外，有人把休閒活動分成兩大類：一些需要用體力和智慧來處理和運作的活動，如爬山、潛水、跳傘等為控制為目的的活動（control-oriented actions）。這些活動被專業人士或那些過機械式單調生活的人士所熱愛，因為這些活動具有挑戰性。另外一種是採納性目的的活動（acceptance-oriented action），不需要體力或腦力的一些活動，如看電視或散步。中下層勞動階級因日常工作體力的疲勞，下班後無意再花體力或勞力，這些平淡的活動較適合他們這一群人。老年人也比年輕人較常做這種採納性的休閒活動。〔註6〕

臺灣的分類比較偏重於休閒活動的項目，例如李鍾元的五種類型：

1.**社交活動**：如聚餐、麻將、橋藝、茶會、Karaoke歌唱等，以活動來提高人們的社交和互動。

〔註6〕Stanley Parker, *The Sociology of Leisure*. London: George Allen & Unwin, 1976. Rhora and Robert N. Rapoport. *Leisure and the Family Life Cycle*. London: Routledge & Kegan paul, 1975.

2.文化活動：如寺廟祭典、廣播、電視、展覽會、音樂會、電影、戲劇等調養人心的活動。

3.體育活動：如散步、球類、武術、土風舞、體操等健身活動。

4.郊遊活動：如登山、旅遊、垂釣、賞花等戶外活動。

5.其他活動：如傳教、義工、諮商工作等。

休閒活動跟人們所擁有的時間是息息相關的。因此，學者們指出人在一生中所擁有的休閒時間是一個U字形。如圖7-1所示，幼童時期休閒時間最多，遞減至為人父母時期為最低，而後回升至老年退休時期。

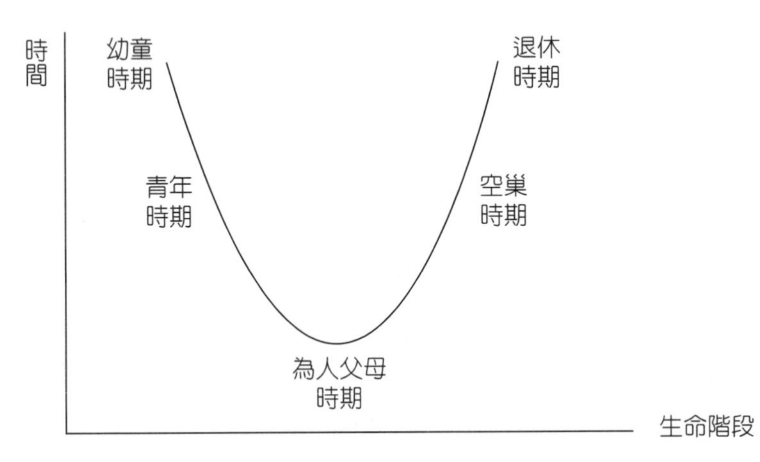

圖7-1　生命階段與休閒時間

這種U形的休閒時間毫無疑問地是跟人們工作時間有關，幼童時期自由自在毫無工作的要求，休閒時間自然最長；青年時期因有專業功課上的壓力，可自由運用的時間必定減少。婚後生兒育女，教養和家務相當繁雜，再加上職業上的要求，時間總是不夠，能用在休閒的時間最低。但是當子女成長離家就讀大學或各自成家遷出後造成的空巢時期，中年夫婦又恢復到兩人獨處時期，尤其在經濟上也較穩定，因此可花在休閒的時間自然增加。到了退休後不必工作的老年時期，可用在休閒活動的時間自然而然也大幅增加。

時間與休閒的關係往往受制於四個主要因素：

1.**個人對時間的觀念**：同樣的一段時間有些人覺得忙得很；另外一些人則逍遙自在可自由充分利用。

2.**時間表的束縛**：有些事情沒有時間表的限制，什麼時候做都可以，另外一些事情則非按時完成不可。前者的休閒時間多於後者。

3.**休閒活動需要的時間**：有些休閒活動需要很長的時間，如打一場十八洞的高爾夫球往往至少要花三、四個小時。有些則只需一小段時間就可完成，如晨操運動。如果活動要求長時間則較難去做，反之則較易。

4.**社會與文化對時間運用的觀感**：一個未開發的社會，允許人們慢慢地作業，工作休閒融和一起；反之，在高度開發的社會，則可能步調緊湊，有永遠做不完的事。〔註7〕

總而言之，休閒時間的長短因人而異，因時代而異，也因社會環境而異，是相對性的概念，休閒活動的選擇亦是如此。在目前的工業社會裡，不論是美國或臺灣，工作與休閒是息息相關的，而且是人類日常生活不可或缺的一環。

第三節　臺灣一般休閒活動

休閒活動在臺灣的情形，可以從兩方面來探討。一方面是休閒設施的普遍情形，另一方面是休閒活動的參與程度。前者是從休閒活動量的硬體討論；後者則是休閒活動參與程度質的問題。根據行政院主

〔註7〕參閱http://www.le.ac.uk/education/resources/SocSci/defwork. htm I.

計處2001年的統計，台灣15歲以上人口曾利用休閒時間從事運動者計1,222萬2千人，占15歲以上總人口數的72.24%。惟其中有固定運動習慣的人口不到六成（比例僅占57.39%），至於從事具有健康促進功效之「規律性運動」者則不到總人口數的三分之一（32.48%）。

增加最顯著的休閒活動之一是出國觀光旅遊。根據政府的統計，1981年出國人數是575,537人次，外匯支出約有878百萬美金，到1998年時出國人次增加到5,912,383人次，觀光外匯支出更激增到5,050百萬美金。從行政院主計處在2001年3月13日公布的資料，2000年每百萬人出國人數是732.9，年增長率為11.7%。一項1991年的國人休閒活動調查發現，臺灣15歲以上人口曾經參加兩天一夜之旅遊者有568萬8千人，約為其人口之39.04%，大多數以短期之旅遊為主，有半數以上為5天以內之觀光旅遊。在旅遊次數方面，亦以旅遊一次者最多，占六成以上。〔註8〕

該項調查也發現有98.51%的人是與自己熟識同伴出遊；單獨出遊者只占1.49%。其多屬年齡較大，學歷較高，或工作職位較高者。同行者亦以家庭親屬最多，比率將近半數；同事次之。以性別來分析，男性略高於女性，但相差不多。

若以休閒活動場地來分析，在自家內休閒活動裡，看電視或錄影帶的人最多，占77.02%。其次為閱讀，占11.2%，音樂類8%、美術類0.55%，園藝類0.86%，運動健身類1.49%，宗教活動類0.61%。從事自家外休閒活動項目中，以拜會鄰居親友應酬類最多，占35.04%，散步或慢跑占17.98%，郊遊或健行14.41%，逛街占13.80%，球類運動5.10%，看電影3.12%，宗教活動1.49%，外出觀看MTV或唱卡拉OK，KTV占1.41%，根据行政院2004年的調查，臺灣居民休閒時間

〔註8〕參閱行政院主計處編印（1992）。《中華民國80年臺灣地區國民休閒生活調查報告》。臺北：主計處。

的活動以看電視最多，其次是社交活動，詳情請參閱表7-1之統計。

表7-1　臺灣15歲以上人口休閒時間的分配（2004年）

休閒項目	時、分	%
每日時每人自由時間	5.54	100.0
看電視	2.15	38.1
社交活動	0.37	10.5
休息放鬆	0.35	9.9
上網	0.26	7.3
進修及課業	0.22	6.2
運動	0.21	5.9
看電影、唱歌、逛街	0.17	4.8
看報紙、雜誌、休閒書籍	0.17	4.8
郊遊、户外休閒活動	0.15	4.2
聽廣播、音樂	0.07	2.0
社會公益活動	0.02	0.6
其他	0.20	5.6

資料來源：《社會福利統計年報2005》，頁130。

內政部在1997年的調查發現臺灣民眾約過半數對休閒活動尚稱滿意。回答很滿意的占3.5%，滿意的占49.5%，合計兩項共占53%。回答不滿意的有25.5%，很不滿意的4.9%，合計30.4%。無意見或很難說的有16.7%。該項調查亦發現年齡輕者較不滿意，教育程度愈高，不滿意者愈多。不過，收入在每月2萬元以下或無工作者不滿意程度反而低。〔註9〕

至於希望政府在休閒設施加以改善的項目，1991年的調查則發現增設社區公園為最主要的訴求，增設和改善圖書館次之，其次是運動場所、活動中心、風景區等的改善。〔註10〕

〔註9〕參閱內政部統計處編印（1997）。《中華民國臺灣地區國民生活狀況調查報告》。臺北：內政部。
〔註10〕同註8，頁140-141。

2005年內政部老人狀況調查把休閒活動歸屬在社會活動大項目內：宗教活動、志願活動、進修活動、養身保健團體活動、休閒娛樂團體活動、以及政治性活動。這種分類比較廣泛。

綜上所述，臺灣的休閒設施與休閒時間尚稱滿意。尤其在1990年代以來，政府對人民的自由約束在解嚴後放寬很多。言論自由和民主體制的建立，讓臺灣人民有更多的活動空間。經濟的高度成長同時也給人民帶來剩餘的財富可用在休閒活動上，特別是出國旅遊人數的急速增加更代表臺灣社會的開放。不過，臺灣人民自願利用休閒時間在社會公益服務的意願尚不普遍，1991年的調查只有7.1%的受訪者在過去一年內曾參與社會公益服務工作和活動，是需要加強鼓勵的。

休閒是一種享受，如果一個國家經濟落後，民不聊生，則人民無暇休閒。早期臺灣貧困，休閒未被重視，今日在富裕的經濟環境下成為人們生活品質的一個重要指標。在當今世界裡，美國可以說是最富有的國家之一，因此休閒活動已成美國人民日常生活的一部分。個人單獨式的休閒如散步、餐飲、睡覺等成為許多人之日常活動，團體式的休閒如觀看球賽或旅遊也是許多人之所愛。一個在1979年的調查，發現休閒活動中，美國人所做最多的是餐飲，其次是觀看電視、收聽收音機節目、閱讀、在家聽音樂、修整房屋、社交、性行為、教會活動等。〔註11〕

不過蓋洛普的民意調查從歷史的角度來分析則發現近年來閱讀、跳舞、聽收音機的人越來越少。看電視的增加，留在家陪家人有增加的跡象，拜訪朋友亦稍有增加。〔註12〕蓋洛普在2000年做的最新的資料有一些更進一步的統計，包括：

1950年只有29%的美國人每天洗澡、52%兩天洗一次澡。2000年

〔註11〕*The Chicago Tribune*, ABC News-Harris Survey, January 1, 1979.
〔註12〕*The Gallup Poll, Report* # 105, March 1974. Princeton, New Jersey.

時則有75%的人在冬天每天洗澡。

1961年只有24%的美國人做健身方面的活動，1984年時已增至60%。

看電視的人雖多，但看電視的時間減少了。每天看電視低於3小時的人由1985年的35%到2000年的42%。

57%的受訪者聲稱在過去一年中沒有做連續六天以上的外出旅遊。〔註13〕

一項由貝爾斯鄧（Bear Steams）公司在2001年後做的調查發現大多數的美國人認為他們沒有足夠的休閒時間。有將近一半的人說如果他們有空閒，他們寧可什麼事都不做，輕鬆自己。大多數的美國人傾向靜態型的休閒活動，如看電視或電影，該項調查也訪問人們對職業球賽的看法。他們認為職業足球和職業籃球會越來越受歡迎，但大學棒球、職業女籃、歐式職業足球會越來越少人看。另外，有大多數的美國人認為旅遊是很好的休閒活動，特別是海邊渡假或與親友一起。〔註14〕

另外一項跟休閒有關的調查是美國全國睡眠基金會（The National Sleep Foundation）對1,004個成年人在2001年3月做的訪問調查。這調查發現了一些有趣的美國人睡覺狀況：

52%的受訪者說他們花在性事的時間比以往要少些。

38%的說一星期不到一次的性事。

12%的夫婦分房睡。

69%說有睡覺困難的問題。

睡眠有困難者以家有18歲以下子女者最多；平均睡6.7小時，而

〔註13〕Mark Gillespie, *Trends Show Bathing and Exercise Up, TV Watching Down in Wysiwyg*: //18/http://www.Gallup com/poll/releases/pr000107.asp.

〔註14〕引自*Poll: Americans working more, sleeping less*, in CNN. com/20.../03/26/sleepy. Americans/index/htm.

無此年齡子女者平均睡7.2小時。

美國睡眠基金會要提醒所有美國人，睡眠是一種享受，也是休閒活動最重要的一種。〔註15〕

不過根據彼得哈特研究公司（Peter D. Hart Research & Associates）為一石油公司所做的調查，在所訪問的1,000個成人中，有60%認為他們的休閒時間還算滿意。〔註16〕而且相信以後美國人的薪資會增加，工時會減少，有更多的時間休閒。〔註17〕

以全球國家來觀察，中國大陸的旅遊業將是發展最迅速的國家之一。很多美國人也會到中國大陸觀光。1996年美國人花在休閒娛樂的消費是4,310億，比1990年增加了53%；旅遊業的消費則更高達5,260億。其他國家消費在休閒活動的金錢亦必然增加。休閒也必然跟著人口金字塔的老化而成為主要的生活活動之一。

第四節　老年人的休閒活動

決定退休不退休的因素很多；有些人考慮到退休後經濟來源的問題；有些人考慮到退休後家人關係和諧的問題；有些人考慮到身體健康問題；另外有些人關心到退休後無事可做的呆板日子；職位高的中上層人士也考慮到權勢丟失的問題。

不過，大多數要退休的人都有一個感覺：退休後會有較多的時間做自己想做的事情，按自己的時間安排想做的事情，有更多的休閒時間和更多的休閒活動。

〔註15〕引自How Do Americans spend Their Leisure Time? A New Study From Bear Stearns Provides In sight Into the Future of American's Leisure Habits, in http: //www.findarticles.com.

〔註16〕Where Did the Weekend Go? (leisure fine survey) *USA Today*, Dec. 2000，刊於http://www.findarticles.com

〔註17〕More Play, Less Work For Americans刊於http://www.findarticles.com.

一項從1982年至1994年間的追蹤調查發現，在2,812位受訪的美國老人當中，經常做的休閒活動中以在家準備餐食者最多，占70.3%，其次是外出購物占62.6%，散步者有42.4%，外出看電影、到飯店或去看運動球賽有25.4%，打牌的有20.5%。教會活動，只有1.7%經常參與，但偶爾參與的則高達43.8%，偶爾參加社團活動的也有41.2%。該項研究將老人活動分成社會（social）、健身（fitness）及勞動（productive）三類。表7-2很明顯地看出勞動類的活動參與者最多，兩項最經常做的活動準備餐食及外出購物其實是日常必需的活動。

表7-2　美國老人平常做的活動

類別	內　容	偶爾（%）	經常（%）
社會類	教會活動	43.8	1.7
	看電影、外食、球賽等活動	34.2	25.4
	旅行	22.1	9.9
	玩牌	14.6	20.5
	社團活動	41.2	-
健身類	運動、游泳	5.4	5.2
	散步	29.5	42.4
	健身操	18.0	17.8
勞動類	整理花圃	13.9	17.0
	準備餐食	13.2	70.3
	外出購物	22.4	62.6
	義工	5.6	8.1
	有給社區工作	1.9	1.2
	其他有給工作	-	12.5

資料來源：Thomas A. Glass, "Population Based Study & Social and Production Activities as Predictors & Survival among Elderly Americans," *British Medical Journal,* August 21, 1999，載於http: //www.findarticles.com

行政院主計處所做的老人狀況調查並未包括休閒活動這一項，實在可惜。不過從其他的一些調查我們間接地可以看出臺灣老人的休閒活動。內政部統計處1997年的國民生活狀況調查報告中指出65歲到69歲老人對休閒生活很滿意的有4.7%，滿意的有52.5%，不滿意者有17.0%；在70歲以上年齡組，很滿意的有3.9%，滿意者有53.9%，不滿意者有16%，如果跟年輕各年齡組來比較，兩者滿意度相當接近。〔註18〕

1991年行政院的《國民休閒生活調查報告》老年休閒的訪問資料，在其訪問過去一年從事最主要自家外休閒活動之種類分析中，以拜會親友鄰居及應酬最多，逛街次之，散步和慢跑再次之，宗教活動第四，郊遊、登山、旅遊第五。

家庭計畫研究所的調查不分自家內外，但其結果與內政部統計相當接近。表7-3是1996年的調查報告，不論是中年人或老年人，看電視或錄影帶最多，其次是宗教活動，再其次是與親友鄰居閒聊。在性別差異上倒是有些不同，除了電影或錄影帶以外，女性參與宗教活動遠比男性高，不過男性閱讀書報雜誌、下棋打牌者要比女性高。

表7-3　臺灣地區50歲以上中老年人平常從事各類休閒、娛樂活動者之百分比

背景特徵	平常從事各類休閒、娛樂活動者（%）						
	看電視或錄影帶	聽收錄音機	看書報雜誌或小說等	唸經／拜拜／祈禱／上教堂	下棋或打牌	與親友／鄰居聊天、泡茶	加權樣本人數
合計	95.1	37.7	40.5	61.0	9.9	60.9	5,067
性別							
男性	95.9	40.3	57.8	51.8	15.1	65.5	2,672
女性	94.1	34.7	21.2	71.4	4.1	55.8	2,395
年齡							
50~60歲	96.8	39.9	42.9	65.9	10.2	61.1	3,003
65~74歲	94.4	35.1	41.7	56.3	10.7	61.6	1,452
75歲以上	88.2	32.9	25.6	48.6	6.4	58.1	612

資料來源：《民國85年臺灣地區中老年保健與生涯規劃調查報告》，頁227。

〔註18〕同註9，頁114-115。

但若以所花時間來分析，則平均每週花費時間項目最久的是外出觀看MTV及唱卡拉OK、KTV類，花費14.47小時，舞蹈類花費10.60小時，游泳9.58小時，逛街9.32小時，皆是較長時間的休閒活動。活動場地則以自家周圍或鄰近地區為主，而且大部分皆有同伴一起。〔註19〕差不多半數的老年人認為休閒活動是需要的和很需要，只有略近三分之一認為不需要。

內政部2001年的調查在65歲以上的老年人口中「未參與休閒運動」者高達三成（30.19%），且所從事的休閒運動項目也以最簡單的「消遣型」或所謂的「和緩性」運動，例如「慢跑、快走、散步」（參與率63.54%）、「登山、健行」（16.18%）以及「武術、氣功、瑜伽」（5.73%）為主，益發突顯臺灣地區老年人口參與具有「增進健康」效果之休閒運動的程度尚有相當大的改進空間。

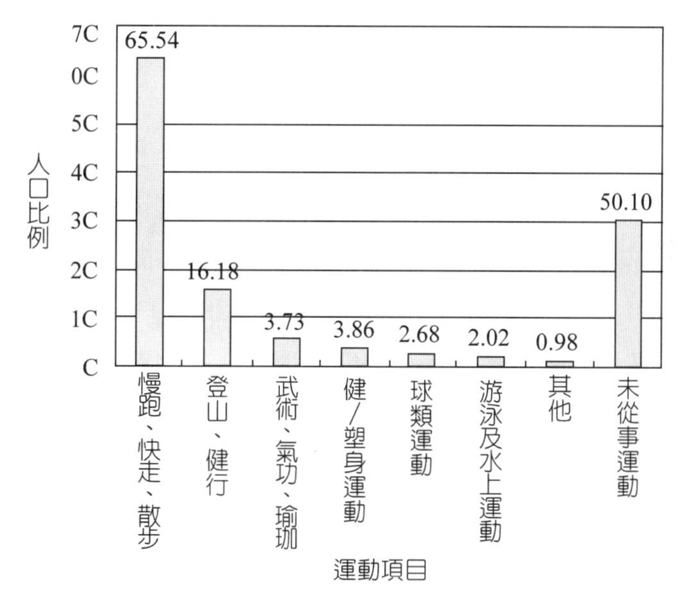

圖7-2　65歲以上老人從事休閒運動概況

資料來源：整理自行政院主計處（2001）《社會發展趨勢調查報告─休閒生活與時間運用》，頁23。

〔註19〕同註8，頁122-123。

2005年的內政部調查指出下列統計數字：

1.65歲以上老人有固定參加社會活動者為24.82%，其中以參與「養生保健團體活動」者有10.56%最多，「宗教活動」9.23%居次，「休閒娛樂團體活動」6.05%再次之。

2.65歲以上老人日常生活主要活動以「與朋友聚會聊天」占24.72%最多，「從事休閒娛樂活動」14.2%，從事「養生保健活動」12.1%，「照顧孫子女」10.6%，「宗教休閒活動」4.9%。

學術界的研究中，陳畹蘭在1992年的調查發現臺灣60歲以上老人最常從事的休閒活動前三項是看電視、散步及聊天。陳肇南依據臺灣省家庭計畫研究所的資料發現臺灣老人只有10%左右的人參與社團活動，30%至40%有旅遊、40%看報紙、禮佛與靜坐，50%至60%聊天或與孫兒女玩，看電視則幾乎每個老人皆有。

至於臺灣老年人口參與休閒運動的主要障礙與困難，根據相關研究發現，有半數以上的老人主訴於運動場所的不足（包括30.04%認為政府應「加強運動場館設施」，另有20.50%認為「應開放學校運動場地及設施」）；其次在於「休閒健康觀念的不足」（22.56%）及活動資訊的匱乏。整體而言，民眾對政府在休閒運動上的作為感到明顯不滿（滿意度僅6.5%），而無論係休閒健身觀念的教育、宣導與推廣，或是相關硬體設備、空間的增建、改善與維護等事項之未符所需，都被民眾主觀認定是他們參與休閒運動的障礙，殷切企盼政府權責單位予以積極改善。

社會學家大致上同意休閒活動對一般人和老人的重要性。因為它至少具有下面三項功能：

1.它把勞動者從工作競爭場所轉移到人情溫暖的境界。在休閒活動中尋求自我。

2.它可減輕和轉移人們日常生活的壓力和挫折。從休閒活動中放鬆自己。

3.它給退休後的老年人一種新的生活意義，不必如隔離論所聲稱的，老人無所事事，只有等待末日的來臨。

當代的工業社會和資本主義式的經濟體制造成人們相當嚴重的無力感、挫折感和疏離感，休閒活動就成為日常生活中必要的。日益增多的資本家也開始注意到休閒活動的正面經濟效益：休閒不會減少工作量與工作品質；相反地，休閒活動會提高工作量與工作品質。而且休閒類的經濟活動也是經濟體系的一項主要消費，創造新產品和新就業機會，對休閒活動的重視在21世紀裡會更顯著。

第五節　宗教與老人

臺灣有不少的老人把禮佛、寺廟祭拜、靜坐等視為休閒活動的一部分。其實宗教信仰和活動的功能不僅對個人是正面的，也對社會有作用。社會學家認為所有社會裡的宗教皆具有下列特質：

1.它有一套信仰和儀式；

2.它有一群教會組織或社區；

3.它有代表信仰的神器或神物；

4.它有一群信奉者。〔註20〕

宗教能滿足個人的需求，減少個人對未知宇宙的恐懼，減輕病痛的苦楚，或接受死亡的來臨；宗教也可以提昇團體和社會的凝聚力和融洽。許多研究皆發現宗教對老人是很重要的。宗教對老年人至少有下列功能：

1.孤獨與無助感的減輕，有不少老人因為身體的衰退和病痛，

〔註20〕蔡文輝、李紹嶸，《社會學概論》。臺北：三民書局，民94，頁285-286。

困居室內，無人互動和協助。神靈的交通和信仰，可減輕這方面的問題。

2.對死亡恐懼的慰藉。老年人離死亡近，何時死？怎麼死？這類問題往往困擾老人。宗教把生老病死皆視為神的安排。

3.對超自然世界的企盼。大多數的宗教皆對死後的世界有所描述：奉主歸召或極樂世界是平和無憂無愁的描述減輕對死亡的恐懼。

4.宗教參與擴大了老人的社交圈，增加老人與外界的互動。

大多數的研究都發現宗教對老年人的影響是正面的。美國杜克大學醫學中心（Duke University Medical Center）一項對4,000個住在北卡洛蘭州（North Carolina）老人的研究發現，在六年的研究期間每星期都去教堂做禮拜的老人比那些不常去的老人死亡率低了46%。柏克萊加州大學（University of California at Berkeley）對5,000位21歲至65歲的人的28年長期追蹤調查也發現那些每星期皆上教堂的人要比其他人死亡率低了23%。這些研究認為這是因為：

1.信教上教堂的人比較少有不健康的生活方式；

2.教徒有較多的教友的互動與支持；

3.教徒心理比較平衡。

不過也有人指出對不信宗教或宗教靈性低的人過分渲染宗教並不一定是項好事。最近一個在佛羅利達（Florida）的研究指出宗教對那些真正的信徒（研究中稱他們為intrinsic religious）是有幫助，但是對那些只為社交或藉教會提昇個人社會地位的人（研究中稱他們為extrinsic religious）過分渲染宗教反而不利他們的病情。

臺灣的宗教信仰主要是傳統式的民間信仰，不僅沒有嚴謹的教會組織，而且所拜的神包括儒、佛、道三家，因此做量的調查比較困難。雖然內政部有統計資料如表7-4，事實上的實際數目可能要高很多的。

表7-4　台灣的宗教現況

年底別	合計		寺廟		教堂		
	寺廟教堂數	信徒人數	寺廟數	信徒人數	教堂數	神職人數（教堂）	信徒人數
1997	12,452	1,575,216	9,321	985,410	3,131	6,041	589,806
1998	12,492	1,588,904	9,375	1,000,565	3,117	5,297	588,339
1999	12,548	1,623,968	9,413	1,029,152	3,135	6,104	594,816
2000	12,533	1,577,208	9,437	1,011,109	3,096	5,835	566,099
2001	12,970	1,630,744	9,832	1,053,165	3,138	5,903	577,579
2002	14,647	1,656,101	11,423	1,068,550	3,224	6,417	587,551
2003	14,739	1,552,549	11,468	974,713	3,279	6,465	578,243
2004	14,536	1,525,507	11,384	946,469	3,152	6,598	579,038
2005	14,654	1,521,729	11,506	964,892	3,148	6,573	556,837
2006	14,300	1,519,475	11,573	961,911	3,157	6,513	557,564

資料來源：內政部統計年報。

內政部2005年老人狀況調查裡所稱有70.2%老人沒參加宗教活動的數字的說法，同樣也讓人不能接受。其實老人在家祭拜祖宗神明、參加廟會慶典、年節祭拜等皆是宗教活動，所以宗教活動參與的實際數字應多於內政部所公布的資料。不過學術界研究甚為零碎，資料不多。雖然如此，老年醫療的研究也發現老人的服藥行為往往受宗教信仰習俗的影響，而且患有嚴重疾病老人對死亡的態度看法也受信仰的影響。

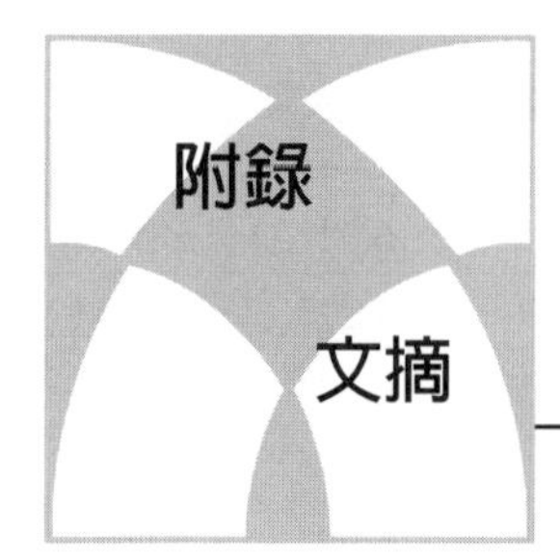

中國古代老人的怡樂會社

閻愛民

古代雖然是比較封閉的社會，但在人們的社會交往中，也常常會結成各種形式的會社和團體，以群相聚。明代有老年人組織的林間社，其組織者談到為什麼要結社時說：「大抵會以合群，群者人道所貴也。」將具有合群作用的會社，視為「人道」的重要內容。在古代祭社活動中，里老高年往往起著重要的作用，如鄉飲酒禮即是以尊老敬老為宗旨，但這些還不是老年人自身會社組織的活動。老年人有自己的結社組織，特別是娛樂會社，是由那些過慣了應酬交往官場生活的在職或致仕居家的老年官紳們所組成。他們的群體意識強，有結成社團的需求與能力。他們在古稀之時，致仕前後，交遊同志，立社設約，成立各種耆老會和高年社，賦詩飲宴，怡情遊樂。老人會社起自唐朝白居易香山九老會，發展於宋代，盛行於明朝，及至清朝仍然歷久不衰。所以如此，在於這種會社活動豐富了老年人的生活內容，增添了他們晚年的生活情趣，頗受一些老年人的歡迎，尤其是老年士大夫們的喜愛。

白居易的「洛中九老會」

唐武宗會昌五年（八四五年），以刑部尚書致仕的七十四歲詩人白居易，在洛陽履道坊的香山樓家中舉行「尚齒之會」。此會先是有七老參加，他們均為居家的致仕官僚，年齡又都在古稀之上。其中有前懷州司馬胡杲年八十九，致仕衛尉卿吉旼八十八，前磁州刺史劉真年八十七，前龍武軍長史鄭據年八十五，前侍御史內奉官盧真年八十二，前永州刺史張渾年七十八。七老們暢飲笑談，醉舞歡歌。各賦七言　詩以助雅興。白居易以詩記斯會曰：

七人五百八十四，拖紫紆朱垂白鬚。囊裡無金莫嗟嘆，樽中有酒且歡娛。吟成六　神還旺，飲到三杯氣尚粗。嵬峩狂歌教婢拍，婆娑醉舞遣孫扶。天年高邁二疏傳，人數多於四皓圖。除卻三山五天竺，人間此會且應無。

此次聚會以年齒為尊，另有秘書監狄謙謨、河南尹盧貞也參加了尚齒會，但因年未及七十，故而雖與會而名不及列。這一年夏天，又有二老前來入會，一是禪僧如滿，九十五歲，一是洛中遺老李元爽，最為年長，據云已一百三十六歲。於是號稱「九老會」，並寫繪形貌、書記年齒姓名為《九老圖》，流傳為風雅佳話，稱頌於後世。

自唐九老會開老人會社先河後，後世仿效者尤多，耆老會不斷湧現。其名稱除了各種九老、十老諸老會外，還有怡老會、耆英會、耆年會、真率會、敘情會、高年會、老年社、詩社等多種名目。耆老會多數屬於文化生活型的會社，是以志趣的相投為基礎結成的比較鬆散的群體組織。依其參加者身分的不同，可分出不同的類型：有在職與致仕耆年官紳們在一起的閒情逸樂集會，也有親朋高年間聯誼敘情的結社，還有鄉紳野叟間的尊老聚會。在這些老年會社中，唐宋耆老會的組織者和參加者多是高官顯宦；而明清老人結社則更多的是鄉紳庶老，成員的身分有所降低。

各式的耆老會

閒情怡老型的會社

這類會社以在職和致仕休閒的官僚為主。過慣了交際應酬往來迎送官場生活的老年士大夫們，常常嚮往著逍遙山林優閒自得的生活，而一旦真的休歸鄉野了，卻又很難耐寂寞寥落。這樣，以定期的詩酒聚會形式而結成的耆年社，於在位之人和無官之身，均可兼而樂之。因此以官紳結成的老年會社的數量也最多。

洛中九老會的成員開始都是由致

休官員組成。北宋元豐年間，西都留守、潞國公七十七歲的文彥博仿效白樂天九老會，於致仕居家七十九歲的韓國公富弼府第置酒作樂，召集在洛陽老而賢的士大夫前來集會賦詩，時人號稱「洛陽耆英會」。參加者有在位的官員六人，除了文彥博外，還有中奉大夫充天章閣待制楚建中，年七十二歲；大中大夫張問，年七十；龍圖閣直學士通議大夫張燾，年七十；端明殿學士兼翰林侍讀學士司馬光，年六十四；年七十一歲的王拱辰留守大名，也致書文、富二公申請參與。致仕官僚七人，除富弼外，還有七十七歲的席汝言，七十六歲的王尚恭，七十五歲的趙丙、劉幾、馮行己和七十二歲的王謹言。與會的十三人中唯有司馬光年不及七十。司馬光作《洛陽耆英會序》以記其事，閩人鄭奐繪與會諸耆老形貌於妙覺僧舍以博其會。次年，文彥博在洛陽又組織同甲會，會員有中散大夫程況、朝議大夫司馬旦和致仕封郎中席汝言。參加者四人同庚，為丙午年生人，均是七十八歲。耆英會和同甲會，是在職與致仕官僚的會社。

明代正統年間，七十四歲的大學士楊士奇請求致仕返歸鄉里，未獲准允，於是閒暇之餘，與館閣中僚屬同道者結為真率會。士奇為長者，少者亦有六十歲。約十日一就閣中小集、肴菜簡備，而酒各隨己量，每會必盡歡而散。楊士奇真率會的參加者又盡是在朝的士大夫。

不但官員們結社聚會，有時官員們的高堂也以此形式娛樂。明代在京為官者，多迎養尊親來京師居住，以盡孝養之心，並形成風氣。但親老遠離家鄉親黨，不免多生寂寞，因而嘉靖年間有仁和馬公倡約，就所養者結為「燕臺耆社」。往來歡聚，很受在京士大夫的高堂們的歡迎，先後有十一人參加。耆社一月活動數次，時間不定，但諸耆老華誕之日，則一定要依例集會相賀。他們有時在府第宴飲聊天，有時出郊攬勝遊玩，以求盡興。不過耆年社有「口不言朝廷事」之禁，以免是非賈禍。

親友間睦誼型的會社

明代洛陽有「初服會」，其會之名，「取之終成始之義」，是全始而完終朋友間的聚會。初服會的參加者，有訓導許夢兆，七十四歲；教諭徐大吉，七十二歲；副使劉贄，六十八歲；知州陳銓、知縣王職，六十三歲；解元劉慎，五十三歲；山人胡懷玉，四十七歲。這些參加者大多為少年時的學友和交遊，早年在外求仕奔波。及至暮年，或因事歸鄉，或致仕家居，親朋舊友之間才得以白首相攜而聚，結社飲宴敘情。

同宗親屬間本有宗族組織的活動，但有的宗族附庸風雅，效法社會上的九老會和真率會，在家族內也搞起耆老會組織。虎林高氏宗族有生日會，其組織者高兆麟說：「昔人有真率會，當時會僚友且然。而況宗族夫。夫真率宜，莫真率於宗族矣。」雖然生日會的參加者不限於耆年，但該會的主要目的還是為了尊齒敬老。其會約規定：「是會謹循禮法，凡遇尊長生日，子孫斷宜竭誠登堂稱祝。」生日會打破該族早先只有在五十歲以上的年高輩尊才做生日的慣例，也是為了宗族睦誼，達到「重身、敬祖、敦宗族、厚風教」的辦會宗旨。

莊氏是武進的望族，清乾隆年間莊柏承致仕返歸家鄉，與同里宗人組建「南華九老會」，吟詩唱酬，稱雅地方。同邑的高氏九耆老也仿效莊氏而結成詩會，吟唱娛樂，另有不滿耆年的同族二十餘人也加入助興。

尊老尚齒型的鄉禮會社

五福壽為先，耆年高壽為人之祥瑞。耆老相聚，朝廷認為是太平景象，官紳視作地方盛事。老人也可在尊禮的過程中，得到精神的滿足，《禮記》所謂「耆耋好禮」正是。因此這種尊老尚齒會社，常由地方官員和鄉紳出面組織，邀請地方耆年高壽參加，並與古有的鄉飲酒禮結合在一起，以此粉飾太平，提倡尊老風氣，改善鄉里風俗。

南宋寧宗嘉定年間，真德秀在西山精舍設立尊老會，邀地方耆老相會。與會者有十三人，龐眉皓首，奕奕相照。真德秀非常興奮，稱此會的舉辦「真吾邦希闊之盛事」！他為耆老們占詩祝壽，並寓意自己早日隱退之心。明代浙江吳興地區有「峴山逸老會」，每年春秋兩次集會。此會由地方官舉辦，費用出自郡例，每次集會時則由地方推薦年高德重的「耆碩」鄉紳主持。地方官在這種尊老會社活動中，也借此尋訪政情民俗。

詩以會友，飲宴遊樂

消閒逸樂的群體生活，是大多數耆老會辦會的主旨。在志趣相投的基礎上，耆老會的活動追求吟風弄月的風雅之情，滿足於個人愉悅的賞心樂事，同時又以其尚老之舉，起著匡正鄉俗的教化作用。

詩賦歌詠

以詩會友，是老年會社活動的最主要形式。詩歌也記載了耆老會的會社活動，唐九老會會員的「休官罷任已閒居，林苑園亭興有餘」（吉旼）；「賞景當知心未退，吟詩猶覺力完全」（劉真）；「非論官位皆相似，及至高年已共同」（盧真）；反映了他們擺脫了致仕後的寂寞與開始新的群體生活時的興奮心情。文彥博的詩「四人三百十二歲，況是同生丙午年。招得梁園為賦客，合成商嶺采芝仙」，則表現了身在廟堂之上的同甲會會員，追求著歸隱山野的樂趣。清乾隆年間北京有勞之辨等五人在陶然亭組成的五老齒會，聚會時要用「人生七十古來稀」起句賦詩，以之娛樂。嘉興孫氏宗族有「同爨會」，每會必要賦詩繪圖，列圖於前，聚詩於後，然後裝裱成卷。老年文化人的這種風雅聚會，為世人所稱羨不已。

飲宴談天

飲宴在老人的會社活動中是不可缺少的內容，這大概也是與很多會員以往在官場上經常的飲宴活動有關，酒可以助興，增加熱烈的氣氛，融洽會員間的關係。白居易自號為「醉吟先生」；司馬光有「經春無事連翩醉，彼此往來能幾家。切莫辭斟十分酒，盡從他笑滿頭花」詩句。明代松江的鶯湖九老會活動，是「合鄉之高年行誼之人，月一酒食」。有的老年會還以飲酒為會社之名。清康熙年間江蘇武進有老年會，取名為「醉鄉十老會」，他們並非真的嗜酒貪杯，不過是要「脫於酒而逃」，逍遙於俗外醉鄉之樂而已。

耆老會中的飲宴主要不在於口腹之慾，而是因為大家在一起可以聊天解悶，消除暮年的寂寞孤獨之感。明代嘉定有八耆組成的老年社，相居之處不過一、二里之遙，「耄耋相望，日杯酒談笑，以相娛樂」。明代天順、成化年間，開封有嘉樂會，每次聚會只是薄備酒果，以聊天為主，「交談情話，真如兄弟焉」。

娛樂遊戲

「低腰醉舞垂緋袖，擊牀謳歌任竭裾」，「醉舞兩迴迎勸酒，狂歌一曲會餘身」。吉旼、鄭據的詩句，表明洛中九老會會員們雖年在古稀之上，但婆娑起舞、低吟高歌不讓童真之樂的心情。唐宋時期耆老會活動時表現自我的自娛性歌舞活動較多，甚至有些放蕩不羈。五代時期，周世宗的生父柴守禮以太子少保致仕後居於西洛，與王溥、王彥超和韓令坤的父親等貴戚一起結成「鼎社」。當時洛陽多有妙妓，守禮日點十名，集妓設樂以助會社嬉遊。下次會社時，則輪換他人主持，如此循環不已。耆英會在富弼府第舉行時，文彥博也是攜妓樂前往。到了明清時期這種自娛和他娛的歌舞場面在耆老會中就很少見到了，多是一些消閒的遊戲娛樂。明代在夏邑的十老會，聚會之時，「弈棋，彈琴，賦詩，時形圖繪」。弘治時江西興國有擊壤會，每次集會以擊壤遊戲為樂，「酒行五七，諸老人起而酬。有頌淇澳以相規者，有歌豳風以相樂者，有詠嘆考般之遺音者，而未嘗不歸德於上市也」。遊樂充滿了歌頌太平、頌悅當今的味道。

郊遊野趣

遊山玩水是耆年會活動重要的一項。司馬光組織真率會，活動必在洛陽城內的名園古剎中舉行。明萬曆年間，吏部尚書張翰退休回到故里杭州，與同鄉縉紳組成怡老會，參加者有近二十人。他們活動「選勝湖山迭為主賓，不疏不數，不豐不嗇；間賦一詩，不必盡成；事或相妨，不必盡致；陶陶然謂為山澤散人」，追求的是山澤野叟的逍遙。元末文人陶宗儀結交雅客高士為真率會於泗水之濱，其地有林泉之勝、九山之景。陶宗儀作約語於會員說：「盡可傍花隨柳，庶幾遊目騁懷。節序，莫負芒鞋竹杖；杯盤草草，何漸野蔌山肴。」讓大家做風月主人，享受山野之樂。

勸善教化

明人王鏊在《東岳會老記》中說士大夫間的結社，是為了「敦契誼，崇齒德，暢湮鬱，而示鄉人以禮也」。一些老年會在娛樂的同時，又自覺得不忘正己教人、規惡勸善的儒家教化實踐。明代洛陽有以六耆老為主組成的老年會社，原名為敦誼會，「敦誼」二字從文從言。後組織者將會名改為「惇宜會」，從心不從文，又除去空言，表明了其辦會者的良苦用心，「有善相勸，有過相規」是惇宜會活動的宗旨。成化年間莫震退歸家鄉吳江後，在親友中選擇「賢而有禮者」結成敘情會。此會每月輪流集會於一家，「所陳者山肴野蔌，所讀者詩書仁義，而聲色之娛，奢靡之奉，不用也」。該社想以自己的活動為改善鄉風作出表率。清代結社活動受到政府的嚴格限制，正是因為耆老會的勸善教化和粉飾太平的性質，才能為之容忍，仍能繼續下來。

老年會社的規約與管理

耆老會以老年詩社的形式開始於唐代，宋代以後出現了規範性的會約，其組織形式也日趨完善。雖說耆老會主要是消閒逸樂的鬆散組織，但也有對會首、會員的要求與限制，有自己的管理規章及相應的懲獎措施。

古人以五十歲為衰，進入老年時期。六十為耆，七十為老，也是大多數官員的致仕之年，所以老年士大夫結社者多在古稀之年前後。一些耆老會也對入會者的年齡有所規定。白居易結尚齒之會，年齡要求在古稀以後，所以狄謙謨、盧貞雖然與會，但名不列九老。明代洛陽有「八耆會」，規定「幼者不入，耆而已矣」，入會者年齡限制在六十以上。清道光年間，曹秀先等七人在京城米市胡同組織的真率會，時人有「七人元旦五百歲」稱羨之句，即七老平均年齡在七十以上。不過也有些老年會社不拘於耆老的限制，可以有一些非老齡人的加入。多數會社的召集者本人就是會首或社長，如白居易和文彥博。也有以齒序作為會首推舉的標準，老者為長；或者是輪流由值會者充任。耆老會多民間性質的會社組織，其組織者不論是在位的高官，還是沒有官職的鄉紳，大多具有地位和聲望，有條件以個人的身分去加以組織和經辦。入會者一般要先提出申請，如大名留守王拱辰欲參加耆英會，先致書請於會首文彥博，希望能「寓名其間」。

老年會社的結成，多為志趣相投

的同道，規模不是很大。由於白香山九老會的緣故，也可能因「九」為壽年吉祥之數，高年會中以九老會最為多見。會員在九數上下，多者十幾人，少的也有五、六人。耆老會成立以後，定期集會，有的一月一集，有的一月兩會、三會。明代林間社的活動，「會期無定，以月盈為期。晨而集，酉而罷，至無踰午，踰則罰。飲不卜夜，卜則罰。」活動的地點或者在會員府第家居，或者選在名園古剎與林中山間。會社的經費和飲宴的費用，多是來自會員的均攤，也有的是個人的捐助，或者輪流由值會者出資。

強調簡樸真率，是大多數老年會社辦會遵奉的宗旨，像鼎社那種豪奢放蕩的集會並不多見。司馬光以簡樸聞名當世，他組織真率會，也是以此為宗旨，反對奢侈虛華。真率會每次集會由會員自備飲食，果品酒肴務求簡易。會約規定：「酒不過五行，食不過五味，惟菜則無限。」以為儉則易供，簡則易繼，這樣才可長久。天章閣待制楚建中違約，擅增飲食之數，被罰出資經辦下次之會。

不拘約束，除去苛禮，是老年會社的又一特色。清初尤侗等人結成真率會，會約規定：聚會之時，會員相見只是一揖。不看席，不告茶，不舉杯巵。後至不迎，先歸不送。會員或靜坐或高臥，隨意而已，但「虛文者」要受罰。宗族的高年會又與一般的會社有些區別，比較注重尊卑長幼之禮。虎林高氏生日會規定：「宗族讌會，不比尋常聚飲，觥籌交錯之間，更宜萬以禮讓相先之意，不得泛習虛浮。偶因杯酒而盛氣相加，如蹈此轍，罰參錢。」

老年會社多有不許譏評時政、臧否人物的規定。這一方面是會員們厭倦了朝政時務；另一方面也要避免因此可能帶來不必要的麻煩，恐因言招禍。除此以外，有的會社還有一些其他的禁例。林間社的會約是：「客或博或弈，或行或臥，或默坐或清談，惟所欲。但不賦詩，不談時事。」不許賦詩，係因其組織者認為此事有妨於合群之道：「古卿大夫之燕，多稱引古詩，不自賦也。稱詩以見志，賦詩以競能。競則乖和，非合譬之道。」張翰所結怡老會規定：「若官府政治，市進鄙瑣，自不溷及。」要會員保持怡老會清逸高雅的特色。

◎轉載自閻愛民（1997）。《歷史月刊》，6月號。

政府與老人福利

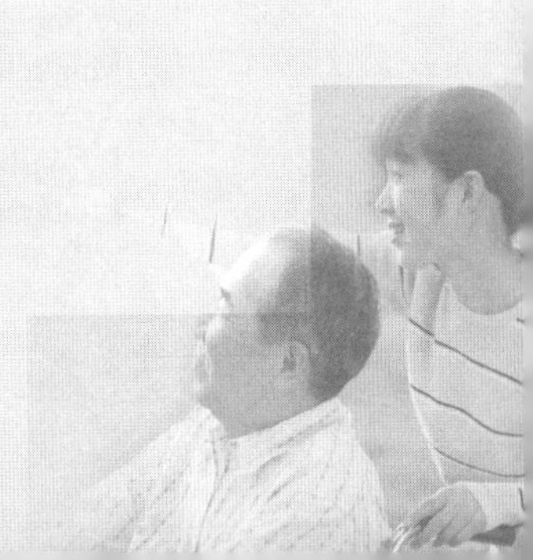

第一節　社會福利概論

人類從最初期的原始社會開始就有社會福利的出現。在狩獵與蒐集時代，人類雖無剩餘物資累積的能力，但與他人分享獵物應該是可以想像得到的。在後來的初民社會，雛形的社會福利措施是存在的。政治組織的出現跟利益的再分配是息息相關的。古老中國對鰥寡孤老及傷殘者皆有福利的救濟；在印度的佛教廟寺設有救助乞丐的飲食堂；古希臘雖無福利慈善機構，但照顧貧困及疾病等不幸的人的措施乃是存在的；希伯來人的宗教信仰亦主張幫助他人。中古歐洲的福利事業則以教會為骨幹，教會與修道院常提供不幸者食物與居留處，而教士則宣揚神救世人的道德觀。1536年英國政府更立法規定地方政府徵收救助金和教會禮拜募得款用以救助不幸者。這立法法案被視為現代社會福利法案的開端，因為這法案將社會福利工作由零散的教會活動轉變為政府的責任。在政府的統籌下指揮並結合教會及民間力量救助不幸者〔註1〕。英國議會在1572年更批准政府內福利事務部門的成立。

英國在伊麗莎白女皇時代社會福利事務逐漸成為政府主要工作之一。1598年通過的《伊麗莎白貧窮法案》（the Elizabethan Poor Laws）將濟貧的各項法條統一，並設置專責機構。濟貧成為社會和政府的公眾責任。這法案後來屢經修正而成為1834年的《貧窮法案》（the Poor Law of 1834）。在政府機構中成立了一個三人委員會掌管

〔註1〕有關歐洲早期社會福利史可參閱Nell Gilbert and Harry Specht, *The Emergence of Social Welfare and Social Work*. Itasca, Illinois: F. E. Peacock, 1976; Betty Reid Mandell and Barbara Schram, *Human Services: Introduction and Interruptions*. New York: John Wiley & Sons, 1985, 及Rex A. Skidnore, Milton G. Thackray and B. William Farley, *Introduction to Social Work*, 6th ed. Englewood Cliffs, N. J.: Prentice-Hall, 1994.

各地之濟貧工作，並在全國各地區設立分支單位，由民選主管負責救助的工作。1860年代申請受救助人數激增，英國的重點乃由社會救助變成社會改革，希冀以長程的社會改革來代替短期的救助。

美國的社會福利事業深受英國的影響，殖民地時代的濟貧與其他社會救助法案皆依英國法案為根據。早期的救助是以家居地為場所，一直到1662年麻省（Massachusetts）才首先設立了貧窮與傷殘者收容所（the almshouse）。1691年波士頓市首次任命負責處理濟貧的官員。美國的兒童福利運動最初始於1729年在紐奧蘭（New Orleans）設立的兒童照顧所，專門照顧父母被土著印第安人所殺害的孤兒。南卡州（South Carolina）在1790年首次設立一孤兒院。康奈迪克州（Connecticut）在1817年設立一盲啞學校，教育失聰兒童。而後相繼有精神病院、少年犯罪者收容所、成年婦女犯罪者收容所等社會福利機構之成立。內戰後的經濟蕭條在1873年以後引出了一些照顧失業者及退伍軍人之機構。負責統籌民間各類慈善事業之社會福利服務網的出現，最早的是成立於1877年紐約水牛城（Buffalo, New York）的「美國慈善組織社」（Charity Organization Society）。第一次大戰後，慈善機構聯合網相繼在美國各地出現，估計在1950年時已有1,400個。

美國社會福利史的另外一個里程碑是社區中心的成立，1886年紐約市是首創者。最初的社區活動中心的目標是服務貧困地區的婦幼所需之健康醫療、娛樂及其他救濟性服務，目前這類中心已擴展到全民服務。

聯邦政府在美國社會福利發展史中占有相當重要的地位。早在殖民地時期，聯邦政府即已有零星之社會救濟措施。1930年代初期的金融危機和經濟不景氣造成了大數量的失業者，聯邦政府在羅斯福總統的領導下和國會的支持，通過了一些重要的法案救濟失業者。聯邦政府的聯邦緊急救難署（the Federal Emergency Relief Administration）、工作推廣署（the Work Progress Administration）等成立以推動救濟事業。1935年通過的《社會安全法》（Social Security Act）更把聯邦政府的角色推到第一線的地位。原始的《社會安全法》是純粹以照顧年老的失業勞工為目標，但歷經數次的修正案後，目前的《社會安全法》已涉及全國各層次人民福利。

美國社會福利工作的推行並不限於政府官員和社會工作專業者，民間的社團也扮演一個相當重要的角色。美國人自願參加民間社團是很積極的。有些學者更指出這些社團的存在和社團成員的參與是美國民主式政治的最基本奠石，他們出錢出力推行福利工作。1980年美國人的捐款數達到490億美元，1985年是750億美元。1988年的資料發現捐款數已超過1,000億美元，有8千萬人參與社團活動，提供了149億小時的義工，值至少1,500億美元的工資。〔註2〕

歐洲社會福利的主要概念是提供所有國民的社會福祉；但美國社會福利只著重在經濟上有困難的特定份子。歐洲各國以高稅率來提供社會福利財源；但美國相當依賴民間社團的財力和人力，而且福利項目在美國各州亦往往有所差異。最近更有走向以工代賑的跡象：規定領取社會福利金者必須持有工作職務及取消非法移民享受社會福利服務項目。〔註3〕

傳統中國社會的社會福利目標大致上是依據《禮記》的〈禮運・大同篇〉。本於仁心、執之仁政，使「幼有所長」、「老有所終」、「鰥寡孤獨者皆有所養」、「壯有所用」及「病疾者皆有所養」。

〔註2〕有關美國社會福利發展史，可參閱Walter I. Trattner, *From Poor Law to Welfare State: A History of Social Welfare in America*, 4th ed. New York: The Free Press, 1989及Linda A. Mooney, David Knox and Caroline Schacht, *Understanding Social Problems*. Belmont, CA: Wadsworth, 2002.

〔註3〕有關歐洲與美國社會福利之比較，可參閱David R. Quammen, *European Social Welfare and U. S. Welfare Programs: A 'Poor' Comparison*. 載於http://www2.ari.net/home/poverty/mn9621.htm1.

《周禮・司徒篇》聲稱：「以保息六養萬民：一曰慈幼、二曰養老、三曰賑窮、四曰恤貧、五曰寬疾、六曰安富。」《孟子》亦說：「使民養生送死無憾，王道之始也。」〔註4〕

傳統中國官僚體系裡並無專責社會福利的常設機構。各朝各代大多數是應付自然災害的善後工作。先秦兩漢時期，由政府採取的主要救荒措施是常平倉的設置，其方法是於豐年時政府按略高於市場價格收購米穀，至荒年時再由政府低價售出給災民。全漢昇把中古時代從魏晉南北朝至唐五代期間的慈善事業大致分為四類：(1)濟貧救災；(2)治病；(3)戒殘殺；(4)慈善事業的宣揚。他認為佛教在此一時期的慈善事業上扮演了一個非常重要的角色。

宋、遼、金、元、明、清時期慈善事業發展漸呈組織化。張秀蓉認為當時的慈善事業受三種意識型態的影響：(1)官方的天人政治的理念；(2)民間的愛家愛鄉思想及同業組織成員間互助思想；(3)19世紀新引進的西方思潮。宋元時期的慈幼局和惠老堂的設立即以民間產業幫助貧民處理生養死葬之事。清代的同善會是以家族為中心的慈善機構。〔註5〕

民國以來，中華民國的社會福利思想大致上依據孫中山的民生主義和《建國大綱》原則而擬訂。孫中山先生認為歐美國家之進步在於社會財富的重新分配，為大多數謀福利。在《建國大綱》第11條，國父提出：「土地之歲收，地價之增益，公民之生產、山川之息，礦產水力之利，皆為地方政府所有，而用以經營地方人民之事業，以育幼、養老、濟貧、救災、醫療，與夫種種公共之需。」在地方自治開始實行法中，國父指出地方上可享權利而不需盡義務的四種人：未成

〔註4〕參閱周建卿（1992）。《中華社會福利法制史》。臺北：黎明文化，頁2-4。
〔註5〕有關傳統中國的慈善事業，請參閱馮爾康等編著（1988）。《中國社會史研究概述》。臺北：谷風。

年人，老年人，殘疾者及孕婦。〔註6〕

孫中山的民生主義思想乃成為民國36年國民政府公布的《中華民國憲法》基本國策裡社會安全之指導原則。不過民國初年戰亂不息，內有軍閥之爭，外有日本之侵略，大多數的社會福利事業並未能順利展開。政府遷臺後於民國54年4月公布加強社會福利措施及增進人民生活實施方針案，內分：社會保險、國民就業、社會救助、國民住宅、福利服務、社會教育、社區發展等七項。〔註7〕

周建卿認為我國目前社會福利政策之特質有四：(1)以禮運大同為理想；(2)以民生主義為目標；(3)以憲法國策為方針；(4)以融西潤中為原則。1970年代和1980年代的街頭自救運動以及1990年代的政治民主化運動更積極地推廣了臺灣的社會福利事業。〔註8〕

蔡文輝將臺灣1950年來社會福利法制發展史劃分為下列三個階段：

第一階段：福利虛設期

大約是1950年及1960年代。政府因軍事國防建設為主，社會福利並未為政府所注意。通過的法案包括《勞工保險法》及《公務人員保險法》。其他福利在軍事國防的壓力之下，幾無存在。

〔註6〕有關國父孫中山先生的社會福利思想，可參閱中國國民黨中央委員會黨史委員會編之《國父全集》六輯（1981）。臺北：中國國民黨。范珍輝（1981）〈我國社會政策的發展與特性〉載於朱岑樓主編之《我國社會的變遷與發展》。臺北：三民書局，頁29-74。粟國成（1995）。《三民主義與中國現代化》。臺北：國立編譯館。Wen-hui Tsai, *In Making China Modernized*, Baltimore, MD: School of Law, University of Margland, 1996.

〔註7〕有關1970年代以來臺灣社會福利發展，可參閱：趙守博（1990）。《社會問題與社會福利》。臺南：中華日報社。徐正光、宋文里合編（1989）《臺灣新興社會運動》。臺北：巨流。林萬億等著（1995）。《臺灣的社會福利：民間觀點》。臺北：五南。Wen-hui Tsai, "Modernization and the Development of Social Welfare Programs in Taiwan." Unpublished paper read at the International Seminar on Taiwan's Modernization, held in New York April, 2000. 白秀雄（2000）。《社會行政》。臺北：中視。

〔註8〕周建卿（1992）。《中華社會福利法制史》。臺北：黎明文化，頁11。

第二階段：成長陣痛期

大約是1970年代至1980年代中葉，由於工業發展衍生了不少新的社會問題，人民街頭抗爭不斷，政府開始較大規模的社會福利政策以因應人民之要求。這時期的法案主要有《兒童福利法》、《傷殘福利法》、《社會救助法》、《勞動基本法》、《老人福利法》等。

第三階段：福利成熟期

大約始自1980年代晚期。政府與民間財力充裕，且民主運動政治轉型。提供全民福利成為各項選舉中的有力訴求。主要法案有《青少年福利法》、《農民健康保險條例》、《社區發展簡則》、《全民健康保險法》、《性暴力犯罪防治法》、《家庭暴力防治法》，以及國民年金制的審議。〔註9〕表8-1是社會福利法案簡史。

表8-1　臺灣社會福利法案簡史

		審訂年	修訂年
1	公務人員保險法	1958	1985
2	退休人員保險法	1964	1995
3	兒童福利法	1973	2002
4	老人福利法	1980	2002
5	身心障礙者保護法	1980	2001
6	社會救助法	1980	2000
7	公務人員眷屬疾病保險條例	1981	1999（廢止）
8	私立學校教職員保險法條例	1980	1995
9	軍人保險條例	1953	1970
10	勞動基準法	1984	2002
11	少年福利法	1989	2002
12	全民健康保險法	1994	2002
13	社會福利政稅綱領	1994	
14	兒童及少年性交易防治條例	1995	2000
15	性侵害犯罪防治法	1997	2002
16	社會工作師法	1997	1999
17	家庭暴力防治法	1998	
18	國民年金	2007	

〔註9〕Wen-hui Tsai, "Modernization and the Development of Social Welfare Programs." in Peter C. Y. Chow, ed., *Taiwan's Modernization in Global Perspective*. Westport, Conn.: Praeger, 2002. pp.361-378.

陳水扁總統上任後的社會福利具兩大原則：(1)普遍平等原則；(2)弱勢優先原則。不分老少婦孺皆受照顧，並以弱勢族群和弱勢團體的照顧為優先。至少在紙面上，老人福利在民進黨執政政府內政措施占有相當重要的份量。2008年新上任的馬英九政府對老人的福利政策到目前為止尚未明朗。

過去十年左右，政府用在社會福利之經費也明顯增長。1966年各級政府社會福利支出占政府支出的4.7%，1998年已增至14.2%，2004年占15.4%；平均每人社會福利受益淨額也由1966年的新臺幣89元增至2003年的新臺幣15,297。

臺北市的社會福利在臺灣是比其他地區要做得完善，一方面是因為臺北市經費比其他地區充裕，另一方面是陳水扁和馬英九兩位市長積極經營的成果。經歷1999年的大地震後，臺北市政府結合民間各界資源推動「臺北福利國」方案，將政府、企業界、社團、學校、醫院、基金會等單位聯合參與社會福利政策的擬定與推展。以「人本概念」、「弱勢優先」、「家庭第一」、「全民參與」等四大面向為主軸，以滿足市民之需求。

根據臺北市政府社會局的一份專業報告。臺北市的社會福利工作已由「民國70年代消極性的救助模式，逐漸到90年代積極性、專業性的福利服務。」〔註10〕主要措施包括的重點有：(1)提供以家戶為單位的家庭生活扶助；(2)維護市民健康與醫療權益；(3)改善弱勢市民居住條件；(4)強化教育機會平等；(5)開拓就業方案助其自立；(6)輔導累積人力資本；(7)遊民服務；(8)身心障礙者的教養、照顧與服務；(9)兒童托育、保護與扶助；(10)健全少年福利；(11)婦女保護與兩性平等；(12)家庭暴力與性侵害防治；(13)老人照顧與服務；(14)社區民眾福利政策的制

〔註10〕陳皎眉、徐麗君（2001）。〈社會安全網中社會福利行政的運作與功能——以中華民國臺北市為例〉。臺北市社會局，未發表初稿。

定與規劃以契合市民需要等項。[註11] 近年來臺北市社會福利經費不斷擴充以應付和實行這些工作。

社會福利經費支出增加雖然代表政府對人民更多的照顧，卻也有其負面效果。政府的一份報告指出：「近年來，我國人口結構漸趨老化、家庭規模縮小，家人相互扶持功能不若往昔，社會福利需求日益殷切。有鑒於此，政府採逐步擴展方式推動社會福利措施，致社會福利支出節節攀升……近年來我國政府財政面臨開源不易而擴增支出壓力仍在之情況下，財政支出成長受限，未來隨人口快速老化，老年安養需求之擴增及國民年金之開辦，政府財政負擔將更形沈重。」[註12]

以民進黨執政的八年，早期以擴展社會福利為號召，陳水扁總統為履行競選承諾，大量開展社會福利。不幸的是新政府正逢經濟不景氣時代，政府稅收不足以應付社會福利的龐大支出，而且又因政爭不斷，老人福利政策執行不力，民怨日增。馬英九的國民黨執政團隊如何推行，將是一大考驗。

第二節　老人福利與政府

由於在各國的人口皆有老化的趨勢，老人福利乃逐漸成為社會福利措施中相當重要的一環。這現象在已開發國家更為明顯。1960年代以前的社會福利最重要的是兒童福利的供應，1970年代因婦女解放運動的衝擊，婦女福利受到重視，1980年代以來老人福利似已成為民主政府的重要政策之一。特別是在英美各國的老人投票率遠比其他年齡

〔註11〕同上，頁3-9。

〔註12〕行政院主計處（1998）。〈我國社會福利支出概況〉載於《中華民國社會指標統計，民國87年》，頁183。

層高，候選人不能不顧慮到老人的選票。在競選期間爭相討好老人，允諾更優厚的老人福利措施。

在美國，早期對老年人的照顧是家人的責任，政府並不特別注意到老人問題，即使對傷殘或貧窮老人的救濟也跟其他年齡層一同對待。美國老年學學者賓斯克（Robert Binstock）將早期老年人服務稱之為「憐憫性老人觀」（compassionate ageism），將老年人一概視為貧困、孤獨、傷殘、遊蕩者。〔註13〕這種具有偏見和歧視的老人觀影響了早期美國政府對老人福利政策的擬定。因此，一直到20世紀中葉美國的老人福利政策是以「社會問題的一種」的觀點，只針對有問題的老年人並提供服務。

1970年代以後美國社會大眾與美國政府對老人福利才開始有了正面的評估。不再將老人視為一群無依無靠的可憐人，而是把老人看成一群在社會上和經濟上有貢獻的人，他們應得老人福利照顧的享受。也因此，老人福利政策的擬定比較注意到多方面多層次的因素。蔡文輝將影響老人政策的錯綜複雜的各種因素以圖8-1表示，包括社會、政治、經濟三大層面。〔註14〕

由圖8-1可見，老人福利政策的擬定受：(1)社會因素（老人人口的增長）家庭結構的改變、社會價值觀的改變的影響；(2)政治因素（民意、多元民主、民間團體的壓力）；(3)經濟因素（政府財政、民間社團資源）等。換句話說，一個完整的老人福利政策受到這些因素的影響，故其擬訂時必須考慮到每一個因素。

〔註13〕Robert H. Binstock, "Aging, Politics, and Public Policy." pp.325-340 *in Growing old in America*, 4th ed. Beth B. Hessand Elizabeth W. Markson, eds. New Brunswick, N. J.: Transaction, 1991.

〔註14〕Wen-hui Tsai, "The Politics of Aging: Democratization and Welfare Policies for the Elderly in Taiwan," Unpublished paper read at the 1998 Western Social Sciences Association Annual meeting held at Denver, April 16-19, 1998.

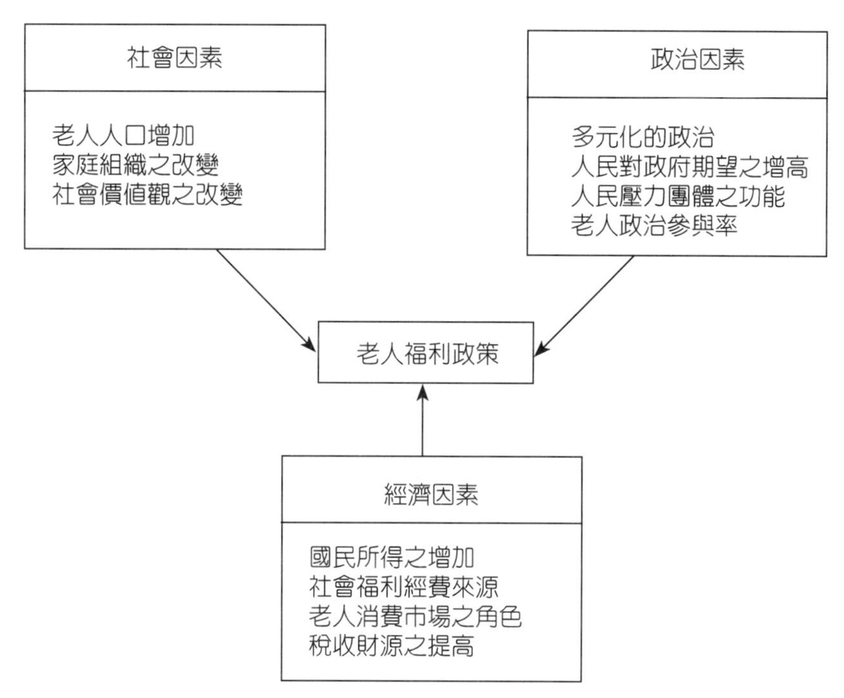

圖8-1　老人福利政策之政治、社會、經濟因素

美國老人福利最完整的一套系統是1935年的《社會安全法》（The Social Security Act of 1935）。原始的目標乃是在保障貧困的老人，一種「憐憫」心為出發點的法案。後來許多有關老人福利的其他法案皆由《社會安全法》衍生出來。早在1934年時美國總統在6月8日發交美國國會的一項聲明上就表明他欲成立一個社會安全的構想。他說，早期美國人民的安全是由家人親友以及社區來共同提供，但是家庭結構的改變和經濟蕭條的雙重影響已逼得政府不得不出面為全國人民的安全提供某種程度的輔助。政府這樣做的目的並不在改變美國人的價值觀念，而是恢復在經濟壓力下消失的價值系統，在聯邦政府下，一個由各部會抽調過來支援的「經濟安全委員會」（The Committee on Economic Security）乃正式成立。1934年11月經濟安全委員會舉辦了一個全國性的社會安全論壇，蒐集經濟資料，廣徵專家

民眾意見，在六個月之內給國會呈交了一份詳盡的報告及一份立法提案。1935年7月國眾兩院通過《社會安全法案》。8月14日由總統簽字正式生效。

1935年的《社會安全法案》包括失業保險、老人扶助、兒童補助以及協助各州的醫療保險的輔助基金。《社會安全法案》有兩項是直接關係到老人福利的。法案第一項的老人扶助金由各州推動及第二項的聯邦老人利益案。當初的構想是依工人的工資基數計算65歲退休後應得的退休金。社會安全稅（social security tax）在1937年開始向所有有工作的人徵收，1942年開始按月發送社會安全金給受益退休的老人。《社會安全法案》規定成立一個「社會安全會」（Social Security Board），由總統任命三位成員負責。1946年聯邦政府將社會安全會改為「社會安全署」（Social Security Administration）。運作至今。

1935年的《社會安全法案》只提供退休工人的退休金。1939年的增修則添加了兩項新的福利：⑴退休工人的配偶及未成年子女的補助金；⑵工人在未退前死亡的遺屬家人的保障。這兩項新增福利將社會安全由單純的工人退休金，推廣到保障家庭經濟的安全福利。

1950年新的增修法案則將退休金額提高，並依每年的生活消費指數（Cost of Living Allowances）的變動而修改。1972年將此項修正變成自動，無須國會立法審核。1970年的修正法案更將社會安全稅涵蓋了所有的成年人，不限於一小群必須受輔助者為對象。目前除了極少數的美國工作勞動者未參加社會安全以外，有98%的美國人皆是社會安全受益者的範圍對象。社會安全稅每月定期由雇主代為扣除，徵收方式類似所得稅的徵收。表8-2是美國《社會安全法》的演進史簡介，表中載有社會安全受益人數及受益金額的演進，供讀者參考。

1994年8月14日美國總統柯林頓（Bill Clinton）在國會同意下正式將「安全署」獨立成非聯邦內閣之一部門。1996年和1997年再修法限制因吸毒或酗酒而失去工作能力者排除於社會安全受益者之外。另外一項重要的修正是禁止非美國公民領取社會安全金。

2000年4月7日美國總統公布一項《2000年老人公民工作自由法案》（The Senior Citizens' Freedom to Work Act of 2000）將不允許老人繼續有工作收入的上限取消，而且也允許享受社會安全福利者在領取社會安全金同時繼續有工作所得和收入。〔註15〕

表8-2將美國《社會安全法案》實施演進依年代順序排列，供讀者參考。

表8-3則將美國社會安全受益人數與領取金額數目增加的趨勢自1937年至1999年止列出供讀者參考。

表8-2　美國社會安全法案演進史

1935年	《社會安全法案》正式通過實施。
1939年	《社會安全法案》內增加受保人遺屬與未成年人之受益一月，富勒夫
1940年	人（Ida Fuller）成為第一位領取社會安全金者，當時她交的社會安全稅是22美元，從1940至1975年逝世前，她一共領取了20,940.85美元。
1950至1960年	聯邦政府民職官員，自傭者、軍人、家庭服務業者，外國政府或國際組織服務之美國人亦被包括在內。
1956年	65歲以下殘障勞工可領取社會安全金。
1961年	62歲提前退休者亦可領減額之社會安全金。
1965年	醫療保險成為社會安全系統之一部分。
1967年	教會神職人員亦可參加。
1972年	救濟金額依物價指數調整。
1975年	社會安全赤字首次出現，投保人之稅金不足以支付受益者之金額。
1977年	社會安全稅額大幅提高。
1984年	國會通過《傷殘受益金修正法案》。
1997年	《聯邦政府預算平衡法案》在國會通過。
1999年	美國柯林頓總統在國會咨文上宣稱將保留未來15年之62%的社會安全稅餘額支付社會安全金，15%支付醫療保險，12%籌設存款帳戶以補充社會安全金之不足。
2000年	美國總統簽署《2000年老年公民工作自由法》，廢除退休後工作的限制。

〔註15〕此段有關美國社會安全制度演進史，主要參考自社會安全署網路上資料。"Social Security History,"載於http://www.ssa.gov/history/history6.html。

表8-3 美國社會安全受益人數與領取金額

（美元）

年	受益人數	領取金額
1937	53,236	$1,278,000
1940	222,488	$35,000,000
1950	3,477,243	$961,000,000
1960	14,844,589	$11,245,000,000
1970	26,228,629	$31,863,000,000
1980	35,584,955	$120,511,000,000
1990	39,832,125	$247,796,000,000
1999	44,595,624	$385,768,000,000

資料來源：http://www.ssa.goo/hisfory/hisfory6.html

美國社會安全在目前是一個相當爭論的議題。有些人擔心由於老人人口的持續增加和工作年齡人口之減少。社會安全在未來會有入不敷出的危機。他們指出如果社會安全金的支付不加以修正，社會安全到2030年會破產。貝雷得（Amy Barrett）預測美國工作者在2045年必須要繳付約17%至22%的所得稅才能應付社會安全金的支出，這數字大約是目前的三倍。〔註16〕一項對年齡30歲至35歲美國人的調查發現有80%的人認為當他們退休時可能無社會安全金可領。

社會安全的另外一個問題是退休者存活年齡愈來愈長，因此退休後享受社會安全金的年數愈長。這種長的退休後年數增加了社會安全金的支付期數，更何況1940年代至1960年代的嬰兒潮出生的人皆將進入退休年，這數目相當大，足以增加社會安全的負擔。

雖然美國經濟在1997年和1998年相當繁榮，所繳的稅亦多，促使社會安全有龐大的剩餘金額，但是經濟學家擔心一旦經濟蕭條發生，這些剩餘金會減少或消失無蹤，更何況美國聯邦政府往往挪用社會安全剩餘金來支付政府其他部門的經費。對社會安全的改革的爭論正如

〔註16〕Amy K. Barrett, "Everything You Wanted to know about Retirement But Were Too Nervous to Ask." *North*, 1998, pp.72-79.

火如荼的進行。有些人建議將享受社會安全金的年齡延後提高，以減少受惠者來應付未來的危機。從1935年《社會安全法》建立以來，一直以65歲為退休年計算，目前國會建議將其改成67歲，然後再延至70歲。

另外一個建議是鼓勵提早退休只領取部分社會安全金。目前的情況是65歲退休者可領取全額，但62歲退休者可領取減額的社會安全金。因為有數目相當多的工作者有足夠的私人財力，提前退休雖領取減額的社會安全金，但不會影響其退休後的生活，可使社會安全金壓力減輕。

一項相當激進的建議是將社會安全由政府掌管下分出，由民間經營。在自由市場原則下如由證券公司經營，這樣可以減少公營的浪費，也可充分利用市場的利潤來擴充社會安全存額。這項建議在1998年和1999年期間相當受歡迎，因為當時美國證券市場最為繁榮和活躍，如果政府保管的社會安全金可以自由在民間證券市場投資，其獲利數目相當可觀。

美國柯林頓總統在1999年發布的國情咨文建議在未來15年間保存62%的社會安全剩餘金額以保護社會安全金的支付，15%的剩餘金支付醫療補助（medicare）及11%存放在即將成立的全國存款戶頭（Universal Saving Account）。〔註17〕

對美國老人來講，社會安全金是一項很重要的福利。許多美國人都認為他們繳了一輩子的社會安全稅，退休後理所當然享受社會安全金的領取，但是社會安全金的來源是基於目前正在工作的勞工和受僱者的稅金而來。今後老人人口增加，而工作人口因生育率的降低會減少，因此社會安全稅繳付者人數遞減，而受益者人數遞增，社會安全金有入不敷出的危機。也因此，社會安全制度的改革爭辯在政府、企

〔註17〕Wen-hui Tsai, "The Evolution of the Social Security System in America and Its Future," *Journal of Futures Studies*, vol.4, No. 1 (November), 1999, pp.45-64.

業或民間總是爭論不止。到目前為止，所有的建議皆有缺點及爭議之處。〔註18〕例如，目前似乎受歡迎的建議是由納稅人自己控制社會安全稅的投資。一方面可以減少政府官僚的浪費，另一方面可以充分利用自由市場的運作。由納稅人自己做決定，問題是：如果投資的證券市場垮了，納稅人退休後會面臨無錢可用的困境，到時候還是要政府來救濟，反而增加政府的負擔。另外一個類似的問題在於納稅人到底投資在哪一種企業股票，投資欠妥，血本無歸。2000年來美國電子電信工業股市的崩潰是一個值得警惕的經驗。

無論如何，美國老人福利是以社會安全為中心延伸是事實，雖然跟歐洲和日本等國家的老人福利比較之下似較狹窄，但其包括的項目亦不少，如表8-4所列。

表8-4　美國目前老年福利措施項目

1.社會安全（Social Security）。
2.醫療照護（Medicare）。
3.老人、遺屬、殘障保險（Old Age, Survivors' and Disability Insurance）。
4.低收入醫療補助（Medicaid）。
5.糧票（Food stamps）。
6.安養所申訴會（Nursing Home Ombudsman Program）。
7.補助安全收入（Supplemental Security Income）。
8.餐食送到家（meals on wheels）。
9.退休老人自願案（Retired Senior Volunteer Program）。
10.收養祖父母案（Foster Grandparent program）。
11.退休經理人員服務團（Service Corps of Retired Executives）。
12.老年中心（senior citzen centers）。
13.公車優待（Special bus rates）。
14.財產稅減免補助（property tax relief）。
15.所得稅減免（Special federal income tax deduction）。
16.娛樂優待（Reduced rates fax entertainment）。
17.家內健康服務（Home health services）。
18.營養計畫（Nutrition programs）。
19.家事服務（Home makers services）。
20.托老所中心（Day-care centers for the elderly）。
21.安養所（Nursing homes）。

〔註18〕同上。

除上述由政府直接或間接提供的福利之外，民間社團和各地教會亦有許多協助老人的服務。例如，教會有特別為老人教徒設計的聚會和休閒活動。民間餐館、電影院、遊樂場所等亦多有老人減價的優待。有些社區居民更設有守望相助的網絡照顧和注意老人的安全。近年來，各地學校亦紛紛成立特別課程提供老人進修的機會，並以減免學費為號召。電腦網路傳真（e-mail）方面課程最為老人所歡迎。

日本為近代開發國家之一，其現代化成就一直為西方學者可推崇，而我國學者在分析東方社會改革變遷時，亦常以日本為借鏡。因此，在本節，我們將介紹日本對老年福利的幾種措施。根據江亮演的分析，老年人口在日本總人口數當中所占的比率一天比一天增加。其嬰兒死亡率為世界最低國家，而其老人死亡率之低或國民平均餘歲數之長，亦為世界之最。〔註19〕從人口統計數字來看，日本1920年之65歲以上人口有2,917,000人，占總人口之5.3%，在1979年時已增至人口10,130,000人，百分率為8.7%。估計到公元2000年時，老年人口將為19,061,000人，百分率將為總人口之14.3%，至於公元2025年時更增至25,272,000人，百分率占18.1%。也就是說在2025年時，全日本人口中每五個人左右就有一個人是老年人。這個比例與其他西化開發國家的未來老年人口比例非常接近，老年問題之緊要可見而知。

人口老化現象已呈明顯趨勢，日本家庭又逐漸由大家庭轉變為小家庭，再加上工業化和都市化的變遷，致使老年問題日益嚴重，也成為日本社會福利的工作目標。日本政府早在1963年即制定了《老人福祉法》，然後配合其他各種慈善公益機關之援助，以幫助並照顧老年人。其服務要點包括：

〔註19〕江亮演（1981）。〈日本老人問題產生的背景和對策〉東海大學主編，《老人福利研討會論文集》，頁126-150。

社會保險

屬於老人福利的有厚生年金、國民年金與福祉年金等三項。厚生年金以經常僱用員工五人以上的事業單位為對象，被保險者投保二十年（礦工十五年以上）或40歲（女子及礦工為35歲）以後保險十五年以上之被保險人退休時領取。國民年金以自營業者、農業經營者及其他公共年金制度所未能包括在內者為對象。福祉年金，是已達高齡而無法繳費之年金者，與未符繳費制年金給付要件者為對象。

醫療服務

日本對老年人的保健醫療服務，在其《老年人福利法》中規定，65歲以上老人，每年健康檢查一次，分為一般診斷與精密診斷，前者一律免費，後者對高收入老人仍收徵實際需要費用。其餘的按公費負擔制度處理。

居家老人福利方面

包括派遣志願服務員至老人家中直接服務。特別是身心殘障而無法過正常生活，且又無適當照顧者，志願服務員幫老人洗衣服、煮飯等一切日常家務工作。志願服務員的選派是市町村的固定業務，或由其委託社會福利團體代辦。全國目前有大約13,120名志願服務員。

同時，日常須他人協助之老年人，政府可提供特殊設計的睡床、浴槽、熱水器、大小便器、輪椅、拐杖等借給或免費提供老人使用。1972年起並免費提供浴槽及熱水器。除此之外，全國各地亦設有短期老年人安老機構，以收容因家族或照料者疾病、生產、旅行、事故等原因而得不到短期照顧之老年人。保護期間原則上為一星期，費用全免或按家庭經濟狀況而減免。

日本的老年福利除了上述幾種消極的保護性服務之外，亦注重積極的開發老年人之潛在能力。其推行項目包括：

1. 老人就業介紹。

2.老人創業輔導。

3.老人俱樂部：1978年時共成立了114,573個，會員有7,030,000人，提供手藝學習、娛樂、宗教活動等。

4.老人大學、老人圖書館、老人工作中心及老人運動會等活動之推行。

日本老年福利機構的行政系統相當完整，在都、道、府、縣及市政府皆有設置福祉事務所的義務。其他町村之下級單位則視財力和行政需要酌情設置，或組「民生委員會」推行老人福利。日本各都、道、府、縣及其他下級行政單位亦設置「福利協議會」，以社會福利法人地位推行該地區之社會福利，為社會福利之最基層組織，其服務對象包括低收入者、兒童與老人。全國亦設有「聯合福利協議會」，其經費均由各級政府編列預算補助。

另外，在民間方面，有社會福利銀行，成立於1978年，提供有意經營社會福利事業者之貸款，貸款期長，利息低，為日本各大都市開發銀行之一部分。「社會福利事業振興會」則成立於1954年的特殊法人，其活動性質類似社會福利銀行，為社會福利設施之新設立或修繕、改建、擴大設備等提供必要之資金低息貸款。

綜上所述，我們可以知道日本社會裡對老年人所提供的福利措施相當完善，日本的急速工業化雖然帶動了許多社會變遷，但老年人之福利似乎並未被忽略事實。但也有人指出日本倫理觀念並不鼓勵老人接受社會福利和救助，根深蒂固的道德將無助的老人看成廢物是社會的負擔，主張讓老人自生自滅。因此日本人尊敬健康獨立的老人，但歧視有問題的老人。

目前對老人福利影響最大的，在許多先進國家皆有國民年金和年金保險制度之設施。國民年金實施的對象是全體國民，所要維持的是個人年老時基本經濟安全，其內容包括三個主要項目：(1)老年年金；

(2)殘障年金；(3)遺屬年金。白秀雄對這三項的解釋將老年年金界定成「指被保險人投保達一定年資且達規定年齡，所發給的定期性繼續的保險給付。」殘障年金則指「被保險人遭永久或部分之傷害，致喪失工作能力無法從事有酬活動所發給的定期性繼續保險給付。」而遺屬年金「係對年金受益者死亡後，其配偶及未成年子女所發給的定期性、繼續性的保險給付。」〔註20〕

根據1990年的資料，共有146個國家提供國民年金的福利。白秀雄引用日本厚生統計協會的資料將英國、美國、德國、法國、瑞典、日本等六個主要先進國家做一比較發現各國立法精神雖同，但立法法案卻各有不同，對繳費和受益之規定亦依國情之不同而有所不同。英國、瑞典、德國、日本等國的老年年金多多少少皆有國庫做部分的補助，美國和法國則國庫不負擔，由雇主與被保險人分別負擔。表8-5有相當詳細之比較，可供讀者參考。

表8-5　主要國家年金保險制度（老年年金）概要

國家別	英　國	德　國	法　國
依據法律	社會安全法（1986年）	德意志保險法（1911年） 職員保險法（1911年） 德意志礦工組合法（1923年） 農民老年扶助法（1957年） } 社會法典	社會安全法典（1985年） 各特別制度相關法令
適用對象	・基本年金：全國居民 ・附加年金：受僱者（1978年4月起）	・勞工年金保險：一般勞工 ・職員年金保險：職員 ・礦工年金保險：礦工 ・農業者老年扶助：農業者	・一般制度：民間工商農業受僱者 ・特別制度：公務員、礦工、船員、公營事業員工等 ・其他制度：農業經營者、自營業者等
制度名稱	國民保險	勞工年金保險、職員年金保險	一般制度

〔註20〕白秀雄（1996）。《老人福利》，臺北：三民書局，頁75。臺灣目前有關老人福利教科書，白秀雄著《老人福利》一書無論在理論引介或資料蒐集皆相當完整，值得讀者參考。尤其是老人福利的社會工作員更將獲益。

國家別	英國	德國	法國
受益要件	・受益資格期間：具有必須繳費期間的1/4以上年數者 ・給付開始年齡：男性65歲 女性60歲	・受益資格期間：5年以上 ・給付開始年齡：65歲（35年以上保險年資者為63歲，重度殘障者為60歲，失業1年以上者為60歲），得提早或延遲3年受益	受益資格期間：三個月以上（完整年金給付須投保至少37.5年） 給付開始年齡：60歲
老年年金給付計算方式	・基本年金：定額× $\frac{\text{投保年資}}{\text{必須投保年數}}$ ・單身：56.1鎊／週 ・夫婦：89.8鎊／週 ・附加年金：（投保全期間平均薪資－基本年金）×0.2×投保年資÷必須投保年數（20年）每週延遲給付者得增給1/7%（男性至70歲，女性至65歲）	一般計算基礎×個人計算基礎×0.015×投保年資 （一般計算基礎為上年全體被保險人的平均薪資，每年由聯邦政府修訂公告：個人計算基礎為年金點數的平均值，而年金點數係個人薪資除以當年一般計算基礎得之） 提早受益每年減額3.6%，延遲受益每年增額6%	最高10年平均薪資年額×0.5×投保月數／450
投保薪資上限	420鎊／週（但雇主負擔部分無上限），下限為56鎊/週	1993年1月起86.400馬克／年（西德），63.600馬克／年（東德）	1993年1月12.360法郎／月
財源	・保險費率：為國民保險綜合費率 ・受僱者：56鎊／週以下部分為2%，56～420鎊／週部分為9% ・雇主：56～95鎊／週部分4.6%；95%～140鎊／週部分6.6%；140～195鎊／週部分8.6%；195鎊／週以上者為10.4% ・國庫：負擔給付費用約4%（1990年）	・保險費率：18.7%，勞資雙方負擔各半（1992年1月） ・國庫負擔：給付費用以外部分有一定的補助（1991年全部財源的18.5%）	保險費率：16.35%，其中雇主8.2%加薪資總額1.6%，被保險人6.55% 國庫：原則上不補助
老年（退休）年金額	基本年金：1993年4月 單身：243.10鎊 夫婦：383.14鎊	西德（平均）勞工年金保險為994馬克，職員年金保險為1.403馬克，東德（平均）為872馬克（1991年7月）	一般制度：1993年1月 最高：6.180法郎 最低：2.998法郎
受理營運機構	社會安全部：監督 社會安全事務所：營運	聯邦勞動社會部：監督；勞工年金保險由州保險事務所、聯邦鐵路員工保險事務所、海員基金會等營運，職員年金保險由聯邦職員保險事務所營運	社會與就業部：監督 全國老年保險基金會：營運管理 保險費徵收組合：負責收繳保險費
註（1993年月匯率）	1鎊＝新臺幣40.48元	1馬克＝新臺幣15.80元	1法郎＝新臺幣4.62元

國家別	瑞典	美國	日本
法律依據	國民保險法（1962年） 部分年金法（1976年）	社會安全法（1935年、1939年、1956年及1983年修正） 各特別制度相關法律	厚生年金保險法（1954年） 國民年金法（1959年） 各種共濟組合法
適用對象	・基本年金：全國居民 ・附加年金：基本額（1992年為33.700瑞幣）以上的年所得受僱者及自營業者	・老年、遺屬、殘障保險：民間企業所有受僱者，1984年1月起總統、副總統、國會議員、1984年新任用的聯邦政府公務員等 ・其他：鐵路員工、聯邦部分公務員等特別制度	・厚生年金保險：民間受僱者 ・國民年金：20～59歲國民 ・各種共濟組合：公務員、私校教職員、農林漁業團體職員等
制度名稱	國民保險	老年遺屬殘障保險	厚生年金保險、國民年金
受益要件	・受益資格期間：基本年金無，附加年金3年 ・給付開始年齡：65歲（但60～64歲得支給減額年金）	・受益資格期間：滿21歲的翌年（或於1950年以前已滿21歲者自1951年）起62歲止合計40季 ・給付開始年齡：65歲（但62～64歲得支給減額年金）	・受益資格期間：25年 ・給付開始年齡：65歲（投保25年，於60歲以後喪失被保險人資格，或喪失被保險人資格後自60～65歲期間可領特別給付）
老年年金給付計算方式	・基本年金：單身為基本額0.96倍，夫婦為基本額1.57倍 ・附加年金：受益時基本額×年金點數最高15年平均值×0.6×投保年數／30 （年金點數為年所得減基本額後除以基本額） 以上二種年金，自60歲起給付每月減額0.5%，延至70歲止給付每月增額0.7%	1993年規定： 基本年金：平均薪資月額區分三段，最初401美元×0.9，401美元以上至2.420美元之部分×0.32，2.420美元以上×0.15的累計額；每延1年開始給付增額8%（自2008年完全實施），每早1年開始給付減額20%	・老年基本年金：（1991年4月）737.300圓×$\frac{\text{繳費月數+免繳月數1/3}}{480}$ ・老年附加年金200圓×繳納附加保險費月數 ・老年厚生年金：（平均薪資月額×0.75%×投保月數）×連動調整率＋加給年金額（配偶212.500圓，子女每人212.500圓，但第3子女以後每人70.800圓。） ・特別給付：（1.388圓×投保月數＋平均薪資月額×0.75%×投保月數）×連動調整率＋加給年金額
投保薪資上限	基本年金：無（但下限為6.000瑞幣） 附加年金：基本額的7.5倍（基本額為下限）	1993年：57.600美元／年	1989年12月起530.000圓／月
財源	・保險費率：基本年金7.45% ・附加年金：13%，部分年金0.5%由雇主及自營業者負擔，受僱者均不負擔 ・國庫：僅負擔基本年金約25%	・保險費率：勞資雙方各6.2% ・自營作業者：12.4% ・國庫：原則上無（但對72歲以上的特殊給付給予補助）	・厚生年金保險：男性1.45%，女性14.45%，坑內工及船員16.3%，均由勞資雙方負擔各半 ・國民年金：10.500圓／月（附加年金為400圓／月） ・國庫：負擔基本年金給付費1/3，附加年金給付費1/4，事務費全額

國家別	瑞　典	美　國	日　本
年金額 老年（退休）	基本年金：1992年1月 單身：32.352瑞幣 夫婦：52.909瑞幣	1993年2月 單身：653美元 夫婦：990美元	1992年平均： 基本年金：39.600圓 厚生年金：150.400圓
運機構 受理營	・國民保險局：監督 ・地方社會保險事務所：營運管理	・衛生及人群服務部：監督 ・社會安全署：營運管理	・厚生省：監督 ・社會保險廳：營運管理
月匯率） 註（1993年	1瑞幣＝新臺幣3.24元	1美元＝新臺幣27.15元	1圓＝新臺幣0.25元

第三節　臺灣老人福利現況

臺灣對老人福利正式加以立法並做有系統的規劃應是1980年通過的《老人福利法》。《老人福利法》第1條開宗明義地宣示此法之立意為「宏揚敬老美德，安定老人生活，維護老人健康，增進老人福利。」該法所界定的老人是「年滿70歲以上之人」並督促「各級政府應按年編列老人福利預算，並得動用社會福利基金」。

《老人福利法》第7條規定省（市）、縣（市）主管機關應視需要設立並獎助私人設立四類老人福利機構：

1.扶養機構：以留養無護養義務之親屬或扶養義務之親屬無扶養能力之老人為目的。

2.療養機構：以療養罹患長期慢性疾病或癱瘓老人為目的。

3.休養機構：以舉辦老人休閒、康樂及聯誼活動為目的。

4.服務機構：以提供老人綜合性服務為目的。

1980年通過的《老人福利法》、1981年通過的《老人福利法施行細則》以及2007年1月30日由總統公布的《老人福利法修正法》全文。我們收錄在書末〈重要法案文獻舉例〉裡，讀者可參考。

修正後的老人福利法針對舊法的缺失加強下列幾項重點：

一、參酌先進國家立法例，將老人法定年齡由原來的七十歲調降為年滿六十五歲以上，俾能配合社會需求，順應世界潮流。

二、明定老人福利機構的類型包括長期照護機構、養護機構、安養機構、文康機構及服務機構。許可小型設立且不對外募捐、不接受補助或不享受租稅減免者，得免辦財團法人登記；明定罰則，並給予緩衝期，在本法公布日二年後仍未立案者，才予處罰，以期突破長久以來無法解決之未立案老人安養中心合法設立之問題。

三、鼓勵三代同堂，增列政府直接興建國民住宅，提供符合國宅承租條件且與老人同住之三代同堂家庭優先承租，惟一旦老人非因死亡而未再同住時，國宅主管機關應收回該住宅及基地，貫徹政府崇敬關懷老人之政策。

四、為協助因身心受損致日常生活功能需他人協助之居家老人得到所需之持續性照顧，地方政府應提供或結合民間資源提供下列居家服務：居家護理、居家照顧、家務服務、友善訪視、電話問安、餐飲服務、居家環境改善、其他相關之居家服務。至有關居家服務之實施辦法，應由地方政府定之。

五、為保障老人經濟生活，採生活津貼、特別照顧津貼、年金保險制度方式，逐步規劃實施。另外，老人或其法定扶養義務人無力負擔全民健保等醫療費用時，地方政府應予以補助。

六、加強老人保護工作，明定依法令或契約而有扶養義務者對老人有遺棄、妨害自由、傷害、身心虐待、留置無生活自理能力之老人獨處於易發生危險或傷害之環境等行為之一者，處三萬元以上十五萬元以下之罰鍰，並公告其姓名，如涉及刑責應移送司法偵辦；其情節嚴重者，應對其施以四小時以上之家庭教育與輔導，以恢宏我國奉養老人之傳統，以落實照顧老人之意旨。例如臺北縣某國小預定地拆遷違建戶的案件—臺北縣政府以該名老人的子女，將該名無生活自理能力的老人棄置於該違建內，爰依老人福利法有關老人保護規定，提起訴訟。〔註21〕

雖然老人福利法的缺點不少，但至少臺灣地區在老人福利的提供上有法可據。尤其近年來老人爭取福利之聲浪相當高昂，而且各地政府亦以老人福利為訴求號召。根據內政部的資料，現行老人福利政策措施包括下列數項：

一、居家服務

增強家庭照顧能力，提供必要的協助以及輔導，促使老人得以居家安養，協助項目包括：

1.低收入老人生活補助。

2.中低收入戶老人生活津貼。

3.中低收入戶老人住宅設施、設備補助改善。

4.老人居家服務。

5.中低收入戶老人重病住院看護補助。

6.為鼓勵子女與老人同住，所得稅法有增加50%免稅額之規定。

7.明定國民住宅優先提供三代同堂家庭承租之規定。

8.懲罰有扶養義務而未善盡奉養責任者。

9.交通、康樂場所及文教設施等之優待。

10.鼓勵參與志願服務。

〔註21〕摘自內政部網頁http://www.moi.gov.tw 老人福利與政策部分。

二、社區照顧

1.老人保護。

2.日間照顧。

3.營養餐食服務。

4.短期或臨時照顧。

5.社區安養設施。

6.興設老人公寓。

7.教育及休閒。

8.長青學苑。

9.屆齡退休研習活動。

10.其他休閒育樂活動。

11.結合志工推展居家服務。

12.心理及社會適應。

三、機構養護

1.確保服務品質、增設安養機構。

2.平衡安養者及機構經營者之權益。

3.協助未立案老人安養、養護機構合法化。

4.研訂（修）老人福利法相關子法。

5.改善老人養護設施。〔註22〕

綜上所述，老人福利政策在臺灣已算完整。當然政府的資料與實際實施情況往往有差別，政府執行單位並未能按照老人福利法規定執行，因此形成老人被忽視的困境。

〔註22〕參閱內政部網頁http://vol.moi.gov.tw/sowf3w/o4/o3.htm.

第四節　如何幫助老年人

本書一直到目前為止，討論的中心皆放在描述老年的社會環境及其對個人的影響。我們的重點是把老年問題看作是社會結構影響下的產品。本章前面二節討論社會福利時亦以描述為主，強調老年福利之必要性。本節裡，我們準備換個角度來談如何在實際上幫助老年人解決其所面臨的問題及可能遭遇的困難。首先，將談到社會工作員訪視的技巧問題，其次則談到社會福利機構的計畫設計過程，重點皆放在實務上。

首先我們必須聲明清楚，並不是所有的老年人都有問題，也不是每一個老年人都需要幫助。從統計數目上來看，真正需要受幫助的老年人所占的比例並不大。每一個老年人都可能有些困擾，但那些困擾有時是可以由個人自己設法解決的，無須社會福利機構的插手；但另外有些則非個人能力所及，必須依賴社會福利機構來處理。

即使在一個福利事業很發達的社會裡，例如美國，我們常聽到福利機構官員埋怨，許多福利措施無人爭取。這些福利機構官員常感嘆：「不是我們不幫忙，實在是沒有人來申請。」而在另一方面，老年人則埋怨不知道到底是有哪些福利補助可申請、申請手續如何等。兩者之間很明顯的是有差距的。因此要幫助解決老年問題的首要工作是由福利機構主動伸出雙手去找出受需要補助的老年人，主動的提供資料，鼓勵老年人申請；而非整日呆坐辦公室內靜等老年人上門求助。

要做到主動幫助老年人的第一步驟是先找出那些需要補助的老年人。福利機構官員或社會工作員必須把對象先確定方能展開其他的工作，到底哪些人需要幫忙？他們在哪裡？幫忙的對象是所有的老年人，或只是一部分的老年人等，都是必須要先評估的問題。

當服務或幫助的老年對象決定後，下一個步驟乃查詢老年人的姓名地址或電話號碼。一個最常用的查詢方式是蒐集所有社會福利機構內已有的名單，編冊使用。因為每一個社會福利機構的服務性質不同，對象也可能不同，因此這些機構常各自有受益者的名單存檔。但也正因這特質，服務對象名單就有重複的可能，必須加以整理。舉個例子來說明，陳老先生年70歲，貧苦無依，因此，他在社會局的貧民救濟名冊裡有他的名字，又因其高齡，在重陽敬老金贈受名冊上亦有其名，這種名字重複出現在二個以上社會福利機構名冊上的例子不少。因此，新的社會服務或福利機構在編列名冊時就必須加以整理。

我們曾經提過，實際接受救濟的老年人不多。因此，單靠既有檔案來找尋，是不會完整的。而且，有些時候社會福利機構不願意合作提供名單，則蒐集益加困難。在這種情況下，一個可行的補充辦法是經由非正式的人際關係來找尋老年人，如「陳某認識一位老先生，住在河濱公園旁」就是一個由非正式機構所求得的個案，尤其在小社區內或流動性不大的鄉村，這種方式常有意料不到的效果。

當然，大眾傳播工具的有效使用也是很可行的一種方式。在電視上、收音機上、報紙上做廣告，籲請老年人來報名，在今日的社會裡是很有效的溝通方式，甚至於在布告欄裡貼海報等都是可行的。

第三個必須做的步驟是訪視（interviewing）老年人。社會福利機構決定了對象，確定了名單地址之後，就應該派人去訪視老年人。訪視和閒聊不一樣，訪視是有目的和有組織的談話，而閒聊則可東南西北無目的的聊天。通常，訪視的目的主要的有下面三個：

1.提供消息資料給老年人

社會工作員在訪視老年人時可將其所代表或服務的機關性質轉告給老人，增加老年人對該機構的瞭解，同時也幫助該機構瞭解老年人之所需。例如，一個有興趣參加老人長青大學的老年人可能想知道入學的申請手續、學費、課程、師資……等等。社會工作員可藉訪視加以解釋，也同時可經由老年人的問題而發現老年長青大學應有而未有的服務項目，供他日改進之用，或設法滿足老人所需。

2.蒐集資料

訪視的最重要目的通常是從受訪者身上蒐集資料。大多數的社會福利機構設計服務計畫項目時，不應該閉門造車，必須仰賴老年人提供資料，探求所需。例如在辦理老年公車免費搭乘服務，市政府應該先訪視老年人，詢問此項服務之需要性、可行性，以及應採措施方案，方能有效運作。

3.解決問題

有時候，老人們所面臨的問題不是在辦公室內紙張作業所可解決的。因此，社會工作員必須訪視老人，探求癥結所在，而後解決其困難，特別是在老人心理方面的問題更是如此。

訪視是在設法提供老年人幫助和服務過程中很重要的一環，但是我們也必須在此提醒社會工作員不可以對老年人做過分的要求，強迫老年人提供資料，或時常騷擾老年人等。這些要求會產生不良效果的。一個好的社會工作員在探訪老年人時，應該注意到：(1)訪視時間的長短，依人而定，不可過長，亦不可過短；(2)訪視地點，在老人家裡或在辦公室內舉行；(3)訪視次數，應按目的和對象而決定；(4)道德責任，所有訪視資料必須為受訪者保密，不可公開；(5)考慮受訪者的立場，不可過分積極主動，應視受訪者情緒狀況而定。

無可否認的，社會工作員在訪視時需要有高度的技巧才能完成任務，一個好的社會工作員應具有下列訪視之技巧：

1.有能力與受訪者建立良好的關係——尊重對方並在必要時給予慰藉，而在同時也需要受訪者對社會工作員有良好印象，認為他是能提供幫助的。

2.有能力為受訪者找出問題癥結所在——有些問題很明顯，也很容易找出癥結；有些則隱藏深處，必須有耐心才能找出。

3.有能力把問題加以整理系統化——老人面臨的問題有時候錯綜複雜、千頭萬緒，社會工作員必須能整理出一個頭緒來，好使問題能逐一解決。

4.有好的語言及溝通能力——儘量避免用太多的術語，必須要能與受訪者溝通，話太多或太少都不是好現象，言詞清晰是一個好的社會工作員訪視的必備要件。

5.有做摘要的能力——也就是有能力將談話內容加以精簡、加以整理，並做結論。

社會工作員在做完訪視後的一個不能忽略的工作是將訪視結果記錄下來，並提出參考意見，然後加以系統化歸檔。

哈柏特（Anita S. Harbert）和金斯格（Leon H. Ginsberg）兩人對老人訪視提出了下列三點應該注意的工作原則給社會工作員作參考。〔註23〕

1.認識並瞭解老人之問題。他的文化、宗教、經濟背景如何？這些背景對他有何影響？你（社會工作員）對問題的看法和他相同或不一樣？設法找出可能影響到幫他解決問題的哪些優劣點特徵。

2.評估清楚到底有哪些途徑或資源可用來幫他忙？跟他一起設計出一個可行的策略。

3.幫他提高士氣，與他建立良好關係，溝通意見以實行已定策略。

哈柏特和金斯格相信一個社會工作員必須要熟練其訪視技巧才能

〔註23〕Anita S. Harbert and Leon H. Ginsberg, *Human Services for Older adults: Concepts and Skills, Columbia*, S. C.: University of South Carolina Press, 1990.

圓滿完成任務，這些技巧包括：〔註24〕

1.在設計方針時，必須把老人與其重要親友包括在內。

2.儘量讓老人自己做決定。

3.蒐集正確資料，並加以評估。

4.蒐集有關資料，必要時可與其他人或團體商量。

5.探求其他可行的解決辦法。

6.將後果通知老人，如果錯了，則協助他改正。

7.不要曲解事實或答應做不到的事。

8.不要自認為自己知道所有的答案或堅持你的答案是最好的答案。

9.主動去探求需要幫助的老人。

10.儘可能在團體方式下進行。

11.爭取社區的支持與參與。

12.替老年人發言或爭取應有福利。

13.注意時機的重要性，所做所言必須配合時機。

14.幫老年人解決公文旅行或其他官僚作風所帶來的困擾。

社會工作員對老人的訪視是在設計老年福利計畫及其推行工作過程中最重要的一環。在訪視的過程裡，老人可以把自己的困難向社會工作員細述，也可經由社會工作員所提供的資料或解釋裡瞭解機構之服務項目。一個表現良好的社會工作員可以協助老人建立對外來補助的正確觀念，同時也可以給其所代表機構正確資料作為設計推行老年福利計畫之方針。我們必須在此強調大多數的老人是從舊社會裡成長的，因此比較保守，很可能認為接受輔導救濟是很不體面的事。要改變這種態度，就依賴在社會工作員的訪視上。

〔註24〕Louis Lowy, *Social Work with the Aging: the Challenge and Promise of the Later Years*. New York: Longman, 1985.

老年社會福利的第四個步驟是福利計畫的設計。在經過一個完整的老人訪視之後，福利機構有了比較可靠的資料用作計畫設計的依據。雖然社會上可能已經有了不少的福利計畫方案，但因為老年問題自有其特殊性，專為老人而設的福利計畫有時是必要的。計畫設計的一個很重要的步驟是決定福利項目的優先次序。從社會工作員的訪視資料、從一般報章雜誌有關老人消息報導上，或甚至於從民眾意見調查上，福利機關蒐集了不少老人需要救助或服務的項目。但是福利機關因人力、財力所限，不可能樣樣都做，因此就必須對這些需求評估（needs assessment），然後依其緊急性、重要性，及機構所能募集人力和財力資料方面排定項目優先次序。緊急、重要，及能做得到的先做，其他的按後。計畫設計完成後，就必須再訂出工作細則，詳細說明工作實施步驟、預算經費，以及計畫效果的客觀評估。這些工作有不少是需要社區內其他團體、機構，以及老人積極參加的。

勞義（Louis Lowy）提出一個相當完整的報表給社會工作者作參考，用以評估與衡量老年人的問題與需求。這報表裡包括下面幾項主要因素：個人、家庭、小團體、組織、社區等。

㈠個人

1.生理因素與心理因素

⑴病痛傷殘徵象之出現。

⑵外表與精神。

⑶心智靈敏程度。

⑷對外界的觀念態度。

⑸注意力集中與否。

2.社會經濟因素

⑴經濟因素：收入等。

(2)就業態度與現況。

(3)對文化、種族之認同。

(4)宗教認同與參與。

3.個人價值與目標

(1)價值與個人生命意義的關係。

(2)價值與社會目標的追求。

(3)價值與社會工作員價值之協調。

4.參與的適應功能與反應

(1)外表、態度、談吐。

(2)情緒穩定與否。

(3)會話交談之表達能力。

(4)病態徵象之行為。

(5)何種人際關係,個案試圖在建立。

(6)自我感受。

(7)社會角色扮演成效。

(8)人際關係之行為。

①親密之能力。

②依賴——自主之平衡。

③權力與衝突之控制。

④壓榨性。

⑤公開性。

5.發展因素

(1)生命階段裡的角色扮演恰當否。

(2)對個人生命發展經驗的看法。

(3)對個人以往的衝突、問題及工作之處理。

(4)個人生命中之特殊問題。

㈡家庭

1.視家庭為一社會體系

⑴視家庭為一群社會單位中之一個有效能與功能的單位

①家庭之界域——嚴謹或鬆弛。

②其他社會單位之輸入（input）性質。

③在整個大的社會體系內，家庭的配合程度。

④家庭是否具有差異之物質（deviant）。

⑵家庭分子的社會地位與角色

①正式角色的扮演（父、母、子、女等）。

②非正式角色的扮演（掌家財、權勢等）。

③家庭分子間對角色任務之分配。

④家庭分子間角色之協調。

⑶家庭規律

①有關家庭穩定與維護之規律。

②有關家庭失調之處理規律。

③家庭規律與實際生活之間的協調。

④家庭規律修正之過程。

⑷交通網路

①家庭分子間交通的方法。

②交通之頻道——誰對誰講話。

③訊息之品質——清楚或含糊。

2.家庭之發展階段

⑴家庭發展階段——以年數計算。

⑵階段移轉之問題及其適應。

⑶不同階段內角色之移轉問題。

⑷問題解決辦法。

3.家庭內之附屬體系

⑴家庭穩定的聯繫功能。

⑵家庭內附屬體系之間的互助功能。

4.生理與心理需求

⑴家庭對生理需求滿足之程度。

⑵家庭對心理與社會需求滿足之程度。

⑶家庭對生理與心理需求之資源供應。

⑷個人需求與家庭供應之差距。

5.目的、價值及願望

⑴家庭分子對家庭價值之瞭解程度。

⑵對目的、價值與願望之處理程度。

⑶家庭對分子之個人目的及願望追求之容許程度。

6.社會經濟因素。

㈢小團體

1.功能特質

⑴團體成分

①自然團體。

②因外來干預而組成者。

⑵團體之目標

①友誼、交情和社會團體——由社會互動裡所得之滿足與互惠。

②目標工作取向團體——為某一目標所成立者，重視成就，而非情感。

③私人改變團體——強調心理與社會內涵及個人與個人之間

的動態行為。

④角色增進發展團體——娛樂性、教育性及利益性團體，強調報酬。

(3)團體與其他團體之關係。

2.結構成分

(1)團體成員之吸收方式。

(2)團體成員之個人人格。

①人格模式、需求、動機。

②同質性、異質性。

③年齡。

④性別、社會地位、文化。

⑤團體內小團體之成分。

⑥團體權力控制之所在的性質。

i領袖角色如何產生。

ii決策之制訂。

3.互動因素

(1)規範、價值、信仰等。

(2)關係之性質、深度與品質。

①正式或非正式。

②合作或競爭。

③自由或約束。

④個人與個人之間互賴的程度。

(四)組織

1.合法化的組織體系

(1)組織目標工作

①目標清楚與否。

②成員對目標的體認。

⑵個人和團體角色與目標之關係

①受命執行任務的人。

②那些人角色成分依據。

③他們角色之期望與實際扮演情形。

④角色取得方式。

⑶在組織體系內小組織之位置

①服務對象。

②服務項目。

③與其他組織之合作。

④由其他組織引進知識技巧。

2.組織的文化

⑴組織操作之型態

①成員的信念。

②成員之期望與態度。

③組織行動之操作理論。

⑵互動方式

①正式或非正式。

②科層關係。

③儀式。

④交通網路。

⑶組織之工藝技術

①用語辭彙。

②程式。

③被接受的溝通方式。

3.組織的能力

⑴資金、場地、工具之供應。

⑵對社會所能運用的權勢範圍。

⑶在社區內組織之地位、權力。

⑷政策運用之績效。

⑸內部決策過程之效率。

⑹成員之士氣。

⑺上述因素對組織之總效果。

㈤社區

1.社區為社會體系之一

⑴社區的組織、制度與團體間關係。

⑵社區問題之癥結所在。

⑶社區內可用來解決問題之單位。

⑷任何一部門的改變如何影響了其他部門。

2.社區的有機功能

⑴對社會控制與遵從之態度。

⑵社會流動之機會。

⑶社區對成功與失敗之定義。

⑷社區內權力結構。

⑸社區內權力之取得方式。

⑹問題之發掘方式。

⑺對社會問題發生的看法。

⑻社區對社會問題受害者之看法。

⑼解決問題之過程與能力。

3.社區間結構與過程。

4.政府與非政府部門之協調關係。

勞義這個評估項目表是採自蓋頓和蓋拉委（B. Robert, Compton, 1999）之量表的。這個表的最大特點是把幫助個人困難與個案登記的範圍擴大至個人、家庭、團體、組織與社區等層次，認定個人困難不僅是個人本身之問題而且也是家庭等其他非個人單位之問題。把這個觀點運用在老年人問題上，社會工作員就不能單注意老人本身，而且更要瞭解其他環境老人周圍之因素，只有這樣，才能積極幫助老年人。〔註25〕

正如我們在前面提過的，並非每一個老年人都是有問題的。一個人的年紀大了之後，也不一定就形成社會問題，而是要看社會怎麼樣處理這個老年人與怎麼樣對待這一群老年人。在傳統社會裡，老年人是一種知識的累積者，也代表著一種穩定；但是在目前的工業社會裡，老年人則被視為累贅，增加社會負擔。因此，雖然老年人生活之愉快與否，老年人本身固有責任，可是社會全體亦應有相當程度責任。社會工作員的目的就在於運用廣角度的方法來幫助有問題的那一群少數老年人恢復生活樂趣。

總而言之，老年社會福利必須積極主動，社會工作員必須要有良好的訓練，而福利機構在設計與推行福利工作時，更必須與社區其他個人或機構聯繫合作。如果能做到這些原則，老年福利才會有效果。

〔註25〕B. Robert Compton, *Social Work Processes*. Pacific Grove, CA: Brooks/Cole Publisher, 1999.

中國古代禮遇老年的制度

常建華

鄉飲酒禮

儒家的政治思想中，養老占有重要地位。儒家經典《禮記・王制》中，專門談到「養老」之政，《周禮》、《儀禮》和《禮記》還記載了養老之政的鄉飲酒禮，它是將氏族社會依年齡階層形成的社會秩序習俗禮儀化和國家制度化。《禮記・鄉飲酒禮》指出：

> 鄉飲酒禮，六十者坐，五十者立侍，以聽政役，所以明尊長也。六十者三豆，七十者四豆，八十者五豆，九十者六豆，所以明養老也。民知尊長養老，而後能入孝弟；民入孝弟，出尊長養老，而後成教；成教後國可安也。

鄉飲酒禮的意義在於尊長、養老，教化人民孝悌以維護國家統治秩序的穩定。

儒家的鄉飲酒禮為古代王朝禮制採納，並加以推行。據《冊府元龜》卷五九〈帝王部・興教化〉記載，漢唐間推行的鄉飲酒禮活動有：東漢永平二年「郡國縣道行鄉飲酒於學校」。北魏太和十一年（478年）孝文帝詔曰：

> 鄉飲酒禮廢，則長幼之敘亂，孟冬十月民間歲隙，宜於此導以德義，可下諸州黨里之內推賢而長，教其里人父慈子孝、兄友弟順、夫和妻柔，不率教者具以名聞。

闡述了鄉飲酒禮的宗旨在於興教化。唐太宗貞觀六年，詔天下地方官每年率長幼行鄉飲之禮。睿宗唐隆元年又要求諸州每年進行鄉飲酒禮。

宋元時代亦行鄉飲酒禮，文集中保存了一些地方上實行鄉飲酒禮的資料，比如程端禮《畏齋集》卷三載〈慶元鄉飲小錄序〉，鄭玉《師山集・師山遺文》卷一載〈荊山鄉飲酒序〉，劉壎《水雲村稿》卷十三的〈鄉飲酒禮儀〉都是明證。據劉壎所記，江西建昌曾於南宋淳祐丙午年行鄉飲酒禮，元大德丙午又舉行一次。當地時隔六十年舉行一次，可知實行之不易，故他說：

> 鄉飲酒禮大旨主於尚齒尊賢，以厚風俗，以明政教而已。古人歲歲行之以為常，後世間一行之以為異，即見今之不如古矣。

明清是古代推行鄉飲酒禮最好的兩個朝代。明洪武五年（1372年），朱元璋令禮部奏定鄉飲酒禮禮儀，要求地方官和學官率年老的士大夫行於學校和里社。洪武十六年，詔頒〈鄉飲酒禮〉於全國，儒學於每年正月十五、十月初一行之。十八年重定鄉飲酒禮，以加強勸懲作用，強調鄉飲坐序只論老少，不講貧富。洪武時期形成了有明一代的鄉飲酒禮制度，並於全國貫徹推行。

不過明代後期鄉飲的作用下降，萬曆時伍袁萃說：

> 鄉飲酒之禮，自古重之，我高皇以此旌別淑慝，樹立風聲，尤注意焉。非年高有德者勿與，非以祀致仕者勿與。近時則貲郎雜流、考察罷閑者無不與矣。（《林居漫錄・前集》卷六）

清承明制，於定鼎之初的順治元年（1644年）就定了鄉飲酒禮，次年又定了鄉飲酒禮讀律令。雍正元年（1723年），針對鄉飲酒禮久視為具文的情況，要求加緊舉行。乾隆二年（1737年）申令鄉賓僎務擇齒德兼優之人，並於十八年劃一各省所行鄉酒禮，定於每年十月中舉行一次，推舉紳士和耆宿為之。清代實行鄉酒禮，各省額設專門銀兩，道光二十三年

（1843年）由於將此款項移充軍餉，改由地方官捐廉備辦，從而使鄉飲酒禮在國是日非的形勢下一蹶不振。不過在形成傳統的一些地方，鄉飲酒禮成為民間風俗，仍在進行。如廣東順德「鄉族每年春初必行鄉飲酒禮，凡紳老俊秀者皆與焉，鄉大者闔鄉舉行之，族大者闔族舉行之。」（民國《續修順德縣志》卷一〈輿地·風俗〉）

鄉飲酒禮中，老年被奉為座上賓，通過尊老和敘長幼之禮，教化人民，維持鄉村社會秩序。

免役與賜物

中國古代有賞賜老年物品的制度。《禮記·王制》中的養老之政，就有老年衣食方面的闡述。規定老人「五十異，六十宿肉，七十貳膳，八十常珍，九十飲食不離寢，膳遊從於遊可也。」對不同年齡段的老人提供不同的細糧肉食。又規定老人「六十歲制、七十時制、八十月制、九十日制。唯絞、紟、衾、冒，死而後制。」可以看出為老人及時製作衣服的重視。

〈王制〉還闡述了對老人生理特徵的認識，說老人「五十始衰，六十非肉不飽，七十非帛不暖，八十非人不暖，九十雖得人不暖矣。」強調根據老人的生理變化，提高其生活標準，從衣食上保障他們的飽暖。儒家經典的這種思想，給予中國古代政治以深遠影響。

漢代已注重對高年的物質賞賜。據《漢書》記載，漢文帝曾認識到：

老者非帛不暖，非肉不飽。今歲首，不時使人存問長老，又無帛酒肉之賜，將何以佐天下子孫孝養其親？

於是要求地方政府，年八十以上，賜米人月一石，肉二十斤，酒五斗；其九十以上，又賜帛人二疋，絮三斤。顯然，文帝繼承了《禮記》的養老思想。從漢武帝開始，漢朝多在皇帝登基或改換年號時，有賞賜高年的舉措。如武帝元狩元年（西元前122年）賜年九十以上每人帛二疋，絮二斤；八十以上每人米三石；元封元年（西元前110年）賞賜年齡降低，即加上年七十以上每人帛二疋；次年又賜高年每人米四石。

南北朝時代的賞賜老年多是針對京師或帝王巡幸所至進行，不是常制。

唐朝賞賜高年比較普遍。早在太宗李世民時期，就於貞觀三年（629年）賜八十以上者粟三斛，九十以上者米三斛，百歲加絹二疋。此後在帝王節慶時為表示皇恩浩蕩和粉飾太平，也多有舉行，如憲宗在〈上尊號赦文〉中宣布：

> 天下百姓，年百歲以上各賜米五石，絹二疋，純棉一屯，羊酒有差，九十以上，各賜米三石，絹二疋。仍令本縣就家存問。（《全唐文》卷六三）

縣令親自存問宣賜，可見儀式是隆重的。

宋元時代賞賜老年的活動也有舉行。《宋史》記載，宋太宗和真宗都曾賞賜過京城父老帛。《元典章》記載，元成宗大德九年（1305年）立皇太子時，對八十歲以上老年賜帛一疋，九十歲以上者二疋。至大四年（1311年）仁宗登位，「發政施仁」，凡年九十以上者賜絹二疋，八十以上者一疋。此後《元史》說文宗天歷元年（1328年），曾賜京師耆老七十人幣帛。

明清政府較前代重視賞賜老年。朱元璋把賜高年作為重要政務。洪武十九年詔天下行養老之政，凡耆老年八十以上，鄉黨稱善貧無產業者，月給米五斗，肉五斤，酒三斗；九十以上歲加賜帛一疋，絮一斤。若有田產足以自贍者，只給酒肉絮帛。宣宗曾於宣德二年（1427年）頒詔，民年八十以上每名給絹一疋，棉布一疋，棉一斤，肉十斤，酒一斗，米一石。（田藝蘅《留青日札》卷十五）英宗天順八年（1464年），國家改訂賞賜老年的標準：民年七十以上，每歲給酒十瓶，肉十斤；八十以上者再增加棉一斤，布二疋；九十以上者給冠帶，每年官府設宴招待一次；百歲以上國家給與棺具。（萬曆《明會典》卷八）

清朝賞賜高年的制度不如明朝完備，而清代賞賜高年的事例不少。康熙二十七年（1688年）詔八十以上者給絹一疋，棉一斤，米一石，肉十斤，九十以上倍之。（俞樾《茶香室叢鈔》卷五〈百歲以上人〉）此舉受賞者人數衆多，僅上海一縣，就有二千餘名。清人不無感慨：「普天下，不知其開銷幾十萬兩也。」（姚廷遴《歷年記》）乾隆十六年十一月，因皇帝和皇太后上尊號禮成，頒詔天下：「八十以上者，給與絹一疋、棉一觔、米一石、肉十觔，九十以上者倍之。」（《清高宗實錄》卷四〇三）另外乾隆皇帝出巡時，也多有賞賜高年之舉。

中國古代還有為老年免役的制度。《禮記・王制》養老之政說：「五十不力役，六十不服戎。」即五、六十歲者可以不服徭役。〈內則〉又說：「八十者一子不從政，九十者其家不從政。」不從政，包括不服徭役，高年免役包括高年本人免役和親屬免役兩類。而《周禮?地官?鄉大夫》則把免除徭役的年限，按區域分為兩類，國中是六十，野為六十五。歷代王朝以禮書為指導，並根據本朝情況對老年免役問題做出不同規定。

秦漢時期的戶籍只統計五十六歲以下至二十歲的男丁，戶籍是徵收賦稅的依據，可知五十七歲以上者可以免役。漢文帝時又定出高年親屬的免役政策，規定九十者免其一子徭役，八十者免其家兩口算賦。

兩晉南北朝時期，各政權一般以六十六歲以上為「老」，免除徭役，其中北齊和北周六十歲即可免力役。高年親屬免役，北魏、北周一般是八十歲一子不從役。

隋承北齊之制。唐代禮高年稱為「侍老」，法定年齡是八十歲。而在賦役方面，唐令以年六十為老，賦役俱免。還有向老年親屬「給侍」的優待，規定：

> 諸年八十及篤疾，給侍一人；九十，二人；百歲，三人。充侍的稱為侍丁，其對象先近子孫、聽取近親，皆先輕色。無近親外取白丁者，人取家中內中男者並聽。（《通典》卷七）

侍丁依法可免全部力役、兵役或從軍。玄宗時代，將照顧年齡適度降低，曾有過七十五歲和七十歲的事例。

宋元明清時期，也以六十歲為老，年老停役。至於親屬免役，宋元時代一般是八十以上免一丁，元大德九年又曾規定過九十以上許侍丁二人；明清兩朝則降為七十以上許一丁侍養，免其雜泛差徭。

總之，對老年免役和賞賜的實行，照顧了老年的生活，減少了家庭贍老的一定負擔，並給家庭帶來利益，使老年在家中享有崇高的地位。其中免役更實際一些，而賞賜並不常有，大致是一種尊老的表示而已。

賜爵制度

《禮記—王制》、《儀禮・士冠禮》均說人民「五十而爵」，即進入老年後，由國家賜爵以提高他們的政治地位。賜老年爵為各朝代所繼承，其中又可分為賜職爵和民爵兩種類型。

中國古代是官本位的社會，官民是一條重要的身分界限，給老人一定官級的虛銜，是一種榮耀，表示對老年的尊重，使老年在社會上更具有權威，這就是賜老年職爵的原因。北朝與唐代視此為重。北魏孝文帝於太和二十年詔，耋年九十歲以上者，假給事中、縣令，庶老假郡縣。翌年孝文帝巡遊陝西地區下詔：

雍州士人百年以上，假華郡太守；九十以上，假荒郡；八十以上，假華縣，七十以上，賜爵三級。（《魏書》卷七下）

北齊時，曾賜畿內老人劉奴等九百四十三人版職。所謂「版職」，即官職虛銜。唐代節慶之日多有賞老年職爵之舉，且男女並賞。如高宗乾封元年（666年）因封泰山，大赦天下，並改年號，下詔：「民年八十以上版授下州刺史、司馬、縣令，婦人郡、縣君；七十以上至八十，賜古爵一級。」（《新唐書・高宗紀》）玄宗於先天元年、開元十年、開元二十年多次進行封賞。

或許是由於門閥士族社會向科舉官僚社會轉型的原因，宋以降賜高年職爵漸被官員品級和一般爵位所代替。《宋史》載，北宋太宗端拱改元，下令民年七十以上賜爵一級，真宗於大中祥符二年（1009年），賜赤縣父老八十者，可享受賜爵一級待遇。真宗還於同年下令宴犒赤縣父老，年九十者授攝官。宋人評論本朝「百歲者始得初品官封，比唐不侔矣。」明朝初年也有賜民爵之舉，它是洪武十九年所行養老之政的內容之一：應天、鳳陽二府富民八十以上賜爵社士，九十以上賜爵鄉士；天下富民年八十以上賜爵里士，九十以上賜爵社士。「咸許冠帶，與縣官平禮，免雜泛差徭，正官歲一存問。」（田藝蘅《留青日札》卷十五）

清朝實行甚有特色的賞老民頂戴的政策。清人說：

我朝以孝治天下，士庶凡七十（按當為八十）至九十以上者，賜予頂戴品級有差，用嘉獎賞，重高年也。（《楊氏宗譜》卷二）

這一政策始於乾隆元年，以後每逢皇帝登極頒發恩詔，均予執行。規定民人生監年至八十、九十、百歲以上，分別准用九品、八品、六品頂戴。賜頂戴為數不少，嘉慶二年（1797年）為八千四百七十九人，道光五年是三萬七千三百四十五人。

賜老年官員象徵的品級官銜，表面上看是尊敬老人提高其地位，實質是旨在通過老年推行孝治。

優老之禮

中國古代尊崇老年還體現在旌表、給三老五更封號和賜王杖等禮制中。

老年以杖助行，使杖是老年的標誌，優老之禮與杖有不解之緣。《禮記・王制》養老之政說：「五十杖於家，六十杖於鄉，七十杖於國，八十杖於朝，九十者無子欲有問焉，則就其室，以珍從。」鄉大夫一般七十退職，《禮記・曲禮》上講，如果未被允准退職，「則必賜之几杖，行役以婦人。適四方，乘安車」，以示優崇。或者如《禮記・祭義》所說的，「七十杖於朝，君問則席：八十不俟朝，君問則就之。」可知何時使用杖、怎樣使杖，在儒家經典中有不少說法，能得到政府所賜之杖，對老年來說是莫大榮幸。

漢朝是實行王杖制度的時代。《後漢書・禮儀》記載：

仲秋之月，縣道皆案户比民。年始七十者，授之以王杖，餔之糜粥。

八十、九十，禮有加賜。王杖長[九]尺，端以鳩鳥為飾。鳩者，不噎之鳥也。欲老人不噎。是月也，祀老人星於國都南郊老人廟。

這是關於王杖制度最詳盡的文獻記載，然而也還太簡略。令人欣慰的是考古發現了不少有關王杖的漢簡，豐富了我們對「王杖」制度的認識。

一九五九年甘肅武威出土過有關「王杖」的漢簡十枚，近年又發現了二十六枚〈王杖詔書令〉漢簡。經學者考證，從西漢宣帝到東漢明帝的一百多年中，對已形成的尊老養老法律曾進行多次修改補充，並逐步完善。〈王杖詔書令〉的主要內容是：對年七十以上的老人，由朝廷賜給王杖（頂端雕刻有斑鳩形象的特製手杖）。持王杖者在社會上享有各種待遇，他們的社會地位相當於年俸為六百石的官吏；他們「入宮廷不趨」，即不受禮節限制，吏民有敢毆辱這些老人的，要處以大逆不道罪殺頭。〈王杖詔書令〉還規定「市賣復用所予」，即持王杖的人從事工商業時，國家不徵收租稅等等。在四川彭縣出土的畫像磚和成都市郊出土的「養老」石刻畫像，都有持鳩杖的老者；甘肅武威漢墓還出土過三根鳩杖。

南北朝時代也有賞賜老年杖的事例。北魏孝文帝曾向耋年、庶老「各賜鳩杖、衣裳」（《魏書》卷七下）。北齊也有授給京畿老人「杖帽」之舉（《北史》卷七）。北周曾向三老「賜其延年杖」（《通典》卷二〇）。

中國古代把具有聰明才智、富有經驗的長老稱之為三老五更，優禮三老五更則表示尊敬老年。應劭《漢官儀》說：

三老、五更，三代所尊也。安車軟輪，送迎至家，天子獨拜於屏。三者，道成於天、地、人。老者，久也，舊也。五者，訓於五品。更者，五世長子，更更相代言其能以善道改更己也。三老五更皆取向首妻，男女完具。（《後漢書禮儀志》注引）

可見三老五更是無所不知的智者，在先秦時代已有尊三老的制度。

《禮記・樂記》說：「食三老五更於大學，天子袒而剖牲，執醬而饋，執爵而酳，冕而總干，所以教諸侯之弟也。」儒家將三代尊敬三老五更納入禮典。

東漢永平二年（59年），明帝始率郡臣躬養三老五更於辟雍，這種在學校所行之禮影響了後來的王朝。關於養三老、五更的禮儀，《後漢書・禮儀志》留下紀錄：擇吉日，選司徒、上太傅等高級官僚中德行年高者一人為三老，次一人為五更，皆服都紵大袍單衣，皁緣領袖中衣，戴進賢冠，扶王杖，五更亦如之，不杖。三老、五更齊於太學講堂。其日，天子乘輿先到大學辟雍禮殿，坐東廂，遣使者以御用之車迎三老、五更。「天子迎於門屏，交禮，道自阼階，三老升自賓階。至階，天子揖如禮。三老升，東面，三公設几，九卿正履，天子親袒割牲，執醬而饋，執爵而酳，祝鯁在前，祝　在後。五更南面，公進供禮，亦如之。明日詣闕謝恩，以見禮遇大尊顯故也。」可知漢代之禮是遵照儒家經典進行的，三老、五更之禮是一種優禮二位德高望重老年高官的禮節，以此表示對老年的尊崇。

從北朝到唐宋，歷代均有皇帝親養三老、五更於太學的禮制，儀節基本同於漢代。其中北魏行禮時還在明堂下設國老位，階下設庶老位，「賜國老、庶老衣服有差」。（《通典》卷六七）這種陪位的國老、庶老也是儒家禮制中尊老之設。《禮記・王制》養老之政說，有虞氏與夏、商、周三代均有養國老和庶老之事。所謂國老是退職的卿大夫，庶老是退職的小官吏或平民，將二者分養二處。北魏的作法，把養三老、五更和國老、庶老結合在一起進行。

元明清時代雖無養三老、五更之禮，但是有其他優老之禮，清代的旌表百歲老人便很有特色。旌表百歲始於康熙九年，當時限於命婦孀者，給予「貞壽之門」匾額和建牌坊銀三十兩。康熙四十二年放寬條件，壽民婦皆給「陞平人瑞」之匾，予以旌表。以後又有加賞超過百歲者。老民老婦已經旌賞，再遇恩詔仍加賞賜。三品以上大員父母妻室有年至百歲、平民百歲左右五世同堂者，於例給坊銀外，加賞銀疋。筆者據《大清歷朝實錄》統計，乾隆至同治五朝，共旌表百歲壽民婦三千八百八十五人，年平均二十二人。

綜上所述，中國古代有各種禮遇老年的制度。歷朝政權重視禮遇老年，當然是在倡導全社會尊敬老年，如果將禮遇老年結合儒家倫理政治分析，則不難看出，該項制度的主旨是推行「以孝治天下」。孝作為倫理規範，本是子孫對父祖長輩的服從，由此引出對老年人權威的認同。《大學》深刻闡述了尊老與孝治的關係：「所謂平天下在治國者，上父父，而民興孝，上長長，而民興弟。」尚老而興孝悌，從而治理國家。

◎轉載自常建華（1997）。《歷史月刊》，6月號。

面對死亡：疾病與療養

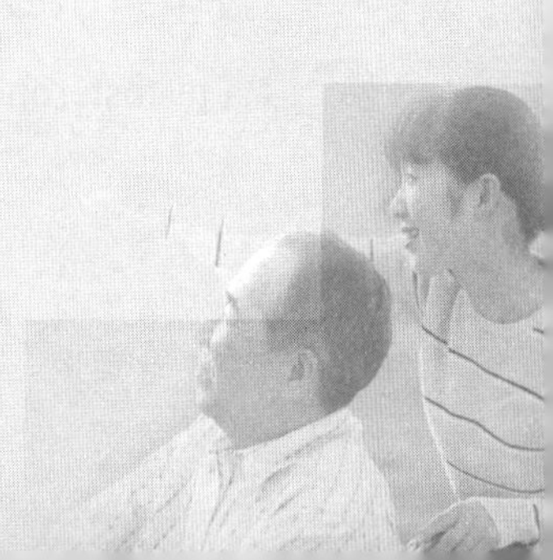

第一節　衰退的生理

人體的生理老化是一個無可避免的過程。人的一生由幼年，童年、青年、中年、老年，至最後的死亡是一系列過程，不僅無法避免，而且也無法逆轉。俗語所稱的「返老還童」只是空虛的想像而已。不論公侯庶民，也不論男女貴賤，漸長的年齡總帶來生理的老化。

生理老化的特徵包括肌肉的鬆弛、脂肪的增加、皮膚的變薄和器官功能的退化，對環境適應能力的減弱，易受疾病的感染，以及疾病復原能力的降低等。鄭惠信在一篇討論老化過程的論文裡詳細描述了下列老化的生理變化：

1.電解質及體液方面

老人對限鹽（sodium restriction）的反應較慢。因為隨年齡腎元逐漸消失，導致剩餘腎元滲透性負荷的增加；腎素（renin）濃度的減少；以及留鹽激素（aldosterone）的減低等因素所致。同時，由於老人的血容量擴大，老人較無法排除急性納負荷（acute salt load）。

2.腎臟方面

腎血流，腎絲球過濾速率（GFR）及肌酸酐廓清率隨年齡增加而減少，造成腎功能的可能降低。

3.呼吸系統方面

老人易發生肺擴張不全（atelectasis）症狀，亦易罹患肺炎。

4.內分泌方面

女性隨年齡增長，在停經後雌激素（estrogen）會減少以致生殖組織及骨質代謝的顯著變化。男性在年紀增加後睪固酮（testosterone）會下降。

5.心臟血管系統方面

心跳速律對心臟刺激劑的反應隨年紀增加而減少、正腎上腺素濃度（norepinephrine level）增加，血壓受容器反射（baroreceptor reflex）敏感性也減低。老人在血容量快速擴張時危險性增加，血管阻塞度亦往往有增加的現象。

6.視力系統方面

視力衰退，眼睛乾澀。對光線的適應能力降低，白內障問題產生。

7.聽力方面

聽覺功能減退，尤其是高頻率音，對背景噪音和高聲吵鬧聲較敏感。

8.味覺與嗅覺方面

隨年齡增加，味、嗅覺漸退化，老人分辨食物味道能力減低。

9.毛髮與皮膚

老化的皮膚皮下脂肪喪失，皺紋、乾燥及斑點的出現，禿頭或白髮的出現。隨年齡增加，指甲變薄、易碎、指頭血液循環不佳，使指甲生長緩慢等現象。〔註1〕

正因為上述這些生理上的變化，常見的老人疾病包括糖尿病、消化性潰瘍、肝臟疾病、心血管疾病（如心肌梗塞、心絞痛、心臟衰竭、動脈硬化、高血壓）、癌症以及維他命不足所引起的疾病等。〔註2〕

近年來，老年性癡呆症（old timer disease或Alzheimer disease）

〔註1〕鄭惠信（1994）。〈老化探討〉載於黃國彥主編《銀髮族之醫學保健》。臺北市：教育部，頁54-63。

〔註2〕謝瀛華（1994）。〈老人疾病與飲食健康〉載於黃國彥主編《銀髮族之醫學保健》。臺北市：教育部，頁33-47。

頗受政府及民眾注意，發生的原因主要是腦部功能的退化或重複中風所致。腦血管硬化或腦腫壓迫也有可能，其受注目的最大原因是它的「慢性病毒」所帶給家人的負擔和困擾。謝瀛華說：「在農業社會中，大家庭的人力充沛，可以包容這類患者的生存。但是，隨著工商社會結構的改變，家庭結構也起了急遽的變化，在小家庭中，夫妻尚且自顧不暇，誰能來照顧這些不幸的癡呆老人。」〔註3〕

老年人的疾病跟年輕者疾病有顯著的不同，例如：

1.潛伏期很長。

2.初期症狀的不明確，未引起病人或醫師的注意。

3.以慢性病為多，無法完全治療，只能控制病情。

4.常有數病混雜出現的現象，較難診斷。〔註4〕

臺大醫院曾淵如醫師更詳細地列舉老人年邁的下列特徵：

1.知的能力降低。

2.運動量減少。

3.尿失禁問題。

4.體內恆定狀態維持能力的降低。

5.醫療性疾病的增加。

6.疾病的進行。

7.失眠的惡性循環。

8.症狀易受社會環境之變動影響。

9.檢查值容易變動。

曾醫師認為上述這些年邁的特徵使老人疾病更具下列十一項與年輕患者不同的特徵：

〔註3〕謝瀛華（1994）。〈銀髮族的身心保健〉載於黃國彥主編《銀髮族之醫學保健》。臺北市：教育部，頁11。

〔註4〕同上，頁12。

1.多種臟器疾病的併發。

2.不容易治療的慢性病。

3.續發性的合併病症。

4.非典型的疾病症狀或伴有精神障礙的無症狀。

5.個別差異大。

6.老年特有的病態。

7.防禦機構之免疫能力降低。

8.臥床、失禁及癡呆問題的增加。

9.潛在惡性腫瘍及頻度的增加。

10.藥物副作用的增加。

11.問診及聽診等檢查的困難。

因此，他從醫師的立場提出診斷老年人疾病應遵循的下列原則：

1.診斷時要考慮多種疾病之可能性。

2.注意多種疾病的併發，有系統地分析其他主治醫師之病歷，檢查結果及投藥內容。

3.注意病人之精神狀態及意識障礙。

4.注意與原疾病無關之疾病併發。

5.預防疾病的慢性化。

6.改善臥床及預防癡呆症的惡化。

7.藥物施與要簡單、劑量少而有效，避免可能發生的副作用。

8.耐心費時去完成病歷。

9.對高齡老年患者手術必須慎重考慮。

10.面臨死亡問題之病人態度要注意。

11.長期救助、社會福利及醫療團隊之建立，以提供整體的照

顧。〔註5〕

並非所有的老人皆是百病纏身，不僅有年齡上的差別，而且在同一年齡組的老人也因人而異。大致上來講，65歲至74歲的年輕老人（young old）身體疾病較少，75歲至84歲老人（middle old）身體亦尚可，但至85歲以上的老人（old old）則大都皆有疾病。

賴惠玲在一篇討論老人健康的論文裡，列舉下列幾項健康的危險因子：〔註6〕

㈠心臟血管疾病及中風

1.有家庭史者：家人曾有人罹患此病者。
2.高血脂症者。
3.抽煙者。
4.高血壓者。
5.糖尿病者。
6.肥胖者。
7.長期處在精神壓力下者。
8.男性。
9.其工作需久坐者。
10.使用口服避孕藥且年齡超過35歲者。

㈡子宮頸癌

1.曾有過濕疣的病史。

〔註5〕曾淵如（1998）。〈臺灣地區老年人疾病型態之轉型評述〉載於詹火生編，《迎接高齡社會的挑戰》，臺北：厚生基金會，頁297-299。
〔註6〕賴惠玲（1994）。〈迎向健康的黃金歲月〉載於黃國彥主編《銀髮族養生之道》。臺北市：教育部，頁143-145。

2.曾有疹的病史。

3.有多位性伴侶者。

4.性行為年齡過早。

㈢意外事故

1.酒後駕車。

2.未使用安全帶駕車者。

㈣肺癌

1.吸煙者。

㈤骨質疏鬆症

1.每天鈣的攝取少於1公克。

2.久坐不動者。

3.有此病症家族史者。

4.瘦小身材者。

5.抽煙者。

㈥乳癌

1.有此病症家族史者。

2.無生育婦女。

3.高齡產婦。

㈦自殺

1.曾試圖自殺者。

2.家庭中有自殺者。

3.憂鬱症。

(八)青光眼

1.有此病症家族史者。

2.糖尿病者。

根據內政部《民國85年老人狀況調查報告》，臺閩地區65歲以上人口罹患的慢性病以心臟血管疾病類最多。其次為骨骼系統方面疾病（特別是女性）。再其次是內分泌及代謝疾病。肝胃腸等消化系統疾病占第四位，特別是男性老人。詳細分類，請參考圖9-1。

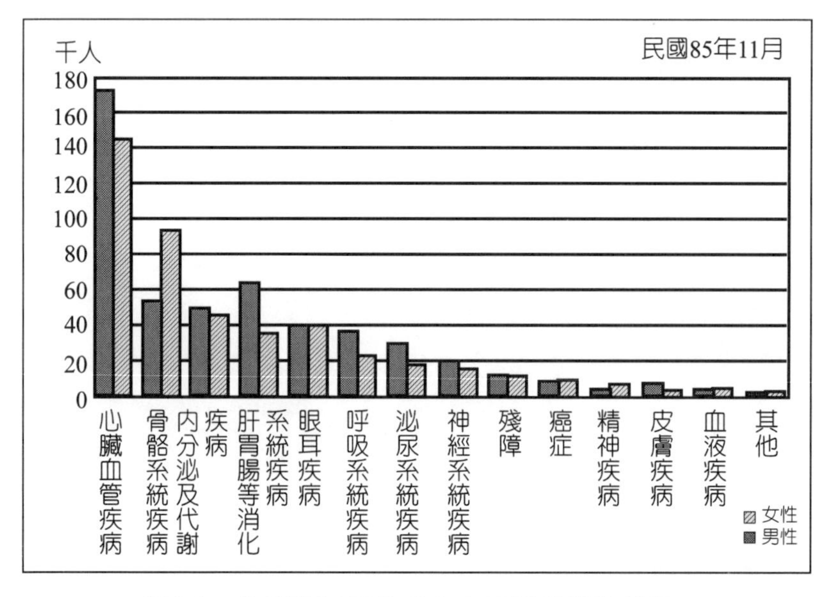

圖9-1　臺閩地區65歲以上人口罹患慢性病數

資料來源：內政部統計處（1996）。《中華民國85年老人狀況調查報告》，頁44。

2005年的調查發現，65.20%老人患有慢性疾病，其中以循環系統疾病最多，次為骨骼肌肉系統，然後是內分泌及代謝疾病，眼耳器官及消化系統。

1996年調查指出65歲以上老人健康良好少有病痛的占44.31%，健康不好但可自行料理生活者占50.26%。至於健康不好無法自行料理生活者約占5.43%，而這些無法自行料理生活老人中，有89.73%在一般家宅內接受照顧；在療養機構者只有占10.27%。可見家人的照顧仍然扮演一個非常重要的角色，因為絕大多數的老人不希望遷入安療養機構。該調查亦發現該年在8至10月的三個月內有77.38%老人曾看過病，平均每人看病的次數是4.95次。即一個月一次至二次的看病紀錄。〔註7〕參閱圖9-2。

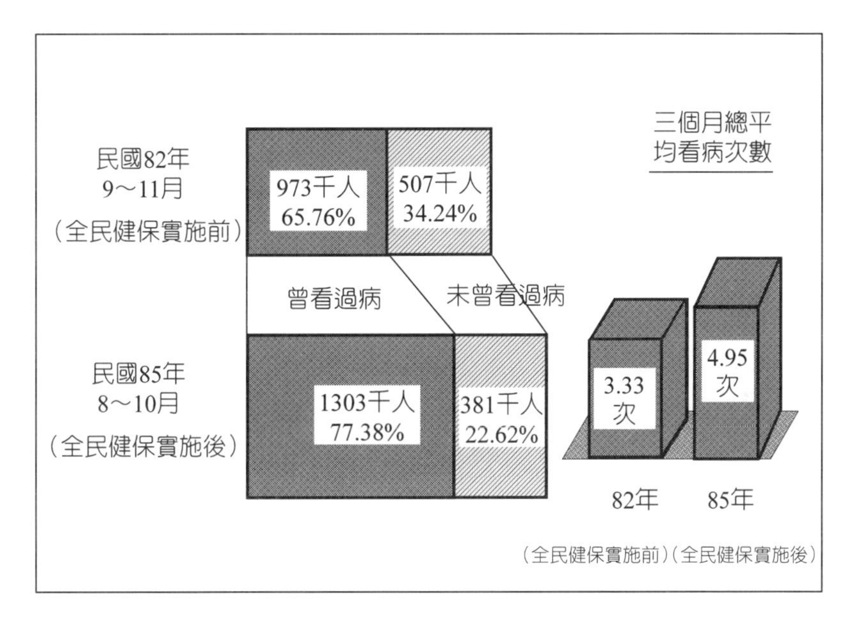

圖9-2　臺灣地區65歲以上人口看病情形

資料來源：同圖9-1，頁45。

人的身體隨著年齡的衰老而有疾病纏身的現象是大多數老人生命

〔註7〕內政部統計處（1997）。《老人狀況調查報告，民國85年》。臺北：內政部，頁13-16。

史的一部分。完全無疾病是難中有難，老人在飲食和身體的保健方面多加注意是可以減緩病痛的早來及其嚴重性。

謝明哲討論老人的飲食與營養時建議下列吃的原則以供參考：〔註8〕

1.飲食內容多變化，吃各種不同種類的食物。

2.適量的飲食。

3.少油脂、飽和脂肪及膽固醇。

4.少鈉鹽。

5.少糖。

6.多食澱粉質和纖維質的食物。

7.酒需適量。

依上述原則，老人每日飲食應包括下列食物：

1.奶類：最好每天二杯，最少一杯。

2.蛋類：一個。

3.肉類：魚一兩、家畜或家禽肉一兩。

4.豆腐：一塊。

5.蔬菜類：有顏色蔬菜。

6.水果類：二份。

7.五穀類：米或麵條。

8.油脂類：多選用植物油。

9.水、飲料：六至八杯，少糖。

人口學家在討論老年人的生活時，已不再只談「生命餘命」（life expectancy），而是談「健康的生命餘命」（health life expectancy）。因為「生命餘命」，只推算一個人可以活多久，並未

〔註8〕謝明哲（1994）。〈老人的飲食與營養〉載於黃國彥主編《銀髮族之醫學保健》，臺北：教育部，頁145-148。

包括健康因素。一個人雖然百病纏身但仍然可以活很長的一段時間，此種苟延殘喘的老年日子並不是人們所期待的。「健康的生命餘命」才是老人追求的日子，要有健康的身體和有健全心理的「生命餘命」才是健康的「成功的老年」（successful aging）。一個「成功的老年人」至少要有下列的條件：

1.有健康的身體。

2.願意過一個社會所認同的老人生活方式。

3.維持和延續中年期的活動，包括經濟與社交。

4.對目前的地位與角色都能滿意。

5.對生命感到滿足。

6.與親友保持聯繫。

7.有宗教信仰。

8.具有上述條件的老人才是「成功的老年人」。老年的日子才會快樂。

第二節　老人療養照顧

生老病死是人生中必經的過程。但是每個社會對健康（health）的定義並不完全相同。同時對疾病（sickness）的定義亦有差異。世界衛生組織（World Health Organization）給健康所下的定義是包括人的生理、心理以及社會的健康。一個人是不是健康往往因個人狀態、親友的看待以及醫業專業人員的判斷而定。也因此，健康的定義與處理方式往往受到個人的性別、社會階級、種族背景以及年齡的不同而有差別。例如，美國在1998年所做的一項研究發現年收入在10,000美元以下者比年收入在25,000美元以上者要少活七年，貧窮者因傷病而無法工作的日數要比富裕者多三倍以上；收入在10,000美元以下者平均一年當中有27.9天因病而無法上班工作，而收入在35,000美元以上者只有9.9天。黑人死於心臟病者約為白人的兩倍。

這些社會因素也影響到醫療保健的處理方式。昂貴的治療方式很少用在窮人身上。特別是近年來醫療費用急增的情況下更造成普通人負擔不起現象。1970年美國人花在醫療的費用大約是730億，到2008年時將增至21,770億。

老人多病需要更多的療養照顧，一方面是療養費用的負擔問題，另一方面是療養方式的選擇問題。這兩大問題的解決牽涉到老人生活的品質。

首先讓我們談談療養費用的問題。老年人看病的次數比年輕者要多，而且因為慢性疾病較多，需要治療的日期較長。醫院的費用和醫藥價格的高低對收入有限的老人是一個相當沈重的負擔。雖然有相當數量的老人有醫療保險，他們自身仍須負擔部分費用或依賴政府的補助。

美國老人在醫療花費上相當依賴聯邦政府所提供的「醫療照顧」（medicare）。這項醫療照顧包括兩大部分。第一部分是醫院保險，即所謂「醫療保險A項」（medicare part A）。它幫助老年病人支付住院費用，也支付緊急醫院費用，專業健保護理院，安寧照顧，及家居健康護理的費用。大多數年滿65歲老人不需繳付月費即可享有此項保險——如果他們工作已超過十年，因為在工作期間他們已繳交醫院保險費了。至於未工作十年以上者則必須繳交300美元的月費以及一些其他療養相關的開支。

醫療照顧的第二項（medicare part B）是醫療保險。它支付醫生的服務費、醫院門診護理以及其他第一項所不支付的醫療服務，如物理和職業治療及一些家居健康護理。此第二項的月費是50美元，由每月的社會安全稅、鐵路退休金、公民服務退休金或社會補助救濟金

（supplemental security income）中扣除；否則政府每三個月會將帳單寄交給受益者支付。圖9-3是美國老人醫療費用支出的增加趨勢。

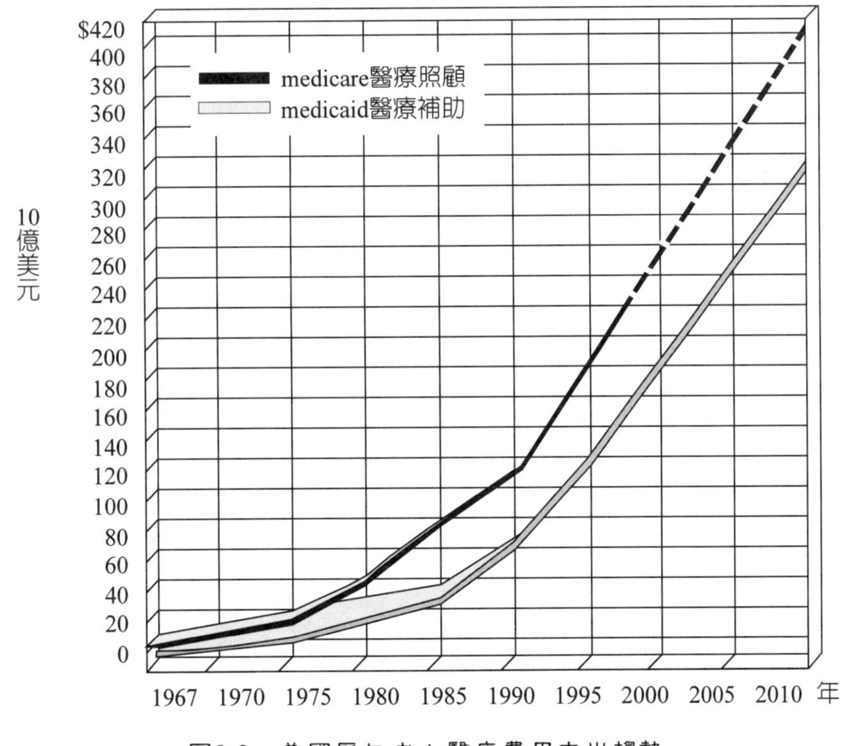

圖9-3　美國歷年老人醫療費用支出趨勢

很明顯地，圖9-3顯示無論是社會安全計畫裡的醫療照顧（medicare）或對低收入老人醫療補助（medicaid）的費用支出皆有大幅度的增加，這種增長的趨勢對美國聯邦政府或老人本身皆是相當沈重的負擔。據估計，全美國約有32%的藥是開給65歲以上的老人，尤其是在過去十年間，藥價上漲了149%之多。老人在醫療費用的花費昂貴，一方面是醫療器材、藥品及醫院費用昂貴，另一方面則是醫師不願開便宜的藥品所致。為了減輕老人的藥品的負擔，一些關心老人福利的機構建議老人注意下列幾項：

1.通知你的醫生你每月所花的買藥錢，問你的醫生是不是他開的每一種藥都是必要的，有無其他低價格的代替藥品。

2.如果醫生開的是名廠牌的藥，問他有無其他廠牌的仿傚藥（generic drug）。後者通常要便宜些。

3.確實明白醫生所開的藥方。

4.藥店的價格可能不同。不妨多問幾家比較。

5.如果太貴，可向醫生索取試用的樣品。

6.應該注意到藥店附加上的手續費用。

7.以集體請願方式向政府有關單位訴求減低藥價。

8.郵購通常比鄰近藥店便宜。

除了藥品太貴的問題以外，美國醫療費用上漲的原因可能尚包括下列幾項：〔註9〕

1.病人在未收到帳單前並不知道到底多少錢。

2.醫生為了賺錢往往另加不需要的診斷。

3.醫生收入太高。

4.醫院為了搶病人不斷地擴張。

5.病人無權力爭論和過問。

6.醫生誤醫保險費太高。

7.美國沒有全國性的醫療保險。

為了減輕老人藥費的負擔，美國2006年又增加了藥物費用的保險，稱之為醫療照顧的第四項（medicare part D）。

臺灣的情形根據內政部的調查1996年8月至10月間65歲以上老人未支付醫療費用者約有26.23%，自付醫療費用者占73.77%。平均

〔註9〕Walter J. Chenny, William J. Diehm, Franke, E. Seeley eds., *The Second 50 Years: A Reference Manual For Senior Citizens*. New York: The Paragon House, 1992, pp. 51-53.

三個月自付醫療費用為新臺幣1,639元，其中男性為1,474元；女性為1,838元。不過有將近一半的受訪老人三個月的自付醫療費用是在新臺幣1,000元以下。見表9-1。若與實施全民健保以前來做比較，65歲以上未支付醫療費用者全民健保前的老人多於全民健保之後，而自付醫療費用者的花費也在健保後有明顯地下降。可見全民健保的實施對臺灣老人醫療費用的負擔有幫助和減輕的功能作用。

表9-1　臺閩地區65歲以上人口醫療費用

民國85年8～10月　（單位：人%）

項目別	總　計	未付醫療費用	自　付　醫　療　費　用				
			計	1,000元以下	1,000～1,999元	2,000～3,999元	4,000～6,999元
實　數							
總　計	16,89,982	443,224	1,246,758	813,117	202,961	94,015	55,641
男	922,882	291,179	631,703	423,194	95,545	43,907	27,520
女	767,100	152,045	615,055	389,923	107,416	50,108	28,121
百分比							
平　均	100.00	26.23	73.77	48.11	12.01	5.56	3.29
男	100.00	31.55	68.45	45.86	10.35	4.76	2.98
女	100.00	19.82	80.18	50.83	14.00	6.53	3.67

項目別	自　付　醫　療　費　用						
	7,000～9,999元	10,000～19,000元	20,000～29,999元	30,000～49,999元	50,000元以上	平均醫療費用（元）	總平均醫療費用（元）
實　數							
總　計	16,631	35,295	13,408	11,405	4,285	2,221	1,639
男	7,657	18,754	7,015	6,221	1,890	2,153	1,474
女	8,974	16,541	6,393	5,184	2,395	2,292	1,838
百分比							
平　均	0.98	2.09	0.79	0.67	0.25	-	-
男	0.83	2.03	0.76	0.67	0.20	-	-
女	1.17	2.16	0.83	0.68	0.31	-	-

表9-1也可以看到男女兩性在醫療費用的差別。男性未付醫療費用者有31.55%，女性只有19.82%。有兩種可能的解釋：男性比較健康不必看病，或是男性較不願意看病。從平均醫療費用來比較，男性

平均費用是新臺幣2,153元，女性是2,292元。女性的費用高於男性。因此，第一種解釋的可能性比較高，同時也可能是女性費用高是因女性比較勤於看病的緣故，不一定是女性患的病比較嚴重，故費用高。可惜我們沒有這方面的資料。

臺灣的全民健保是民國83年8月9日由總統公布的《全民健康保險法》。其正式實施日期是民國84年3月1日。以全國人民為保險對象，將被保險人分為六大類：

第一類包括政府及公教人員、公民營事業機構受僱者、雇主或自營作業者、專門職業及技術人員自行執業者。

第二類包括無一定雇主或自營作業而參加職業工會者、參加工會之外僱船員。

第三類包括農會及水利會會員，或年滿15歲以上實際從事農業工作者、漁會會員或年滿15歲以上實際從事漁業工作者。

第四類包括軍人及其眷屬。

第五類包括低收入戶戶長。

第六類包括榮民及其他。

根據行政院全民健保實施的評估，至2006年11月，保險對象人數已達2,007萬人（為應保人口之97%），其中0至14歲者53%，15至64歲者37%，65歲以上者占10%。有91%的醫療院所加入特約醫事服務。〔註10〕

內政部1997年對國民生活滿意度的調查發現60歲至69歲受訪者有67.7%對醫療保健設施滿意和很滿意，有18.4%則表示不滿意和非常不滿意。至於70歲以上老人有64.9%滿意和非常滿意，19.5%不滿意和非常不滿意。如果把上述兩類中老人與其他年齡層比較，則中老人

〔註10〕中央通訊社編（1998）。《1998世界年鑑》臺北：中央通訊社，頁310-321。

之滿意度較高。〔註11〕表9-2是民國2006年11月底的全民健保各類被保險人及眷屬人數之統計。

表9-2　全民健保各類被保險人及眷屬人數統計，2006

類別	被保險人	眷屬	總人數	百分比	投保單位
第一類	7,044,599	4,866,694	11,911,293	53.1	651,822
第二類	2,247,278	1,501,730	3,749,208	16.7	3,079
第三類	1,911,110	1,182,766	3,093,876	13.8	346
第四類	--	--	--	--	--
第五類	217,586	0	217,586	0.9	583
第六類	2,203,100	1,267,884	3,470,986	15.5	884
合計	13,623,873	8,819,074	22,422,947	100	651,822

內政部2006年的資料顯示13,623,873人參加全民健康保險，平均每一被保險人之保險費為新臺幣15,571元，政府花在醫療補助費用高達新臺幣105,187,000元。

老人醫療問題當中一個相當重要的課題是如何提供老人的「長期照護」（long-term care），因為老人疾病具有慢性長期的特徵，因此長期照護就不能被忽視。中央健保局的賴美淑表示臺灣建立長期照護體系建立的策略包括下列五項：〔註12〕

1.**普及長期照護機構的設置**：透過鼓勵設置護理之家、居家護理及日間照護服務、開放全民健保給付居家照護及護理之家給付、提供醫療發展基金等策略，積極廣布長期照顧相關醫療資源。

2.**健全長期照護服務體系**：擴大辦理慢性病患出院準備服務計畫、推動區域及地方之長期照護服務體系。

〔註11〕內政部統計處編（1997）。《中華民國臺灣地區國民生活狀況調查報告》臺北：內政部，頁86-87。

〔註12〕賴美淑（1998）。〈老人醫療照護政策〉載於詹火生編《迎接高齡社會的挑戰》，頁140-141。

3.提升長期照護服務品質：加強培訓各類長期照護專業人才，提升護理之家服務品質，規劃護理機構評估，以確保護理機構之基本服務品質。

4.規劃長期照護財務制度：協調各項社會福利政策，減少功能的衝突和資源的浪費，特別是全民健保、老人醫療照護，老人福利以及國民年金等四項措施的配合問題必須加以解決。

5.提升國民自我照顧能力：加強居家環境安全，加強中老人健康體能，推廣共同照護模式，加強建立照顧者支持網路。

根據盧瑞芬的估計，臺灣1995至1996年老人長期照護的費用大約是27億元。包括政府支出、健保支付，以及個人自付三大類。其中個人自付費用將近25億元，占總費用之92.0%（見表9-3），可見私人的自付負擔了絕大部分的長期照護費用。〔註13〕

表9-3　我國長期照護費用的估算1995～1996*

單位：新臺幣元

財務來源	總費用		費用%
1. 政府支出		167,449,657	6.2
2. 健保支出			
居家護理		48,562,643	1.8
3. 自付		2,483,774,400	92.0
護理之家			
立案	339,840,000		
未立案	2,095,500,000		
日間照護	30,780,000		
居家護理自付額	17,654,400		
總　計		2,699,786,700	100

這沈重的負擔主要是因為有將近90%無法自行料理生活的老人住

〔註13〕盧瑞芬（1998）。〈長期照護與財務籌集〉載於詹火生編《迎接高齡社會的挑戰》，頁119-127。

在一般家宅，由家人照顧或由家人僱人照顧。以目前臺灣的就業情況來看，僱人照顧很明顯地費用昂貴。圖9-4是白天照顧的狀況圖。

事實上，老人遷居養老院或其他安養機構的意願相當低。政府的調查發表資料顯示有高達73.93%認為最理想的養老居住方式是與子女同住或隔鄰而住。只有2.09%選居住安養、療養機構及1.09%選老人公寓為最理想居住方式，尤其是固定與某些子女同住一處最受歡迎。表9-4裡還可以看出教育程度愈高，愈是希望與子女固定同住，也愈不希望住安養、療養機構或老人公寓。一項有趣的統計是教育程度愈低愈不願意僅與配偶同住，僅有15.43%願意，也許是這些教育程度低之老人夫妻婚姻並不美滿之故。

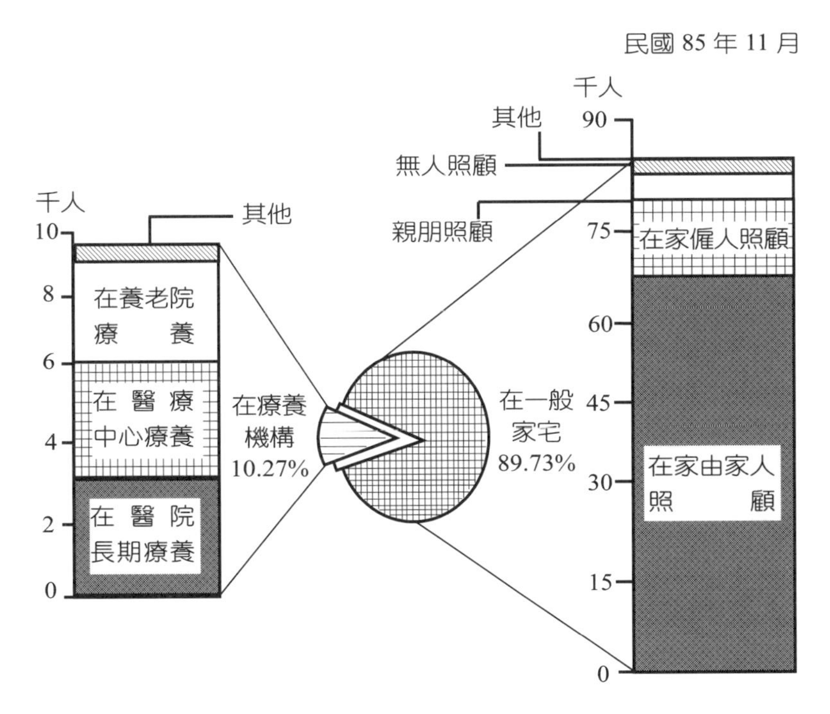

圖9-4　臺閩地區65歲以上無法自行料理生活者白天接受照顧狀況
資料來源：同圖9-1，頁45。

表9-4 臺閩地區50歲以上人口認為最理想之養老居住方式

民國85年11月 單元：人%

項目別	總 計	與子女同住或隔離			
		計	固定與某些子女同住一處	固定與某些子女隔鄰而居	至子女家中輪住
實數					
總計	4,058,963	300,797	2,569,649	187,443	243,705
婚姻狀況					
未婚	116,775	19,317	15,692	2,068	1,557
有配偶或同居	3,072,826	2,251,165	1,920,197	149,677	181,291
離婚、分居或喪偶	869,362	730,315	633,760	35,698	60,857
教育程度					
國中及以下	3,389,341	2,592,364	2,240,526	129,264	222,574
高中、高職	362,249	230,016	190,986	26,674	12,356
大專及以上	307,373	178,417	138,137	31,505	8,775
百分比					
平均	100.00	73.93	63.31	4.62	6.00
婚姻狀況					
未婚	100.00	16.54	13.44	1.77	1.33
有配偶或同居	100.00	73.26	62.49	4.87	5.90
離婚、分居或喪偶	100.00	84.01	72.90	4.11	7.00
教育程度					
國中及以下	100.00	76.49	66.11	3.81	6.57
高中、高職	100.00	63.50	52.72	7.36	3.41
大專及以上	100.00	58.05	44.94	10.25	2.85

項目別	僅與配偶同住	獨 居	與親朋同 住	居住安養、療養機構	老 人公 寓	其 他
實數						
總計	717,784	160,566	34,637	84,729	44,242	16,208
婚姻狀況						
未婚	1,198	49,291	13,779	20,859	9,616	2,715
有配偶或同居	706,350	29,328	11,877	38,713	25,868	9,525
離婚、分居或喪偶	10,236	81,947	8,981	25,157	8,758	3,968

項目別	僅與配偶同住	獨　居	與親朋同　住	居住安養、療養機構	老　人公　寓	其　他
教育程度						
國中及以下	522,998	136,107	27,917	66,029	29,836	14,090
高中、高職	98,517	11,539	4,745	8,289	7,635	1,508
大專及以上	96,269	12,920	1,975	10,411	6,771	610
百分比						
平　　均	17.68	3.96	0.85	2.09	1.09	0.40
婚姻狀況						
未　　婚	1.03	42.21	11.80	17.86	8.23	2.32
有配偶或同居	22.99	0.95	0.39	1.26	0.84	0.31
離婚、分居或喪偶	1.18	9.43	1.03	2.89	1.01	0.46
教育程度						
國中及以下	15.43	4.02	0.82	1.95	0.88	0.42
高中、高職	27.20	3.19	1.31	2.29	2.11	0.42
大專及以上	31.32	4.20	0.64	3.39	2.20	0.20

在家自行照顧或由家人照顧既然是臺灣老人認為最理想的居住方式，那麼在人手不足和子女忙於自己事業的情況下，僱人到家照顧乃成為一種可行的變通方式。因此，僱人選擇對老人的生活品質有相當重要的影響。僱請人到家照顧老人時應該注意到下列幾項原則：

1.必須對申請者要有面談的機會。最好不要只有老人跟申請者晤談，一定要有其他家人或親友在場。

2.必須審看其身分證明文件，文件最好貼有申請者個人照片。

3.將申請者身分證明資料、地址、電話等登錄下來置放安全處。

4.查問介紹人或介紹機構，最好是有工作紀錄者，可直接聯絡介紹人或介紹機構。

5.查問申請人有無不良嗜好，如酗酒、吸毒等不良習慣。

6.注意申請者外表，乾淨與否、儀容是否整潔可間接看出其料理老人家務之態度。

7.工作時間的配合度必須詳細說明。

8.僱用後不應由受僱者料理財務。

9.讓其他家人或親友認識受僱者身分。

目前臺灣老人僱用外勞看護相當普遍，因此要詳細清查受僱者身分背景相當困難。政府社會福利機構人手又不足，無法注意到老人居家服務的狀況，結果往往有受僱者虐待老人的事件發生，這些都是必須要注意到的事項，應加以事先預防。

第三節　死亡的陰影

無論是年輕人或老年人，死亡的來臨總是一個可怕的陰影。但是人總要死，沒有任何一個人可以逃過這最後的一關，自有人類以來，死亡是不可避免的。多少帝王名士尋求長生不老的仙丹，到頭來還是逃不過死亡這一關。工業化的進步和衛生環境的改善延長了人們的壽命，世界大多數國家的死亡率皆呈明顯地下降，尤其是已工業化國家的死亡率已低到幾乎難以再低的程度；但是達到零死亡率是絕對不可能的。前面我們常討論的生命餘命的延長就是社會文化進步的指標。在20世紀的一百年裡，已開發的工業化國家裡人們的壽命至少延長了三十年，這是很偉大的成就，但是死亡率的減少不等於沒人死亡。

無論我們從理論的觀點或者實際驗證資料的觀點來看，死亡終究是很實際的切身問題。對個人來講，死亡牽涉到二個心理層次。第一個層次是「你是死了」，這一層次上，個人牽掛家人朋友可能遭受的打擊，因為「你」的死就等於放棄了那些人。第二個層次則是「我將要死」。在這層次上，我們為即將來臨而又不知何時才來的死亡感到無比的恐懼，有一種無助的無奈感。

綜合來說，死亡的恐懼之所以存在是因為：人們恐懼下列幾件事情的發生：

1.死亡將個人的一生做了一個總結，不論日子多好，死亡是一個終結。

2.死後世界到底是怎麼樣，沒有人知道，雖然是極樂世界，但是到底死後會到天堂或地獄，總是擾人。

3.死後遺體會變得怎麼樣，會發臭？會枯萎？不可想像。

4.無法在死後繼續照顧子女，憂慮將來誰來照顧他們的問題？他們往後日子怎麼過？

5.死亡可能給親友帶來的打擊。

6.死亡使得自己許多想做的事皆中斷，無法繼續。

7.悽慘痛苦的死亡。〔註14〕

人的死亡不像機器的死亡。機器壞了就停了，人的身體雖然因死亡而停止，其影響卻仍然存在，影響周圍的人。中國人在聽到某一個老年人突然一瞬間很安穩過世的消息時常說：「這是他的命好，也是他家人的命好。」這話的涵意並不是說，人死了是件好事，而是說，這個人和他的家人沒怎麼經過長期病痛等待死亡來臨的折磨。人死了就死了，沒什麼好說的，但是知道要死，卻又不知何時才死的等待，最折磨人。中國人的另一句話：「久病無孝子」，也多多少少反映這情境。

心理學家提醒我們，我們每一個人都正邁向死亡，只是我們不曉得而已，或者裝著不曉得而已。在年輕時，死亡的來臨似乎還是很遙遠的，因此我們儘量工作、賺錢、交遊廣結朋友、出名，好像這樣就可以填補或至少阻擋死亡的來臨。起初，我們總是想像我們自己會比別人活得久些，「不會是我先死的」一種否認死亡來臨的想法，然後

〔註14〕John C. Morgan and R: Chard L. Morgan, *Psychology of Death & Dying*. N. Y.: Cambridge Book, 1977, pp.7-9.

等到死亡之愈來愈近後，會可能有一種憤怒的反應——「為什麼會是我？」等到無法拖下去或逃避時，最後也只好認了。疾病、橫禍都只不過是比較看得見的導因，其實我們隨時都可能會死的，只是我們不知道而已。

精神病醫生韋士曼（Dr. Avery D. Weisman）在觀察了麻州醫院垂死病人的死亡過程後提出了三個主要階段。這些病人大多數是癌症病患、老年人，以及其他絕症病患。這三個階段是：

1.**否認**（denial）：最初期，病人總是往好處想，希望奇蹟出現，及時救了他；或者認為醫生診斷錯誤；或者根本否認他會死。

2.**半知半覺**（middle knowledge）：在這一階段裡病人很矛盾，一方面又想知道是得甚麼病，會不會死；可是另一方面又不想知道，精神上困擾、消沈。

3.**接受**（acceptance）：在這一階段裡，病人只有認了，知道死亡終究要來，無法逃避。等死是這一時期的主要徵象。如果用圖來表示，則韋士曼的三個階段是：

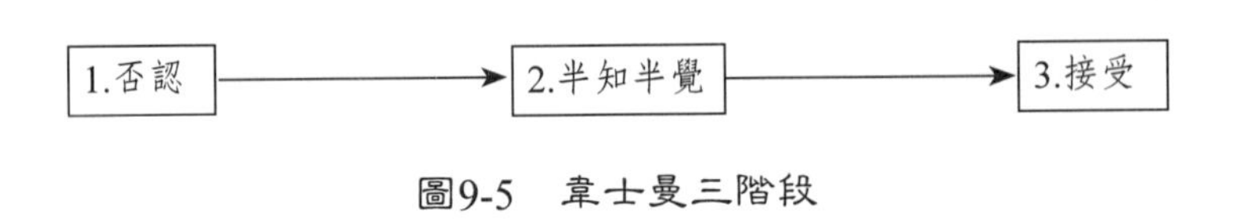

圖9-5　韋士曼三階段

韋士曼提出三個因素會影響人們在等死的過程裡的活力和生命力。⑴生理上求生存的能力：儘量減輕疾病所帶來病痛，儘量適應逐漸衰退的體力。⑵有幹勁：設法自己解決困難，儘量一如平常度日或做事。⑶負責的信念：履行未完成的理想或志願，相信在死之前，他必能完成想做和該做的事。

韋士曼認為上述三個因素可以增強人們在知道死亡必將來臨的命運後的求生信念，以延長時間。他呼籲醫生們或病人之親戚朋友們不

要把死亡看成一種灰色的罪惡，因為死亡與出生一樣皆是人生必經的過程。〔註15〕

顧伯樂羅絲（Elizabeth Kubler-Ross）醫生也曾列出了類似的死亡階段。她指出死亡有五個主要的階段：〔註16〕

1.否認和隔離（denial and isolation）。

2.憤怒（anger）。

3.討價還價（bargaining）。

4.消沈（depression）。

5.接受（acceptance）。

用圖來表示，則這五個階段是：

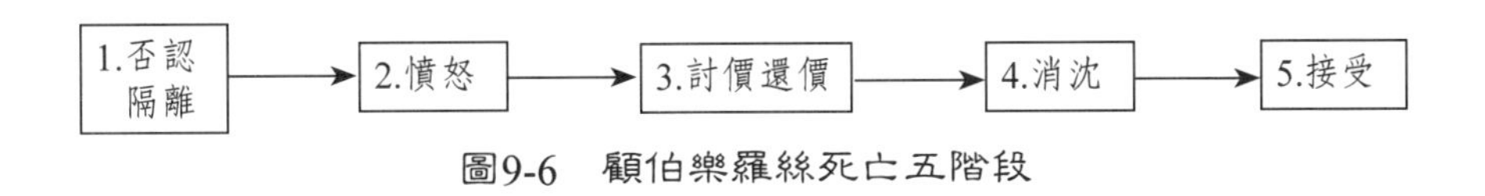

圖9-6　顧伯樂羅絲死亡五階段

1.否認與隔離：這是當病人首次知道自己可能會死。病人的反應常是：「這不會是真的，不可能是我。」雖然有時，這種否認的心理一直持續到死亡為止，但是大多數的人會緊跟著有一種隔離心理，把自己孤立隔離起來。

2.憤怒：這階段裡的病人的反應是：「為什麼要我死？為什麼不是別人？」病人易表現暴躁行為，很難對付。

3.討價還價：經過了第一和第二階段，病人知道死亡無法避免，終究要來，因此開始一種討價還價的掙扎，祈求多給他點時間、日子或少點痛苦得好死。病人可能表現一種好行為或相信神靈，希望以此

〔註15〕Avery D. Weisman, *Dying and Denying: A Psychiatric Study of Terminality*. N. Y.: Behavioral Publications, 1972.

〔註16〕Elizabeth Kubler-Ross, *On Death and Dying*, N. Y.: Mac Millon, 1970.

換得長一點日子或免受痛苦。譬如：祈求給他一個見到他子女的日子，完成他尚未完成的工作等等。

4.消沈：否認隔離或憤怒都無法改變死亡的命運，而討價還價似乎亦未成功。病人產生一種無助的消沈心理，一方面顧慮死後所帶來的遺失，一方面則靜待日子的來臨。

5.接受：一種無能為力只好認命的心理，為即將來臨的最終日子做安排。不再有否認隔離、憤怒，或討價還價，或消沈。接受死亡的事實是這階段之特徵。

當然，並不是所有的病人都經過這五個階段，而且即使經過，每一階段時間也不一定同樣長度。尤其有些沒有太大病痛的老年人在處理死亡問題時就不一定會經過上述階段。

死亡雖然是生理的最後終結，但是死亡所導致的影響並不僅止於病人或死者本身，而且亦牽涉到家人或親朋。也許從社會學角度來看，後者的重要性要比前者來得有意義，值得重視。卡文納夫（Robert Kavanaugh）針對死者周圍的人物環境的影響提出了一個七個階段的描繪。這七個階段是：〔註17〕

1.震驚（shock）。

2.解組（disorganization）。

3.反覆無常情緒（volatile emotions）。

4.罪惡感（guilt）。

5.遺落與寂寞（loss and loneliness）。

6.解脫（relief）。

7.重組（reestablishment）。

讓我們用圖來表示，則其順序如下：

〔註17〕Robert Kavanaugh, *Facing Death*. Baltimore, MD: Penguin Press, 1974.

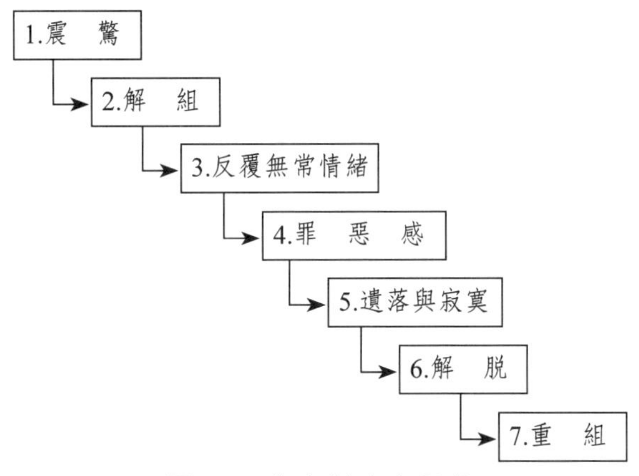

圖9-7　卡文納夫七階段

在圖9-7裡表示：

1.震驚：突然獲悉一個親人或朋友得了不治絕症或已過世，反常的行為可能出現，哭鬧、摔破器物，甚至於企圖自殺。一種突發的打擊，使人不知所措。

2.解組：在震驚過後，一個人可能有解組的心態，無法正常做理性的抉擇，而且似乎與現實有著很大的距離。但是如果他能得到別人的愛和慰藉，則可克服第一階段。

3.反覆無常的情緒：有一種無助、創傷或挫折感，導致個人反抗神、死者或其他親人。這跟前面我們所提到的病人的憤怒是很相近的，不過也有些人把悲傷藏在自己內心，形成一種無言的抗議。

4.一種罪惡感：覺得應該在那人死前好好善待他，好好跟他一起做事等。把以往的事都想像成好日子，把以後的日子看做沒希望，甚至於覺得，自己應對那人的死負部分責任。

5.遺落與寂寞：這一階段所經歷的痛苦是最深遠的。死者生前所用的器物，所住的房間，所表現的神態笑容都在眼前一幕幕閃過。觸景傷情是這一時期之最明顯特徵，空虛感常使人不能自持。

6.解脫：認清逝者已逝，折磨亦過的解脫感。尤其在長期服侍一個垂死病人後，死亡不僅是死者本人的解脫，而且也是服侍他之周圍的人的解脫，及精神上和經濟上的解脫。

7.重組：這階段代表著個人把死者逐漸忘掉，重新組織起來，重新找新的生活。不過這一階段不能操之過急，否則無法重組的。新希望、新生命的火花開始燃燒，準備過新的日子。

通常，如果死亡是突然發生的，周圍的人的適應能力會比較遲鈍，有手足無措的恐慌；但是如果死亡是在長期疾病後才發生的，則周圍的人心理上已有準備，適應能力因此比較強，震驚或悲傷程度亦比較輕。另外，死亡者與生存者之間關係亦有直接影響。配偶的死亡、父母的過世皆是悲痛的，而白髮送黑髮之情況，對老年人之影響亦頗鉅。

死亡既然對生存者有深遠的影響，大多數的社會都有一些行為模式用來解除或減輕生存者之傷痛。例如，成年人平常是不准公開哭泣的，但在喪葬場合則可以允許生存者發洩悲痛。喪葬儀式也是處理這種悲痛的方式之一。在西方社會裡，出殯行列通常是很靜寂沈默地，似乎只有如此才能與死者同遭苦難，也似乎不願其他無干關係者知曉。但是在中國社會裡，喪葬儀式相當隆重豪華，不僅熱鬧非凡，而且持續數天或甚至於數週之久。一方面幫助死者榮歸西天，另一方面用以表達對死者之敬愛。中國人常用來世來安慰家人，相信在未來，死者會回生轉世的。我們在這裡引用文崇一等四位人類學家，在臺灣西河村所做田野調查裡，對該村人家葬禮的描述來做參考。該等四位人類學家在報告中並未明指西河村真名，我們只知道它是臺北市北投區內的一部分，居民大部分是福建泉州遷居臺灣的閩南人。下面是他

們對該村葬禮的描述：〔註18〕

十點半，靈柩移出來了，擺在舊街朝北向，居民許發連與李道士在討論擺設的方向是不是有問題，他們兩個都知道，依年份靈柩擺北向是不對的，但是，如果要朝南則與出殯出發的路途相背，由於路狹，車子不好轉彎，同時靈柩一動便不能回頭，幾經考慮，最後許發連說：「算了，馬馬虎虎啦，就朝北好了」。

到了下午一點半鐘，開始家祭接著是讓人拈香，首先由陳得坤代替謝坤奇念了一道祭文，玉女宮的委員一起隨著行禮，之後其他人等，公祭完了，有一個節目叫「五子哭墓」，由喪家請來五個演歌仔戲的人員，表演為人子女者，在喪失父母時，祭拜及悲慟的情景，這個節目吸引了許多觀眾，一時擠得水洩不通，五子哭墓的節目一完，馬上引柩上山，路繞自強新村，到大埔頂的墳地，時已三點，為了吉時下喪及下喪後的修墓碑事，送殯的人員都散處各處休息，並躲太陽，此時我也跑到載五子哭墓人員的車子附近躲太陽，紀良士的太太也在那邊，沒有多久，杜義文來了，他對五子哭墓的人員表現大為不滿，他認為五子哭墓節目進行中，演員之中沒有人掉眼淚，已經很差，更不該把節目過程弄得那麼簡略，紀良士的太太接著說：「人家請牽魂歌的隊伍，都很賣力，你們是不如他們遠甚，雖然大家都知道『請人哭無眼淚』，可是人家花了錢總要有點價值才好。」此時五子哭墓的一個演員說話了，她說：「牽魂歌的人少，錢多，當然賣力，一分錢一分貨，同時也不

〔註18〕文崇一，許嘉明、瞿海源，黃順二（1975）。《西河的社會變遷》臺北：中央研究院民族學研究所，頁179-182。

用像我們叫爹哭娘，替人披麻帶孝還要下跪，難道我們比他們不值。」場面經此有點火藥味道，一個五子哭墓的男演員趕快過來賠不是，並向杜義文遞煙說好話。這個時候我帶著開玩笑的口吻問紀太太，「妳怎麼穿了污衣在這兒納涼，不去跟人家分『手尾錢』，同時也看不出有什麼悲傷的樣子？」她回答得很有意思：「他們的親生兒子都嘻嘻哈哈的，我們有什麼好悲傷的，再說分那幾個破銅錢根本沒有用，要錢還不是要自己努力。」

快到五點鐘，山上的一切事情才完畢，下山回到村子裡已經快六點，接著就開飯，共開十六桌酒席，情形幾與喜慶無異，只是桌布由白的代替紅色的而已。酒過三巡，死者的長子紀林彬，忽然站起來說：「你們要多喝幾杯，他老人家命好得很，活到八十幾兒孫滿堂，像喜事一樣的，多喝幾杯沒有關係。」家有喪事，當事人向客人勸酒，我還是第一次看到。

飯後沒有多久，就開始為死者作功德超渡的儀式，其中有一個很特殊的情形，在超渡的儀式過程中，村子裡很多人挑了牲醴來拜，在牲醴上還插了一枝紅牌子，上書西河林幾代子孫某某等字樣，一問才知道這是同屬西河林姓的人家來參加薦祖，薦祖的儀式僅限於同姓人的死作功德時才有，據說是因為同族的有人作功德，他們的祖先也可能會跟著一道回來看熱鬧，為了避免自己的祖先回來時，看別人吃，自己卻餓肚子起見，大部分都會挑牲醴來拜，因此，有些知道自己的先人與死者是極要好的朋友，其後人也會參加，不過在西河通常都只有同姓同燈號的人才來參加薦祖，當天晚上，喪家得備辦宴席宴請這些參與薦祖的人。

在出殯的過程中，另有一個很有意思的現象，死者生有四個兒子，長子入贅陳家，照道理執幡抱斗，應該是次子，結果在家中的一切儀式中，執旗抱斗均由參子為之，出殯時，上下山途中則由長子之長子，即俗稱長孫抱斗，並特地僱了一頂兩人抬的轎子給他坐。據參子林金土說：「我們兄弟分家時，兩老都表示要跟我一起，死後靈堂設在我家也是他們未過世前，預先交代的事，因此抱斗執幡由我來，出殯上下山途中的抱斗，是出於長孫的要求，只好讓他。」至於僱轎給長孫坐，據李道士的說法是因為死者對長孫無養育之恩，死後他肯來替死者抱斗是死者的光榮，為了使長孫足不沾塵才僱轎給他坐。

從上述可以看出，一些儀式中不可侵犯的禁忌，在實際行為上有困難時，權衡輕重的後果被忽略了。由靈堂的擺設，執幡抱斗的不照傳統規矩，足見死者意思的相當被尊重，當然這是一個比較特殊的例子，因為死者姓林入贅紀家，約定抽豬母租的結果，長子與次子均姓紀，只有三子與四子姓林，如果死者以本身原來的姓氏而論，他的交代及作法，則與傳統觀念相吻合。另一個表現在儀式中的觀念是很值得我們注意的，那就是：未受死者恩惠而替死者執幡送殯的人，是給予死者一種殊榮，喪家必須給予足不沾塵的優惠，據說這也是為什麼孫子輩以下的人，要在衣上加佩紅布條的原因。在新村的一個葬儀中，有個死者未過門的媳婦來參加葬儀，喪家替她作了一套紅衣，然後在一身紅外，加披污衫，並僱了一輛轎車代步，據說也是基於此一觀念而來。

葬儀的花費對於人們是項很沈重的負擔，動輒非上萬元莫辦，如果請道士作功德則費用更多。以上述為例，據當事人說，前前後後共用掉了九萬多元。但是，這個問題是人人都會遭遇到的……

我們之所以不厭其詳地把整段出殯過程引述出來，主要是此類資料蒐集不易。文崇一等四位人類學家的描述提供了我們具體證據，在上面這個例子裡只花費了九萬元並不算多，其他富家的花費更多。如果這個報告能附上一份開支帳目細表，則更有學術價值。譬如，出殯行列花車樂隊需花費多少？殯儀館費用多少？墓地幾坪，每坪多少？造墓工地費用多少？道士幾人，法事幾天，費用多少？等等都將是很值得記錄的。

總而言之，繁複的喪葬儀式給家人親友提供了一個可以發洩情緒的社會規範，用以渡過難關；另一方面給子女一種補償的心理慰藉。生前未能好好奉養，死後總該好好安葬一番。

另外一個有關老年死亡值得特別一提的現象是：老年婦女在丈夫死後的適應能力一般都要比老年男人妻子死後的適應能力要強。這種現象的可能原因包括：(1)女人之生命餘命歲數本來就比男人要長；(2)女人本來就比較偏重家內事務的處理，丈夫的去世並未改變其屋內生活方式；而男人一直是不太參與家務事，妻子的死亡因此改變其生活方式，難以適應；與親戚來往通常是由婦女維持，因此丈夫的死亡後，老年婦女較易得到親友的情緒上支持；而男人一直不太管這些事，在妻子過世後，常有孤獨感，不易得到親友支持。這種情形，中外皆然，美國的文獻資料指出這種傾向，而最近臺大醫院的報告亦然。

死亡是人生必經的終結站，但是死亡並非只是個人的恐懼而已。每一個社會對死亡的安排皆有其文化淵源與規律。中國人的葬禮要看日子、葬的地方要看風水、道士的宗教儀式、家庭的追思祭祀等皆有詳盡的規則，是不能輕易違背的。雖然說人老必死，但社會文化的規範是需要遵守的。因此，人在死亡前如何對身後事有所安排乃成為老年人必須詳加考慮的。

附錄
文摘

清明節的由來

我國最早的太陽曆以及《國禮・春官》明確記敘了「冬夏致日，春秋致月，以辦四時之敘」的天文曆的最基本常數。農耕社會以後，勞動人民發現日、月、年構成了曆法的三要素，二千多年前的秦漢時期已基本形成了二十四節氣。二十四節氣綜合了天文學和氣象學等方面的知識，編排了「春雨驚春清谷天，夏滿芒夏暑相連。秋處露秋寒霜降，冬雪雪冬小大寒」的歌謠。其中清明被排在歌謠的第五位，也是農曆曆法中的第五個節氣。此時，天氣轉暖，大地回春，萬物復甦，一片生機盎然，家家門口插柳條，祭掃墳墓和郊外踏青。農諺中也有「清明忙種粟」的說法，作為以花信為標誌的花信風。清明的花期為一候桐花，二候麥花，三候柳花，充分點明節氣的花期和花種。《歲時百問》說「萬物生長此時，皆清潔而明淨，故謂之清明」。

清明節的涵意

清明節即是節氣又是節日。從節氣上來說，它是二十四節氣之一，從節日上來說，它是祭祖日。清明一到春回大地，神清氣爽。一年的勞作從此開始，春耕春種，開始忙碌。祭拜祖先，追憶先人也在同時進行，踏青節、掃墓節，聰明節都是清明節的別稱。中華民族的祭祖活動往往在郊外進行，人們把掃墓和郊遊結合起來，既陶冶情操，又促進身體健康。《紅樓夢》中的清明活動賈府十分重視，把採百草、放風箏、盪秋千作為活動的一個重要組成部分，充分體現了清明活動在民俗中的重要位置。

清明追憶《焚綿山》

春秋時期，晉獻公專寵嬪妃驪姬，竟把君位傳給驪姬之子奚齊，遂將太子申生殺害。其弟重耳聞訊在逃，久經磨難，衆叛親離，僅剩介之推等數人忠心不渝。相傳，在逃亡途中，重耳飢寒交迫，生死未卜。介之推偷偷將自己大腿上的肉割下給重耳煮而食之。臥薪嘗膽的重耳在逃二十年後做了君主，即晉文公。晉文公即位後不忘舊情，論功行賞，冠以高位，而唯獨冷淡了介之推，介之推攜母隱居綿山，久居不出。後晉文公覺得自己封賞不當，便令人去綿山相請，介之推久辭不出，晉文公欲用燒山的辦法逼介之推就範，火燒數日，仍不見介之推的蹤跡，卻發現被燒死在山上，當地人敬仰介之推的精神，每逢這天，禁止煙火，這就形成了民間的寒食節。寒食節的第二天即是清明節，這天總要生火做飯，楊柳插門，這就形成了植樹節的傳統。

◎轉載自http://www.qingming.net

參考書目

一、英文部分

Alder, W., L. Song, R.K. Chopra, R.A. Winchurch, K.S. Waggie, and J.E. Nagel (1993). "The Immune Deficiency of Aging," *in Aging: Immunity and Infection*. New York: Springer.

Allen, Susan (1994). "Gender Differences in Spousal Caregiving and Unmet Need for the Care." *Journal of Gerontology* 49S187-95.

American Association of Retired Persons (1990). "Understanding Senior Housing for the 1990s." Washington, DC: American Association of Retired Persons.

American Association of Retired Persons (2000). "Out-of-Pocket Spending on Health Care by Medicare Beneficiaries Age 65 and Over:1999 Projections." Washington, DC: American Association of Retired Persons.

Anastas, Jeane, Janice Gibeau, and Pamela Larson (1990). "Working Families and Elderlycare: A National Perspective in an Aging America." *Social Work* 35:405-11.

Angel, Jacqueline Lowe and Dennis Hogan (1994). "The Demography of Minority Aging Populations." pp.0-21 *in Minority Elders: Five Goals toward Building a Public Policy Base*, ed., by Task Force on Minority Issues in Gerontology. Washington, DC: Gerontological Society of America.

Apter, Terri (1995). *Secret Paths: Women in the New Midlife*. New York. Norton.

Ardell, Monika (1997). "Wisdom and Life Satisfaction in Old Age." *Journal of Gerontology* 52B:15-27.

Armstrong, M. Jocelyn and Karen Goldsteen (1990). "Friendship Support Patterns of Older American Women." *Journal of Aging Studies* 4:391-404.

Association for Gerontology in Higher Education (1996).*Careers in Aging Opportunities and Options*. Washington, DC: Association for Gerontology in Higher Education.

Atchley, Robert (1989). "A Continuity Theory of Normal Aging." *The Gerontologist* 11:13-17.

Babbie, Earl (1995). *The Practice of Social Research*. 7th ed. Belmont, CA: Wadsworth.

Bass, S.A. ed, (1995). *Older and Active: How Americans over 55 are Contributing to Society*. New Haven, CT: Yale University Press.

Bengtson, Vern and K. W. Schaie, eds. (1999). *Handbook of Theories of Aging*. New York: Springer.

Binstock, R. and L. George, eds. (1990). *Handbook of Aging and the Social Sciences*. San Diego, CA: Academic Press.

Binstock, R. and L. George, eds. (1996). *Handbook of Aging and the Family*. Westport, CT: Greenwood Press.

Binstock ,Robert H. and Linda K. George, eds., (2006) *Handbook of aging and the social sciences*. Amserdam ; Boston : Academic Press, an imprint of Elsevier,

Birren, J. and V. Bengston, eds. (1988). *Emerging Theories of Aging* .New York: Springer

Birren, J. and K. W. Schaie (1996). *Handbook of the Psychology of Aging*. New York; Academic Press.

Boyd, Sandra and Judith Treas (1989). "Family Care of the Frail Elderly: A New Look at Women in the Middle." *Women's Studies Quarterly* 112:66-73.

Brecher, Edward (1984). *Love, Sex and Aging*. Boston: Little Brown.

Burkhauser, Richard, Kenneth Couch and John Phillips (1996). "Who Takes Social Security Benefits? The Economic and Health Characteristics of Early

Beneficiaries." *The Gerontologist* 36:789-799.
Burton, Linda ed. (1993). *Families and Aging*. San Francisco: Baywood Press.
Butler, Warner H. R.N. Sprott, R.L. and E.L. Scheider, eds. (1987). *Modern Biological Theories of Aging*. New York: Raven.
Byer, Curtis and Louis Sainberg (1994). *Dimensions of Human Sexuality*. Madison, WI: W.C. Brown.
Calasanti, Toni M. (1995). "Bringing in Diversity: Toward an Inclusive Theory of Retirement." *Journal of Aging Studies* 7:135-50
Calasanti , Toni M. and Kathleen F. Slevin , eds., (2006) *Age matters : realigning feminist thinking*. New York : Routledge
Callahan, Daniel (1997). "Living to Be 100: Good or Bad?" *Journal of Applied Gerontology* 16(3):267-69
Callahan, Daniel (1994). "Improving the Economic Security of Minority Persons as They Enter Old Age." pp.22-31 in *Minority Elders: Five Goals toward Building a Public Base*, ed., by Task Force on Minority Issues in Gerontology. Washington, DC: Gerontological Society of America.
Chenney, Walter J., William J. Diehm, and Franke E, Seeley, eds. (1992). *The Second 50 Years: A Reference Manual For Senior Citizens*. New York: The Paragon House.
Cherlin, Andrew, and Frank Furstenberg, Jr. (1992). *The New American Grandparent*. Cambridge, MA: Harvard University Press.
Clark, D.O. (1995). "Racial and Educational Differences in Physical Activity among Older Adults." *The Gerontologist* 35:472-80.
Cole, Thomas (1992). *The Journey of Life: A Cultural History of Aging in America*. Cambridge: Cambridge University Press.
Coltrane, Scott and Randal Collins (2001). *Sociology of Marriage and the Family*, 5th ed. Belmont, CA: Wadsworth.
Connidis, Ingrid Arnet (1994). "Sibling Support in Old Age." *Journal of Gerontology* 49:309-17.
Cook, Faye Lomax (1992). "Ageism, Rheloric and Reality." *The Gerontologist* 32292-95.
Cooney, Teresa and Lori Ann Smith (1996). "Young Adults' Relations with Grandparents following Recent Parental Divorce." *Journal of Gerontology*

51B:S91-95.
Costa, Dora (1998). *The Evolution of Retirement*. Chicago: University of Chicago Press.
Craik, F. and T.A. Salthouse, eds. (1992). *Handbook of Aging and Cognition*. Hillsdale, NJ: Erlbaum.
Crandall, Richard C. (1980). *Gerontology: A Behavioral Science Approach. Reading*, MA: Addison-Wesley.
Cruikshank, Margaret. (2003) *Learning to be old : gender, culture, and aging* Lanham, Md : Rowman & Littlefield
DeSpelder, Lynne and Albert Strickland (1992). *The Last Dance: Encountering Death and Dying*. 3rd. Mountain View, CA: Mayfield.
Dowd, James (1975). "Aging as Exchange: A Preface to Theory," *Journal of Gerontology* 30:584-594.
Dowd, James (1987). "The Reification of Age: Age Stratification Theory and the Passing of the Autonomous Subject," *Journal of Aging Studies* 1:317-35.
Ekerdt, David J. and Stanley DeViney (1990). "On Defining Persons as Retired." *Journal of Aging Studies* 4:211-230.
Elder, Glen (1994). "Time, Human Agency and Social Change: Perspectives on the Life Course." *Social Psychology Quarterly* 57:4-15.
Erikson, E.H. (1976). *Childhood and Society*, 2nd ed. New York: W.W. Norton Hagarth Press.
Feifel, Herman (1990). "Psychology and Death: Meaningful Rediscovery." *American Psychologist* 45:537-43.
Hess, B. and E. Markson, eds. (1991). *Growing Old in America*. New Brunswick, NJ: Transaction.
Ferraro, Kenneth (1992). "Cohort Changes in Images of Older Adults, 1974-1981." *The Gerontologist* 32:296-304.
Finch, C.E. (1991). *Longevity, Senescence and the Genome*. Chicago: University of Chicago Press.
Fischer, David Hackett (1977). *Growing Old in America*. New York: Oxford University Press.
Fitzpatrick, Sharon and Debra Entmacher (2000). "Retirement Security for Older Women." Occasional Paper Number 6. Washington, DC: The Urban

Institute.

Foner, Nancy (1994). *The Caregiving Dilemma: Work in an American Nursing Home*. Berkeley, CA: University o California Press.

Francis, Doris (1990). "The Significance of Work Friends in Later Life." *Journal of Aging Studies* 4:405-26.

Fronstin, Paul (1999). "Retirement Patterns and Employee Benefits: Do Benefits Matter?" *The Gerontologist* 39(1): 37-48.

Gilbert, Neil, ed. (2006) *Gender and social security reform : what's fair for women? /* New Brunswick, NJ : Transaction Publishers,

Glick, Henry (1992). *The Right to Die: Policy Innovation and its Consequences*. New York: Columbia University Press.

Global Aging Report (1998). *A Global View of Aging and Productivity*. May/June(3):3.

Goldsmith, Elizabeth and Ronald Goldsmith. (1995). "Full-time Employees as Caregivers to the Elderly." *Journal of Social Behavior and Personality* 10:719-30.

Goldstein, Samuel, Joseph Gallo, and William Reichel (1989). "Biologic Theories of Aging." *American Family Physician* 40:195-200.

Graebner, William (1980). *A History of Retirement: The Meaning and Function of an American Institution*. New Haven, CT: Yale University Press.

Grigsby, Jill (1991). "Paths of Future Population Aging." *The Gerontologist* 31:195-203.

Guillemard. Anne-Marie and M. Rein (1993). "Comparative Patterns of Retirement: Recent Trends in Developing Societies." *Annual Review of Sociology* 19:469-503.

Gullette, Margaret Morganroth. (2004)*Aged by culture* . Chicago : University of Chicago Press

Haber, Carole amd Brian Gratton (1994). *Old Age and the Search for Security*. Bloomington, IN: Indiana University Press.

Harris, Diana K. and William E. Cole (1980). *Sociology of Aging*. Boston: Houghton Mifflin, Co.

Haub, Carl and Nancy Yinger (1994). *The UN Long-range Population Projections: What They Tell Us?* Washington, DC: Population Reference

Bureau

Hayflick, L. (1996). *How and Why We Age?* New York: Ballantine Books.

Health Care Financing Administration (2000). *Medicare 2000: 35 Years of Improving Americans' Health and Security*. Washington, DC: Government Printing Office.

Hendricks, Jon (1992). "Generations and the Generation of Theory in Social Gerontology." *International Journal of Aging and Human Development* 35:31-47.

Institute of Medicine (1992). *Extending Life, Enhancing Life: A National Research Agenda on Aging*. Washington, DC: National Academy Press.

Jazwinski, S.M. (1993). "Genes of Youth: Genetics of Aging in Baker's Yeast." *ASM News* 59:172-178.

Johnson, Colleen and Barbars Barer (1992). "Patterns of engagement and disengagement among the Oldest-Old." *Journal of Aging Studies* 6:361-64.

Johnson, T.E. (1987). "Aging Can be Genetically Dissected into Component *Processes Using Long-Lived Lines of Caenorhabditis Elegans." Proceedings of the National Academy of Sciences* 84:3773-3781.

Kaplan, Max (1975). *Leisure: Theory and Policy*. New York: John Wiley & Sons.

Kart, Cary S. (1994). *The Realities of Aging*. 4th ed. Boston: Allyn and Bacon.

Keith, Jennie (1985). "Age in anthropological Research." pp. 231-62 in *Handbook of Aging and Social Sciences*, eds., by R. Binstock and E. Shanas. San Diego, CA: Academic Press,

Kingson, E. and J. Schulz, eds. (1997). *Social Security in the 21st Century*. New York: Oxford University Press.

Kollman, Geoffrey (1995). "Social Security Worldwide Trends." *Congressional Research Service Report*, December 20, Washington, D.C.

Lauer, Robert H. and Jeannette C. Lauer (2001). *Marriage and Family*. New York: McGraw-Hill.

McCormick, A.M. and J. Campisi (1991). "Cellular Aging and Senescence." *Current Opinion in Cell Biology* 3:230-234.

Margolis, Richard (1990). *Risking Old Age in America. Boulder*, CO: Westview Press.

Marshall, V. ed. (1986). *Later Life: The Social Psychology of Aging*. Beverly Hills, CA: Sage.

Martin, G. R. and G. T. Baker (1993). "Aging and the Aged: Theories of Aging and Life Extension." *Encyclopedia of Bioethics*. New York: MacMillan.

Martin, L. and S. Preston (1994). *Demography of Aging*. Wasington, DC: National Academy Press.

Matthews, Anne Martin and Kathleen Brown (1988). "Retirement as a Critical Life Event." *Research on Aging* 9:548-71.

Moody, Harry (1994). *Aging: Concepts and Controversies*. Thousand Oaks, CA: Pine Forge Press.

Monney, Linda. A., David Knox and Caroline Schacht (2002). *Understanding Social Problems*. Belmont, CA: Wadsworth.

Morgan, Leslie and Suzanne Kunkal (1998). *Aging: The Social Context*. Thousand Oaks: Pine Forge Press.

Munnell, A. ed. (1991). *Retirement and Public Policy*. Washington, DC: National Academy of Social Sciences.

Myers, Jane and Guy Perrin (1993). "Grandparents Affected by Parental Divorce: A Population at Risk?" *Journal of Counseling and Development* 72:62-72.

National Institute on Aging (1991). *Research on Older Women: Highlights from the Baltimore Longitudinal Study of Aging*. Bethesda, MD: National Institute of Health.

Neal, Margaret B. (2007) *Working couples caring for children and aging parents : effects on work and well-being* Mahwah, N.J. : Lawrence Erlbaum Associates,

Neahaus, Robert and Ruby Neahaus (1982). *Successful Aging*. New York; John Wiley & Sons.

Neysmith, Sheila (1991). "Dependency among Third World Elderly: A Need for New Directions in the Nineties." pp311-21 in *Critical Perspectives on Aging*, ed., by M. Minkler and C. Estes. Amityville, NY: Baywood.

Olson, Philip (1988). "Modernization in the People's Republic of China; The Politicization of the Elderly." *Sociological Quarterly* 29:241-62.

Orszag, Peter R., J. Mark Iwry, and William G. Gale eds., (2006) *Aging gracefully : ideas to improve retirement security in America*. New York :

Century Foundation Press,

Palmore, Edmen ed. (1970). *Normal Aging: Reports from the Duke Longitudinal Study, 1955-1969*. Durham, NC: Duke University Press.

Parker, Stanley (1976). *The Sociology of Leisure*. London: George Allen & Unwin.

Pasley, K. and M. Ihinger-Tallman, eds. (1987). *Remarriages and Stepparenting*. New York: Guilford Press.

Paterson, W. A. and J. Quadagno, eds., (1985). *Social Bonds in Later Life: Aging and Interdependency*. Beverely Hills, CA: Sage

Pereira-Smith, O. M. and J.R. Smith (1988). "Genetic Analysis of Indefinite Division in Human Cells: Identification of Four Complementation Groups." *Proceedings of the National Academy of Sciences* 85:6042-6046.

Perlmutter, Marion and Elizabeth Hall (1992). *Adult Development and Aging*. New York: John Wiley and Sons.

Pruchno, Rachel (1999). "Raising Grandchildren: The Experiences of Black and White Grandmothers." *The Gerontologist* 39(2):209-21.

Quadagno. Jill (1982). *Aging in Early Industrial Society: Work, Family and Social Policy in Nineteenth Century England*. New York: Academic Press.

Quadagno. Jill (2002). *Aging and the Life Course*. 2nd ed. New York: McGrew-Hill.

Rapoport, Rhona and Robert N. (1975). *Leisure and the Family Life Cycle*. London: Routedge & Kegan Paul.

Riley, Matilda White (1996). "Age Stratification." *Encyclopedia of Gerontology* 1:81-92.

Rowe, John W. and Robert L. Kahn (1998). *Successful Aging*. New York: Pantheon Books.

Savishinsky, Joel S. (2000). *Breaking the Watch: The Meanings of Retirement in America*. Ithaca, NY: Cornell University Press.

Schneider, E,L. And J.D. Reed (1985). "Life Extension." *New England Journal of Medicine* 313:1159-1168.

Schneider, E. and J. Rowe (1990). *Handbook of the Biology of Aging*. San Diego, CA: Academic Press.

Schulz, James H. (2006) *Aging nation : the economics and politics of growing older in America*. Westport, Conn. : Praeger Publishers,

Schultz, James (1995). *The Economics of Aging*. Westport, CT: Greenwood Press.

Siegel, Jacob S. (1993). *A Generation of Change: A Profile of America's Older Population*. New York: Russell Sage Foundation.

Simon, Julian (1992). "Population Growth is Not Bad for Humanity" *in Taking Sides: Clashing Views on Controversial Social Issues*. pp.347-352 eds., by Kurt Finsterbusch and George McKenna. Gailford, CT: Dushkin.

Skidmore, Rex A., Milton G. Thackery and O. William Farley (1994). *Introduction to Social Work*. 6th ed. Englewood Cliffs, NJ: Prentice-Hall.

Specht, Harry and Neil Gilbert (1976). *The Emergence of Social Welfare and Social Work*. Itaca, Ill.. · F.E. Peacock.

Steckenrider, Janie and Tonya Parrott (1998). *New Directions in Old Age Policies*. Albany, NY: State University of New York Press.

Steinmets, S., P. Boss, W. Dherty, R. LaRossa, and W. Szhumm, eds. (1993). *Sourcebook of Family Theories and Methods; A Contextual Approach*. New York: Plenum.

Stuart-Hamilton, Ian. (2006) *The psychology of ageing : an introduction / Ian Stuart-Hamilton*. London ; Philadelphia : Jessica Kingsley Publishers,

Suzman, Richard, David Willis, and Kenneth Manton (1992). *The Oldest Old*. New York: Oxford University Press

Szinovacz, Maximiliane, (1998). "Grandparents Today: A Demographic Profile." *The Gerontologist* 38:37-52.

Thomson, David (1996). *Selfish Generations? How Welfare States Grow Old*. Wellington, New Zealand: White Horse Press.

Treas, Judith (1995). "Older Americans in the 1990s and Beyond." *Population Bulletin* 50:1-47.

Trattner, Walter I. (1989). *From Poor Law to Welfare State: A History of Social Welfare in America*. 4th ed. New York: The Free Press.

Tsai, Wen-hui (2002). "Modernization and the Development of Social Welfare Programs in Taiwan." in *The Modernization of Taiwan*, ed., by Peter Chow. Westport, CT: Greenwood Press.

Tsai, Wen-hui (1999). "The Evolution of the Social Security System in American and its Future." *Journal of Futures Studies*, vol.4, no. 1, pp.45-64.

Tsai, Wen-hui (1996). *In Making China Modernized: Comparative Modernization between Mainland China and Taiwan*. Baltimore: University of Maryland School of Law.

Turner, Jonathan G. (1998). *The Emergence of Sociological Theory*. Belmont, CA: Wadsworth.

U.S. Bureau of Census (1999). *Statistical Abstract of the United States, 1999*. Washington, DC: Government Printing Service.

U.S. Bureau of Census (2000). *Current Population Reports*. Washington, DC: Government Printing Service.

U.S. Department of Health and Human Service (1992). *Healthy People 2000: Summary Report of Mental health Promotion and Disease Prevention Objectives*. Boston: Jones and Bertlet.

U.S. Department of Housing and Urban Development (1999). *Housing Our Elders*. Washington, DC: U.S. Department of Housing and Urban Development.

Wahl, Hans-Werner, (2006) *New dynamics in old age : individual, environmental, and societal perspectives* Amityville, NY : Baywood Pub.,

Walker, Alan and G. Naegeie (1999). *The Politics of Old Age in Europe*. Buckingham, UK: Open University Press.

Warner, H.R. and S.K. Kim (1993). "Dietary Factors Modulating the Rate of Aging," in *Functional Foods*, ed., by I. Goldberg. New York: Van Nostrand Reinhold.

Weaver, David (1994). "The Work and Retirement Decisions of Older Women: A Literature Review." *Social Security Bulletin* 57:3-24.

Weber, Max (1958). *The Protestant Ethic and the Spirit of Capitalism*. New York: Charles Scribner's Sons.

West, H. L. and W. J. Levy (1985). "Knowledge of Aging in the Medical Profession." *Gerontology and Geriatric Education* 4:97-105.

Willamson, John and Fred Pampel (1993). *Old Age Security in Comparative Perspective*. New York: Oxford University Press.

Williamson, John and Sarah Rix (2000). "Social Security Reform: Implications for Women," *Journal of Aging and Social Policy* 11:41-53.

Wilmoth, Janet (1998). "Living Arrangement Transitions among America's Older Adults." *The Gerontologist* 38(4):434-444.

Woodvuff, D. and J. Birren (1975). *Aging: Scientific Perspectives and Social Issues*. New York: D. Van Nestrand.

Wu, Zheng and Michael S. Pollard (1998). "Social Support among Unmarried Childless Elderly Persons." *Journal of Gerontology* 53B(6):S324-335.

二、網路資訊

Administration on Aging http://www.aoa.dhhs.gov

Alliance for Retired Americans http://www.retiredamericans.org

American Association of Retired Persons (AARP) http://aarp.org

American Society on Aging http://www.asaging.org

Geronotological Society of Americn http://www.geron.org

National Academy of Social Insurance http://www.nasi.org

Social Security Administration http://www.ssa.org

U.S. Census Bureau http://www.census.gov

National Institute on Aging http://www.nih.gov/nia

World Health Organization http://www.who.int/ageing

三、中文部分

中央社編（歷年）。《世界年鑑》。臺北：中央社。

內政部（歷年）。《內政統計提要》。臺北：內政部。

內政部（歷年）。《內政部統計年鑑》。臺北：內政部。

內政部（2000）。《中華民國臺閩地區國民生活狀況調查報告》。臺北：內政部。

內政部（1997）。《中華民國85年老人狀況調查報告》。臺北：內政部。

方明川（2006）《商業年金保險與退休金計畫》。臺北：華泰。

白秀雄（1996）。《老人福利》。臺北：三民書局。

白秀雄、詹騰孫（1979）。《臺灣地區老人福利問題調查及對策研究報告》臺北：社區發展中心。

行政院主計處（歷年）。《中華民國社會指標統計》。臺北：行政院主計處。

行政院主計處（歷年）。《臺灣地區社會發展趨勢調查報告》。臺北：行政院主計處。
行政院主計處（1992）。《中華民國80年臺灣地區國民休閒生活的調查報告》。臺北：行政院主計處。
行政院衛生署家庭計畫研究所編（1999）。《民國85年臺灣地區中老年保健與生活規劃調查報告》。臺中：家庭計畫研究所。
行政院衛生署家庭計畫研究所編（1993）。《臺灣地區老人健康與生活研究論文集》。臺中：家庭計畫研究所。
江亮演（1983）。《老人福利與實務》。臺北：宏光。
杜家驥（1997）。〈清康熙、乾隆二帝的敬老慶典〉《歷史月刊》，第113期，頁73-79。
吳惠玲（2006）《老人福利法規彙編》。臺北：五南。
卓春英（2001）《頤養天年：臺灣家庭老人照顧的變遷》。臺北：巨流。
林忠正（1987）。〈臺灣人口轉型與老年人口的扶養問題〉《人口學刊》10:1-14。
徐震編（1990）。《老人問題與對策》。臺北：桂冠。
胡幼慧（1995）。《三代同堂——迷思與陷阱》。臺北：巨流。
許錦汶（1993）。〈臺灣海峽兩岸老人福利之比較研究〉。臺灣大學社會學研究所碩士論文。
周建卿（1983）。《老人福利》。臺北：商務。
常建華（1997）。〈中國古代對老年的界定〉《歷史月刊》，第113期，頁36-40。
常建華（1997）。〈中國古代禮遇老年的制度〉《歷史月刊》，第113期，頁41-49。
馮爾康（1997）。〈清代官紳的晚年生活〉《歷史月刊》，第113期，頁62-72。
楊國樞、葉啓政編（1992）。《臺灣的社會問題》。臺北：巨流。
蕭麗卿（1994）。《高齡社會的老年年金制度》。臺北：自印。
蕭新煌、陳寬政、張麗雲（1983）。《我國老人福利之研究》。臺北：研考會。
蕭新煌，林國明編（2000）。《臺灣社會福利運動》。臺北：巨流。
蕭馳（1997）。〈中國古代的老人與鄉村治理〉《歷史月刊》，第113期，頁50-53。
詹火生（1997）。《迎接高齡社會的挑戰》。臺北：厚生基金會。
教育部（2000）。《老人教育：銀髮飛揚專刊叢書（6冊）》。臺北：教育部。
曾文星（2004）《老人心理》。香港：中文大學。
梅陳玉嬋、楊培珊（2006）《臺灣老人社會工作》。臺北：雙葉。
梅陳玉嬋等著（2006）《老人學》。臺北：五南。
黃旐濤等著（2006）《社會福利概論：以老人福利為導向》。臺北：心理。

蔡宏進（1989）。《老人福利政策》。臺北：桂冠。
蔡文輝（2004）。《婚姻與家庭》。臺北：五南。
蔡文輝、徐麗君（1985）。《老年社會學：理論與實際》。臺北：巨流。
鄔滄萍編（1996）。《人口老化過程中的中國老年人》。上海：華東師大學。
閻愛民（1997）。〈中國古代老人的怡樂會社〉《歷史月刊》，第113期，頁54-61。

附錄　重要法案文件

一、老人福利法

1. 中華民國69年1月26日總統(69)臺統(一)義字第0561號令制定公布全文21條
2. 中華民國86年6月18日總統(86)華總(一)義字第8600141380號令修正公布全文34條
3. 中華民國89年5月3日總統(89)華總一義字第8900110150號令修正公布第3、4、15、20、25、27條條文
4. 中華民國91年6月26日總統華總一義字第09100125180號令修正公布第9條條文；並增訂第13-1條條文
5. 中華民國96年1月31日總統華總一義字第09600012871號令修正公布全文55條；並自公布日施行

第一章　總　則

第1條　爲維護老人尊嚴與健康，安定老人生活，保障老人權益，增進老人福利，特制定本法。

第2條　本法所稱老人，指年滿65歲以上之人。

第3條　本法所稱主管機關：在中央爲內政部；在直轄市爲直轄市政府；在縣（市）爲縣（市）政府。

本法所定事項，涉及各目的事業主管機關職掌者，由各目的事業主管機關辦理。

前二項主管機關及各目的事業主管機關權責劃分如下：

一、主管機關：主管老人權益保障之規劃、推動及監督等事項。

二、衛生主管機關：主管老人預防保健、心理衛生、醫療、復健與連

續性照護之規劃、推動及監督等事項。

三、教育主管機關：主管老人教育、老人服務之人才培育與高齡化社會教育之規劃、推動及監督等事項。

四、勞工主管機關：主管老人就業免於歧視、支援員工照顧老人家屬與照顧服務員技能檢定之規劃、推動及監督等事項。

五、建設、工務、住宅主管機關：主管老人住宅建築管理、公共設施與建築物無障礙生活環境等相關事宜之規劃、推動及監督等事項。

六、交通主管機關：主管老人搭乘大眾運輸工具之規劃、推動及監督等事項。

七、保險、信託主管機關：主管本法相關保險、信託措施之規劃、推動及監督等事項。

八、警政主管機關：主管本法相關警政、老人保護措施之規劃、推動及監督等事項。

九、其他措施由各相關目的事業主管機關依職權規劃辦理。

第4條　下列事項，由中央主管機關掌理：

一、全國性老人福利政策、法規與方案之規劃、釐定及宣導事項。

二、對直轄市、縣（市）政府執行老人福利之監督及協調事項。

三、中央老人福利經費之分配及補助事項。

四、老人福利服務之發展、獎助及評鑑之規劃事項。

五、老人福利專業人員訓練之規劃事項。

六、國際老人福利業務之聯繫、交流及合作事項。

七、老人保護業務之規劃事項。

八、老人住宅業務之規劃事項。

九、中央或全國性老人福利機構之設立、監督及輔導事項。

十、其他全國性老人福利之策劃及督導事項。

第5條　下列事項，由直轄市、縣（市）主管機關掌理：

一、直轄市、縣（市）老人福利政策、自治法規與方案之規劃、釐定、宣導及執行事項。

二、中央老人福利政策、法規及方案之執行事項。

三、直轄市、縣（市）老人福利經費之分配及補助事項。

四、老人福利專業人員訓練之執行事項。

五、老人保護業務之執行事項。

六、老人住宅之興建、監督及輔導事項。

七、直轄市、縣（市）老人福利機構之輔導設立、監督檢查及評鑑獎勵事項。

八、其他直轄市、縣（市）老人福利之策劃及督導事項。

第 6 條　各級政府老人福利之經費來源如下：

一、按年編列之老人福利預算。

二、社會福利基金。

三、私人或團體捐贈。

四、其他收入。

第 7 條　主管機關應置專責人員辦理本法規定相關事宜；其人數應依業務增減而調整之。

老人福利相關業務應遴用專業人員辦理。

第 8 條　主管機關及各目的事業主管機關應各本其職掌，對老人提供服務及照顧。提供原住民老人服務及照顧者，應優先遴用原住民或熟諳原住民文化之人。

前項對老人提供之服務及照顧，得結合民間資源，以補助、委託或其他方式爲之；其補助、委託對象、項目、基準及其他應遵行事項之辦法，由主管機關及各目的事業主管機關定之。

第 9 條　主管機關應邀集老人代表、老人福利相關學者或專家、民間相關機構、團體代表及各目的事業主管機關代表，參與整合、諮詢、協調與推動老人權益及福利相關事宜；其中老人代表、老人福利相關學者或專家及民間相關機構、團體代表，不得少於二分之一，且老人代表不得少於五分之一，並應有原住民老人代表或熟諳原住民文化之專家學者至少一人。

前項之民間機構、團體代表由各該轄區內立案之民間機構、團體互推後由主管機關遴聘之。

第10條　主管機關應至少每5年舉辦老人生活狀況調查，出版統計報告。

第二章　經濟安全

第11條　老人經濟安全保障，採生活津貼、特別照顧津貼、年金保險制度方式，逐步規劃實施。

前項年金保險之實施，依相關社會保險法律規定辦理。

第12條　中低收入老人未接受收容安置者，得申請發給生活津貼。

前項領有生活津貼，且其失能程度經評估爲重度以上，實際由家人照顧者，照顧者得向直轄市、縣（市）主管機關申請發給特別照顧津貼。

前二項津貼請領資格、條件、程序、金額及其他相關事項之辦法，由中央主管機關定之；申請應檢附之文件、審核作業等事項之規定，由直轄市、縣（市）主管機關定之。

領取生活津貼及特別照顧津貼之權利，不得扣押、讓與或供擔保。

不符合請領資格而領取津貼者，其領得之津貼，由直轄市、縣（市）主管機關以書面命本人或其繼承人自事實發生之日起60日內繳還；屆期未繳還者，依法移送行政執行。

第13條　對於心神喪失或精神耗弱致不能處理自己事務之老人，法院得因主管機關之聲請，宣告禁治產。

前項所定得聲請禁治產之機關，得向就禁治產之聲請曾爲裁判之地方法院，提起撤銷禁治產宣告之訴；於禁治產之原因消滅後，得聲請撤銷禁治產。

禁治產宣告確定前，主管機關爲保護老人之身體及財產，得聲請法院爲必要之處分。

第14條　爲保護老人之財產安全，直轄市、縣（市）主管機關應鼓勵其將財產交付信託。

無法定扶養義務人之老人經法院宣告禁治產者，其財產得交付與經中央目的主管機關許可之信託業代爲管理、處分。

第15條　直轄市、縣（市）主管機關對於有接受長期照顧服務必要之失能老人，應依老人與其家庭之經濟狀況及老人之失能程度提供經費補助。

前項補助對象、基準及其他應遵行事項之辦法，由中央主管機關定之。

第三章　服務措施

第16條　老人照顧服務應依全人照顧、在地老化及多元連續服務原則規劃辦理。

直轄市、縣（市）主管機關應依前項原則，並針對老人需求，提供居家式、社區式或機構式服務，並建構妥善照顧管理機制辦理之。

第17條　爲協助失能之居家老人得到所需之連續性照顧，直轄市、縣（市）主管機關應自行或結合民間資源提供下列居家式服務：

一、醫護服務。

二、復健服務。

三、身體照顧。

四、家務服務。

五、關懷訪視服務。

六、電話問安服務。

七、餐飲服務。

八、緊急救援服務。

九、住家環境改善服務。

十、其他相關之居家式服務。

第18條　爲提高家庭照顧老人之意願及能力，提升老人在社區生活之自主性，直轄市、縣（市）主管機關應自行或結合民間資源提供下列社區式服務：

一、保健服務。

二、醫護服務。

三、復健服務。

四、輔具服務。

五、心理諮商服務。

六、日間照顧服務。

七、餐飲服務。

八、家庭托顧服務。

九、教育服務。

十、法律服務。

十一、交通服務。

十二、退休準備服務。

十三、休閒服務。

十四、資訊提供及轉介服務。

十五、其他相關之社區式服務。

第19條　爲滿足居住機構之老人多元需求，主管機關應輔導老人福利機構依老人需求提供下列機構式服務：

一、住宿服務。

二、醫護服務。

三、復健服務。

四、生活照顧服務。

五、膳食服務。

六、緊急送醫服務。

七、社交活動服務。

八、家屬教育服務。

九、日間照顧服務。

十、其他相關之機構式服務。

前項機構式服務應以結合家庭及社區生活爲原則，並得支援居家式或社區式服務。

第20條　前三條所定居家式服務、社區式服務與機構式服務提供者資格要件及服務之準則，由中央主管機關會同中央各目的事業主管機關定之。

前項服務之提供，於一定項目，應由專業人員爲之；其一定項目、專業人員之訓練、資格取得及其他應遵行事項之辦法，由中央主管機關定之。

第21條　直轄市、縣（市）主管機關應定期舉辦老人健康檢查及保健服務，並依健康檢查結果及老人意願，提供追蹤服務。

前項保健服務、追蹤服務、健康檢查項目及方式之準則，由中央主管機關會同中央衛生主管機關定之。

第22條　老人或其法定扶養義務人就老人參加全民健康保險之保險費、部分負擔費用或保險給付未涵蓋之醫療費用無力負擔者，直轄市、縣（市）主管機關應予補助。

前項補助之對象、項目、基準及其他相關事項之辦法，由中央主管機關定之。

第23條　爲協助老人維持獨立生活之能力，直轄市、縣（市）主管機關應辦理下列服務：

一、專業人員之評估及諮詢。

二、提供有關輔具之資訊。

三、協助老人取得生活輔具。

中央主管機關得視需要獎勵研發老人生活所需之各項輔具、用品及生活設施設備。

第24條　無扶養義務之人或扶養義務之人無扶養能力之老人死亡時，當地主管機關或其入住機構應爲其辦理喪葬；所需費用，由其遺產負擔之，無遺產者，由當地主管機關負擔之。

第25條　老人搭乘國內公、民營水、陸、空大眾運輸工具、進入康樂場所及參觀文教設施，應予以半價優待。

第26條　主管機關應協調目的事業主管機關提供或鼓勵民間提供下列各項老人教育措施：

一、製播老人相關之廣播電視節目及編印出版品。

二、研發適合老人學習之教材。

三、提供社會教育學習活動。

四、提供退休準備教育。

第27條　主管機關應自行或結合民間資源，辦理下列事項：

一、鼓勵老人組織社會團體，從事休閒活動。

二、舉行老人休閒、體育活動。

三、設置休閒活動設施。

第28條　主管機關應協調各目的事業主管機關鼓勵老人參與志願服務。

第29條　雇主對於老人員工不得予以就業歧視。

第30條　有法定扶養義務之人應善盡扶養老人之責，主管機關得自行或結合民間提供相關資訊及協助。

第31條　爲協助失能老人之家庭照顧者，直轄市、縣（市）主管機關應自行或結合民間資源提供下列服務：

一、臨時或短期喘息照顧服務。

二、照顧者訓練及研習。

三、照顧者個人諮商及支援團體。

四、資訊提供及協助照顧者獲得服務。

五、其他有助於提升家庭照顧者能力及其生活品質之服務。

第32條　直轄市、縣（市）主管機關應協助中低收入老人修繕住屋或提供租屋補助。

前項協助修繕住屋或租屋補助之對象、補助項目與內容及其他相關事項之規定，由直轄市、縣（市）主管機關定之。但其他法律有特別規定者，從其規定。

第33條　直轄市、縣（市）主管機關應推動適合老人安居之住宅。

前項住宅設施應以小規模、融入社區及多機能之原則規劃辦理，並符合住宅或其他相關法令規定。

第四章　福利機構

第34條　主管機關應依老人需要自行或結合民間資源辦理下列老人福利機構：

一、長期照顧機構。

二、安養機構。

三、其他老人福利機構。

前項老人福利機構之規模、面積、設施、人員配置及業務範圍等事項之標準，由中央主管機關會同中央目的事業主管機關定之。

第一項各類機構所需之醫療或護理服務，應依醫療法、護理人員法或其他醫事專門職業法等規定辦理。

第一項各類機構得單獨或綜合辦理，並得就其所提供之設施或服務收取費用，以協助其自給自足；其收費規定，應報由當地直轄市、縣（市）主管機關核定。

第35條 私立老人福利機構之名稱，應依前條第1項規定標明其業務性質，並應冠以私立二字。

公設民營機構名稱不冠以公立或私立。但應於名稱前冠以所屬行政區域名稱。

第36條 私人或團體設立老人福利機構，應向直轄市、縣（市）主管機關申請設立許可。

經許可設立私立老人福利機構者，應於3個月內辦理財團法人登記。但小型設立且不對外募捐、不接受補助及不享受租稅減免者，得免辦財團法人登記。

未於前項期間辦理財團法人登記，而有正當理由者，得申請當地主管機關核准延長一次，期間不得超過3個月；屆期不辦理者，原許可失其效力。

第一項申請設立之許可要件、申請程序、審核期限、撤銷與廢止許可、自行停業與歇業、擴充與遷移、督導管理及其他相關事項之辦法，由中央主管機關定之。

第二項小型設立之規模、面積、設施、人員配置等設立標準，由中央主管機關會同中央目的事業主管機關定之。

第37條 老人福利機構不得兼營營利行為或利用其事業為任何不當之宣傳。

主管機關對老人福利機構應予輔導、監督、檢查、評鑑及獎勵。

老人福利機構對前項檢查不得規避、妨礙或拒絕，並應提供必要之協助。

第二項評鑑對象、項目、方式及獎勵方式等事項之辦法，由主管機關定之。

第38條 老人福利機構應與入住者或其家屬訂定書面契約，明定其權利義務關係。

前項書面契約之格式、內容，中央主管機關應訂定定型化契約範本及其應記載及不得記載事項。

老人福利機構應將中央主管機關訂定之定型化契約書範本公開並印製於收據憑證交付入住者，除另有約定外，視爲已依第一項規定與入住者訂約。

第39條　老人福利機構應投保公共意外責任保險及具有履行營運之擔保能力，以保障老人權益。

前項應投保之保險範圍及金額，由中央主管機關會商中央目的事業主管機關定之。

第一項履行營運之擔保能力，其認定標準由所在地直轄市、縣（市）主管機關定之。

第40條　政府及老人福利機構接受私人或團體之捐贈，應妥善管理及運用；其屬現金者，應設專戶儲存，專作增進老人福利之用。但捐贈者有指定用途者，應專款專用。

前項所受之捐贈，應辦理公開徵信。

第五章　保護措施

第41條　老人因直系血親卑親屬或依契約對其有扶養義務之人有疏忽、虐待、遺棄等情事，致有生命、身體、健康或自由之危難，直轄市、縣（市）主管機關得依老人申請或職權予以適當短期保護及安置。老人如欲對之提出告訴或請求損害賠償時，主管機關應協助之。

前項保護及安置，直轄市、縣（市）主管機關得依職權或依老人申請免除之。

第1項老人保護及安置所需之費用，由直轄市、縣（市）主管機關先行支付者，直轄市、縣（市）主管機關得檢具費用單據影本及計算書，通知老人之直系血親卑親屬或依契約有扶養義務者於30日內償還；逾期未償還者，得移送法院強制執行。

第42條　老人因無人扶養，致有生命、身體之危難或生活陷於困境者，直轄市、縣（市）主管機關應依老人之申請或依職權，予以適當安置。

第43條　醫事人員、社會工作人員、村（里）長與村（里）幹事、警察人員、司法人員及其他執行老人福利業務之相關人員，於執行職務時知悉老人有疑似第41條第1項或第42條之情況者，應通報當地直轄市、縣（市）主管機關。

前項通報人之身分資料應予保密。

直轄市、縣（市）主管機關接獲通報後，必要時得進行訪視調查。進行訪視調查時，得請求警察、醫療或其他相關機關（構）協助，被請求之機關（構）應予配合。

第44條　爲發揮老人保護功能，應以直轄市、縣（市）爲單位，並結合警政、衛生、社政、民政及民間力量，建立老人保護體系，並定期召開老人保護聯繫會報。

第六章　罰則

第45條　設立老人福利機構未依第36條第1項規定申請設立許可，或應辦理財團法人登記而未依第36條第2項及第3項規定期限辦理者，處其負責人新臺幣6萬元以上30萬元以下罰鍰及公告其姓名，並限期令其改善。

於前項限期改善期間，不得增加收容老人，違者另處其負責人新臺幣6萬元以上30萬元以下罰鍰，並得按次連續處罰。

經依第1項規定限期令其改善，屆期未改善者，再處其負責人新臺幣10萬元以上50萬元以下罰鍰，並令於1個月內對於其收容之老人予以轉介安置；其無法辦理時，由主管機關協助之，負責人應予配合。不予配合者，強制實施之，並處新臺幣20萬元以上100萬元以下罰鍰。

第46條　老人福利機構有下列情形之一者，主管機關應限期令其於1個月內改善；屆期未改善者，處新臺幣3萬元以上15萬元以下罰鍰，並得按次連續處罰：

一、收費規定未依第34條第4項規定報主管機關核可，或違反收費規定超收費用。

二、擴充、遷移、停業或歇業未依中央主管機關依第36條第4項規定所定辦法辦理。

三、財務收支處理未依中央主管機關依第36條第4項規定所定辦法辦理。

四、違反第37條第3項規定，規避、妨礙或拒絕主管機關之檢查。

五、違反第38條規定，未與入住者或其家屬訂定書面契約或將不得記載事項納入契約。

六、未依第39條規定投保公共意外責任保險或未具履行營運之擔保能力。

七、違反第40條第2項規定，接受捐贈未公開徵信。

第47條　主管機關依第37條第2項規定對老人福利機構爲輔導、監督、檢查及評鑑，發現有下列情形之一時，應限期令其改善；屆期未改善者，處新臺幣5萬元以上25萬元以下罰鍰，並再限期令其改善：

一、業務經營方針與設立目的或捐助章程不符。

二、違反原許可設立之標準。

三、財產總額已無法達成目的事業或對於業務、財務為不實之陳報。

第48條　老人福利機構有下列情形之一者，處新臺幣6萬元以上30萬元以下罰鍰，再限期令其改善：

一、虐待、妨害老人身心健康或發現老人受虐事實未向直轄市、縣（市）主管機關通報。

二、提供不安全之設施設備或供給不衛生之餐飲，經主管機關查明屬實者。

三、經主管機關評鑑為丙等或丁等或有其他重大情事，足以影響老人身心健康者。

第49條　老人福利機構於主管機關依第46條至第48條規定限期令其改善期間，不得增加收容老人，違者另處新臺幣6萬元以上30萬元以下罰鍰，並得按次連續處罰。

經主管機關依第47條及第48條規定再限期令其改善，屆期仍未改善者，得令其停辦1個月以上1年以下，並公告其名稱。停辦期限屆滿仍未改善或令其停辦而拒不遵守者，應廢止其許可；其屬法人者，得予解散。

第50條　私立老人福利機構停辦、停業、歇業、解散、經撤銷或廢止許可時，對於其收容之老人應即予以適當之安置；其無法安置時，由主管機關協助安置，機構應予配合；不予配合者，強制實施之，並處新臺幣6萬元以上30萬元以下罰鍰；必要時，得予接管。

前項接管之實施程序、期限與受接管機構經營權及財產管理權之限制等事項之辦法，由中央主管機關定之。

第1項停辦之私立老人福利機構於停辦原因消失後，得檢附相關資料及文件向原設立許可機關申請復業。

第51條　依法令或契約有扶養照顧義務而對老人有下列行為之一者，處新臺幣3萬元以上15萬元以下罰鍰，並公告其姓名；涉及刑責者，應移送司法機關偵辦：

一、遺棄。

二、妨害自由。

三、傷害。

四、身心虐待。

五、留置無生活自理能力之老人獨處於易發生危險或傷害之環境。

六、留置老人於機構後棄之不理，經機構通知限期處理，無正當理由仍不處理者。

第52條 老人之扶養人或其他實際照顧老人之人違反前條情節嚴重者，主管機關應對其施以四小時以上二十小時以下之家庭教育及輔導。

前項家庭教育及輔導，如有正當理由，得申請原處罰之主管機關同意後延期參加。

不接受第1項家庭教育及輔導或時數不足者，處新臺幣1200元以上6000元以下罰鍰，經再通知仍不接受者，得按次處罰至其參加為止。

第七章　附則

第53條 本法修正施行前已許可立案之老人福利機構，其設立要件與本法及所授權法規規定不相符合者，應於中央主管機關公告指定之期限內改善；屆期未改善者，依本法規定處理。

主管機關應積極輔導安養機構轉型為老人長期照顧機構或社區式服務設施。

第54條 本法施行細則，由中央主管機關定之。

第55條 本法自公布日施行。

二、老人福利手冊

(一)老人健康保健服務

◆措施摘要：配合全民健康保險成人預防保健服務項目辦理老人健康檢查。

◆申請對象及資格：年滿65歲以上老人。

(二)門診／住院診療服務

◆措施摘要：老人依法加入全民健康保險後，因疾病傷害事故接受門診或住院診療服務，全民健康保險均提供醫療給付。

◆申請對象及資格：年滿65歲以上老人。

(三)成人預防保健服務

◆措施摘要

1.身體檢查：個人及家族病史、身體、體重、血壓、脈搏、視力、耳鼻喉、口腔、頸部、胸部、腹部、直腸肛診、四肢及其他。

2.健康諮詢：戒菸、戒酒、戒檳榔、事故傷害預防、口腔保健、體重控制、飲食與營養及其他等。

3.血液檢查：血液常規檢查、血清、白蛋白／球蛋白、SGOT、SGPT、膽固醇、三酸甘油脂、尿酸、尿素氮，肌酸酐、血醣等。

4.尿液檢查：尿液常規檢查。

◆申請對象及資格：1.40歲以上至未滿65歲，每3年給付乙次。2.65歲以上，每年給付乙次。

(四)罹患重大傷病免部分負擔醫療費用

◆措施摘要：罹患癌症、尿毒症等三十項重大傷病的老人可免除部分負擔醫療費用。

◆申請對象及資格：年滿65歲以上老人，罹患癌症、尿毒症等三十項重大傷病的老人。

(五)高危險群老人流感疫苗接種

◆措施摘要：針對高危檢群老人，提供免費之流感疫苗注射。

◆申請對象及資格：實施對象區分爲第一、第二優先接種對象，凡符合條件者，可於規定時間內，攜帶通知單（或住院診斷證明、診斷證明等相關證明文件）、身分證及健保卡，至各地合約醫療院所，經醫師評估後接種，此疫苗由衛生署免費提供，如爲門診單純注射流感疫苗，則除掛號費外，得免部分負擔，免蓋健保卡；但如係門診看病或住院期間順便注射流感疫苗者，仍應依門診住院規定自付部分負擔。

(六)中低收入戶老人參加全民健康保險自付保險費費用補助

◆措施摘要：中低收入戶年滿70歲以上老人之自付部分保險費由內政部全額補助。

◆申請對象及資格：年滿70歲以上中低收入戶老人，發放標準、程序及規定由各直轄市、縣市政府自行訂定。

(七)中低收入老人重病住院看護費補助

◆措施摘要：以申請人於住院期間，經醫師證明需聘雇專人看護者為限，並自住院日起3個月內提出申請。

◆申請對象及資格：年滿65歲以上，且符合規定之中低、低收入老人，發放標準、程序及規定由各直轄市、縣市政府自行訂定。

(八)榮民醫療費用及保險費用補助

◆措施摘要：1.無職業榮民參加全民健康保險後，其保費及健保規定患者應自行負擔之費用均由行政院國軍退除役官兵輔導委員會補助；無職業榮民眷屬則補助70%。2.持「榮」字健保卡至榮民醫療機構就醫者，其醫療必需而健保不給付之醫療費用及掛號費，由行政院國軍退除役官兵輔導委員會補助。

◆申請對象及資格：年滿65歲以上榮民暨榮眷。

(九)榮民長期照顧補助

◆措施摘要

～榮民醫院～

1.各榮院護理之家收容尚需醫療照顧之年老殘癱榮患，依護理之家設置標準每五人配置一位病患服務員負責照顧。

2.依行政院衛生署老人長期照護計畫榮民醫院釋出護理之家床位1310床，提供社區一般老人運用。

～榮民之家～

各榮民之家對公費安養年老殘癱榮民，每八人配置一位病患服務員負責照顧。

◆申請對象及資格：1.依國軍退除役官兵輔導條例暨施行細則。2.依國軍退除役官兵就養安置辦法。

(一)中低收入老人生活津貼

◆措施摘要：65歲以上無扶養義務人或家境清寒之中低收入老人，亦未接受機構收容安置者，其家庭總收入平均每人每月未達最低生活費用標準1.5倍～2.5倍者，每人每月發給3,000元；未達1.5倍者，每人每月則發給6,000元。

◆申請對象及資格：年滿65歲以上，且符合中低收入老人生活津貼發給辦法。

(二)老年農民福利津貼

◆申請對象及資格

1.年滿65歲，已參加農民健康保險的被保險人。

2.參加農民健康保險年資合計滿6個月。

◆應備文件

1.老年農民福利津貼申請書（請向基層農會索取）。

2.身分證正反兩面影本各一張。

3.如委託他人辦理須另填具委託書（請向基層農會索取）。

4.老農津貼每人每月3,000元，喪失請領資格時，應負申報義務並繳還溢領之金額。

(三)榮民院外就養金

◆措施摘要：凡年老失去工作能力，無職業、無固定收入，生活困苦無助，在國內設有戶籍，且家庭全戶（含配偶、子女）平均所得低於當年就養給與（91年度係13,100元）標準之榮民。

◆申請對象及資格：符合國軍退除役官兵輔導條例暨施行細則、國軍退除役官兵就養安置辦法及榮民自費安養、養護作業規定等相關規定者。

(四)敬老福利生活津貼申請流程及應備文件

◆申請流程

◆注意事項

1.所需文件資料：請領本津貼者，準備國民身分證正背面影本、入帳存摺之正面影本及私章。

2.受理單位：向戶籍所在地鄉（鎮、市、區）公所申請，委託他人辦理者，應填具委託書。

3.諮詢專線：關懷您服務專線：(02)2397-6781，(02)2397-6782內政部老人福利網頁：Http://vol.moi.gov.tw/sowf3w/04/new04.asp

4.提出申請後：填具申請書後，經審核符合發給資格者，其津貼將於每月25日前撥入申請入帳戶；不符合發給資格者，將附具理由書以書面通知之。

5.受理寬限期：爲免影響民眾權益，本津貼於開辦初期之受理寬限期（6

月1日至8月31日）內辦理申請且經審核符合資格者，其生效日期可追溯至91年1月1日起。未於受理寬限期內提出申請者，則依本條例第8條規定，自申請當月生效。

◆申領「敬老福利生活津貼」適用對象範圍說明

(一)老人保護服務

◆措施摘要：1.提供法律諮詢服務、協助驗傷醫療、諮商輔導、委託安置等保護措施。2.於各地方政府設置老人保護專線電話。3.老人保護協尋專線：113婦幼專線(02)2369-6686。

(二)緊急救援連線

◆措施摘要：1.因應高齡者身心機能衰退老化，提昇老人自我照顧能力，當發生致生命、身體、健康緊急危難時，迅速提供救護服務。2.提供獨居老人的關懷照顧，保障其生命財產安全。

◆申請對象及資格：65歲以上老人因身心受損致日常生活功能需他人協助或經評估符合申請規定者。

(三)緊急安置

◆措施摘要：1.因患病受傷、遭受意外傷害或緊急事故需立即救護之老人。2.未得到基本生活照顧或扶養之老人。3.遭受虐待或惡意遺棄之老人。

◆申請對象及資格：1.年滿65歲之生活照顧戶或孤苦無依且無謀生能力者。2.未患法定傳染病，精神病，健康足以自理生活者。

(四)失蹤老人協尋服務

◆措施摘要：統整政府及民間協尋網絡，以便家屬容易協尋失蹤老人，並辦理後續諮商輔導工作。

◆辦理業務及單位：失蹤老人協尋中心，內政部委託中華民國老人福利推動聯盟辦理電話：04-8742811。

(五)預防走失服務

◆預防及照顧有走失之虞的失智老人或智障者或精裨病患者等朋友，發現民眾可透過服務專線告知手鍊上的編號，服務人員即可聯絡家屬將走失者返回家中。

◆申請對象及資格：走失之虞，包梧失智老人或智障者或精神病患者或爲家人走失做預防者。

(六)諮詢服務

◆措施摘要：爲增進老人生活適應，保障老人權益，內政部分別委託民間團體於北、中、南三區設置老人諮詢服務中心，透過社會上對老人心理、醫療護理、衛生保健、環境適應、人際關係、福利與救助等方面具有豐富學識經驗及專長人士，提供對老人、老人家庭或老人團體諮詢、協助，指導等服務。老朋友專線：0800-22-8585。

◆受委託單位及聯絡方式：

北區：財團法人天主教會臺北教區－臺北縣新店市中正路362號（02-22192585）

中區：財團法人天主教聖母聖心修女會臺中市漢口路4段17號（04-22975930）

南區：財團法人天主教聖母無原罪方濟傳教修女會，高雄市建國1路352號（07-2238153）

(七)相關老人保護法律

◆民法

第1114條（互負扶養義務之親屬）下列親屬。互負扶養之義務：

1.直系血親相互間。

2.夫妻之一方與他方之父母同居者，其相互間。

3.兄、弟、姐、妹相互間。

4.家長、家屬相互間。

第1115條（扶養義務人之順序）負扶養義務者有數人時，應依下列順序定其履行義務之人：

1.直系血親卑親屬。

2.直系血親尊親屬。

3.家長。

4.兄弟姐妹。

5.家屬。

6.子婦、女婿。

7.夫妻之父母。

同系直系尊親屬或直系卑親屬者，以親等近者爲先。

負擔義務務者有數人而其親等同一時，應各依其經濟能力，分擔義務。

第1116條（扶養權利人之順序）受扶養權利者有數人，而負扶養義務者之經濟能力，不足扶養其全體時，依下列順序定其受扶養之人：

1.直系血親尊親屬。

2.直系血親卑親屬。

3.家屬。
4.兄弟姐妹。
5.家長。
6.夫妻之父母。
7.子婦、女婿。
同系直系尊親屬或直系卑親屬者，以親等近者爲先。
受扶養權利者有數人而其親等同一時，應按其需要之狀況，酌爲扶養。
第1117條（受扶養之要件）受扶養權利者，以不能維持生活而無謀生能力者爲限。
前項無謀生能力之限制，於直系血親尊親屬，不適用之。
第1118條（扶養義務之免除）因負擔扶養義務而不能維持自己生活者，免除其義務，但受扶養權利者爲直系血親尊親屬或配偶時，減輕其義務。
◆老人福利法
第25條　老人直系血親卑親屬對其有疏於照料、虐待、遺棄等情事致其有生命、身體、健康或自由之危難，直轄市、縣（市）主管機關及老人福利機構得依職權並徵得老人同意或依老人之申請，予以適當短期保護與安置。老人如欲對其直系血親卑親屬提出告訴時，主管機關應協助之。
前項老人短期保護及安置所需之費用，直轄市、縣（市）主管機關及老人福利機構得檢具費用單據影本及計算書，通知老人直系血親卑親屬限期繳納；屆期不繳納者，由直轄市、縣（市）主管機關老人福利經費先行代墊後，請求扶養義務人償還，並移送法院強制執行。
第26條　爲發揮老人保護功能，應以直轄市及縣（市）爲單位，建立老人保護體系。
第27條　老人因無人扶養，致有生命、身體之危難或生活陷於困境者，直轄市、縣（市）主管機關應依職權並徵得老人同意或依老人之申請，予以適當安置。
第30條　依法令或契約有扶養義務而對老人有下列行爲之一者，處新臺幣3萬元以上15萬元以下罰鍰，並公告其姓名；如涉及刑責，應移送司法機關偵辦：
1.遺棄。

2.妨害自由。

3.傷害。

4.身心虐待。

5.留置無生活自理能力之老人獨處於易發生危險或傷害之環境。

第31條　老人之扶養人或其他實際照顧老人之人違反前條情節嚴重者，主管機關應對其施以4小時以上之家庭教育與輔導。

前項家庭教育與輔導，如有正當理由，得申請原處罰之主管機關核准後延期參加。

不接受第一項家庭教育與輔導或時數不足者，處新臺幣1200元以上6000元以下罰鍰，經再通知仍不接受者，得按次處罰至其參加為止。

第32條　依本法所處之罰鍰，經通知限期繳納而逾期仍未繳納者，移送法院強制執行。

◆老人福利法施行細則

第 7 條　本法第7條所定有法定扶養義務之人，指依民法規定順序定其履行義務之人。

第15條　本法所定之罰鍰及其他處罰之主管機關，指直轄市、縣（市）主管機關。

第16條　依本法所處之罰鍰，直轄市、縣（市）主管機關應填具處分書送達。受處分人接獲處分書後，應於30日內繳納罰鍰。

第17條　依本法第31條第1項規定施以家庭教育與輔導之內容，包括家庭倫理、親子溝通、人際關係、老人身心特性與疾病之認識及如何與老人相處等相關課程。

前項應施以家庭教育與輔導之課程及時數，由直轄市、縣（市）主管機關依需要定之。

第18條　依本法第31條第2項規定核准延期參加家庭教育與輔導者，以一次為限，最長不得逾3個月。

(一)居家服務

◆措施摘要：家務及日常生活照顧服務。身體照顧服務等。設置居家服務支援中心。

辦理居家服務教育訓練。

◆申請對象及資格：服務標準、對象、資格等，依各直轄市、縣市政府訂定之規定辦理。

(二)老人住宅設施、設備改善

◆措施摘要：補助改善住宅之給水、排水、防水、臥室、廚房，衛浴等設施設備及住宅安全輔助器具。

◆申請對象及資格：補助中低收入及低收入老人。已核准補助者，3年內不重複補助。

租借住宅者需簽約3年以上。

申請對象、資格、補助標準、程序等，依各直轄市、縣市政府訂定之規定辦理。

◆詳情請洽各直轄市、縣市政府社會局。

(三)營養餐飲服務

◆措施摘要：日常生活飲食照顧服務。鼓勵志願服務人員參與送餐服務。

◆申請對象及資格：補助中低收入及低收入老人。一般戶老人則請自行付費。

申請對象、資格、補助標準、程序等，依各直轄市、縣市政府訂定之規定辦理。

(四)日間照顧服務

◆措施摘要：日間生活照顧服務。機能回復運動。教學、講座、諮詢等服務。提供餐飲服務。

文康休閒、慶生及親職聯誼活動。午憩服務。

◆申請對象及資格：服務標準、對象、資格等，依各直轄市、縣市政府訂定之規定辦理。

(五)居家護理

◆措施摘要：1.訪視、診療。2.治療材料之給予。3.一般治療處置。4.呼吸、消化及泌尿系統各式導管與造口之護理。5.代採檢體送檢。6.有關病人護理指導及服務事署網站查詢。

◆申請對象及資格

1.病人只能維持有限之自我照顧能力，即清醒時間超過50%以上活動限制在床上或椅子上。

2.有明確之醫療與護理服務項目需要服務者。

3.病情穩定能在家中進行醫護措施者。

(六)日間照護

◆措施摘要：1.提供專業護理服務。2.醫師定期迴診。3.日常生活照顧及訓練。4.進行物理、職能治療之復健服務。

◆申請對象及資格：服務標準、服務對象、資格等，依各日間照護中心規定辦理。

(七)護理之家

◆措施摘要：日常生活照顧、護理照護、復健治療、醫療服務。

◆申請對象及資格：服務標準、服務對象、資格等，依各護理之家規定辦理。

(八)喘息服務

◆措施摘要：爲使照護者得有暫時休息之機會，由護理之家或養護機構辦理暫托（喘息）服務，每案每年由衛生主管機關補助照護費用至多7日，每日1000元，每年補助1000人。

◆申請對象及資格：服務標準、服務對象、資格等，依各地方政府訂定之規定辦理。

(一)老人安養服務

◆措施摘要：居住服務、生活照顧服務、三餐飲食供應、疾病送醫、文康休閒活動服務、親職聯誼活動。

◆申請對象及資格：年滿65歲以上，身體健康行動自如，具生活自理能力者。

服務標準、對象及資格等，依各直轄市、縣市政府及各安養機構訂定之規定辦理。

(二)老人養護服務

◆措施摘要：居住服務、生活照顧服務、護理及復健服務、三餐飲食供應、疾病送醫、文康休閒活動服務、親職聯誼活動。

◆申請對象及資格：年滿65歲以上，生活自理能力缺損且無技術性護理服務需求者。

服務標準、對象及資格等，依各直轄市、縣市政府及各養護機構訂定之規定辦理。

(三)長期照護機構

◆措施摘要：居住服務、生活照顧服務、三餐飲食供應、護理及復健服務、疾病送醫、文康休閒活動服務、親職聯誼活動。

◆申請對象及資格：照顧罹患長期慢性疾病且需要醫護服務之老人。

服務標準，對象及資格等，依各直轄市、縣市政府及各養護機構訂定之規定辦理。

(四)榮民公、自費安養與養護

◆措施摘要：凡年老失去工作能力，無職業、無固定收入，生活困苦無助，在國內設有戶籍，且家庭全戶（含配偶，子女）平均所得低於當年就養給與標準之榮民，並符合就養安置辦法規定之條件者，均可申請安置榮家就養。未安置公費就養，在臺單身無依，並有能力負擔應繳之費用，且符合自費安養，養護作業規定條件之年老榮民，皆可申請自費安養及養護。

(一)辦理長青學苑

◆措施摘要：提供老人有關益智性、教育性、欣賞性、運動性並兼顧動態性研習活動，增進老人生活之適應。
研習項目包括語文、書法、繪畫、音樂、衛生保健。

(二)老人休閒育樂活動

◆措施摘要：推廣屆齡退休研習活動。鼓勵老人參與社團活動或社會服務活動。規劃安排教育研習活動。

(三)興設老人文康（複利服務）活動中心

◆措施摘要：提供老人休閒、康樂、文藝、技藝、進修、聯誼等活動場所。

(四)充實社區老人休閒活動設備

◆措施摘要：補助立案之社區發展協會設有社區長壽俱樂部。項目爲室內運動、健身器材設備、康樂設備、休閒設備等。

(五)搭乘國內公民營公共交通工具半價優待

◆措施摘要：65歲以上老人搭乘國內公民營公共交通工具，進入康樂場所及參觀文教設施予以半價優待。優待標準、對象、資格、及規定等，由各直轄市、縣市政府自行訂定。

國家圖書館出版品預行編目資料

老年社會學／蔡文輝著.
--二版.—臺北市：五南，2008.09
面；　公分
參考書目：面
ISBN 978-957-11-5234-9（平裝）
1.老人學
544.8　　97009245

1J85

老年社會學

作　　者 — 蔡文輝
發 行 人 — 楊榮川
總 編 輯 — 王翠華
主　　編 — 陳姿穎
責任編輯 — 李敏華
封面設計 — 童安安
出 版 者 — 五南圖書出版股份有限公司
地　　址：106台北市大安區和平東路二段339號4樓
電　　話：(02)2705-5066　傳　　真：(02)2706-6100
網　　址：http://www.wunan.com.tw
電子郵件：wunan@wunan.com.tw
劃撥帳號：01068953
戶　　名：五南圖書出版股份有限公司

台中市駐區辦公室/台中市中區中山路6號
電　　話：(04)2223-0891　傳　　真：(04)2223-3549
高雄市駐區辦公室/高雄市新興區中山一路290號
電　　話：(07)2358-702　傳　　真：(07)2350-236

法律顧問　林勝安律師事務所　林勝安律師

出版日期　2003年 5 月初版一刷
　　　　　2008年 9 月二版一刷
　　　　　2014年10月二版六刷
定　　價　新臺幣400元

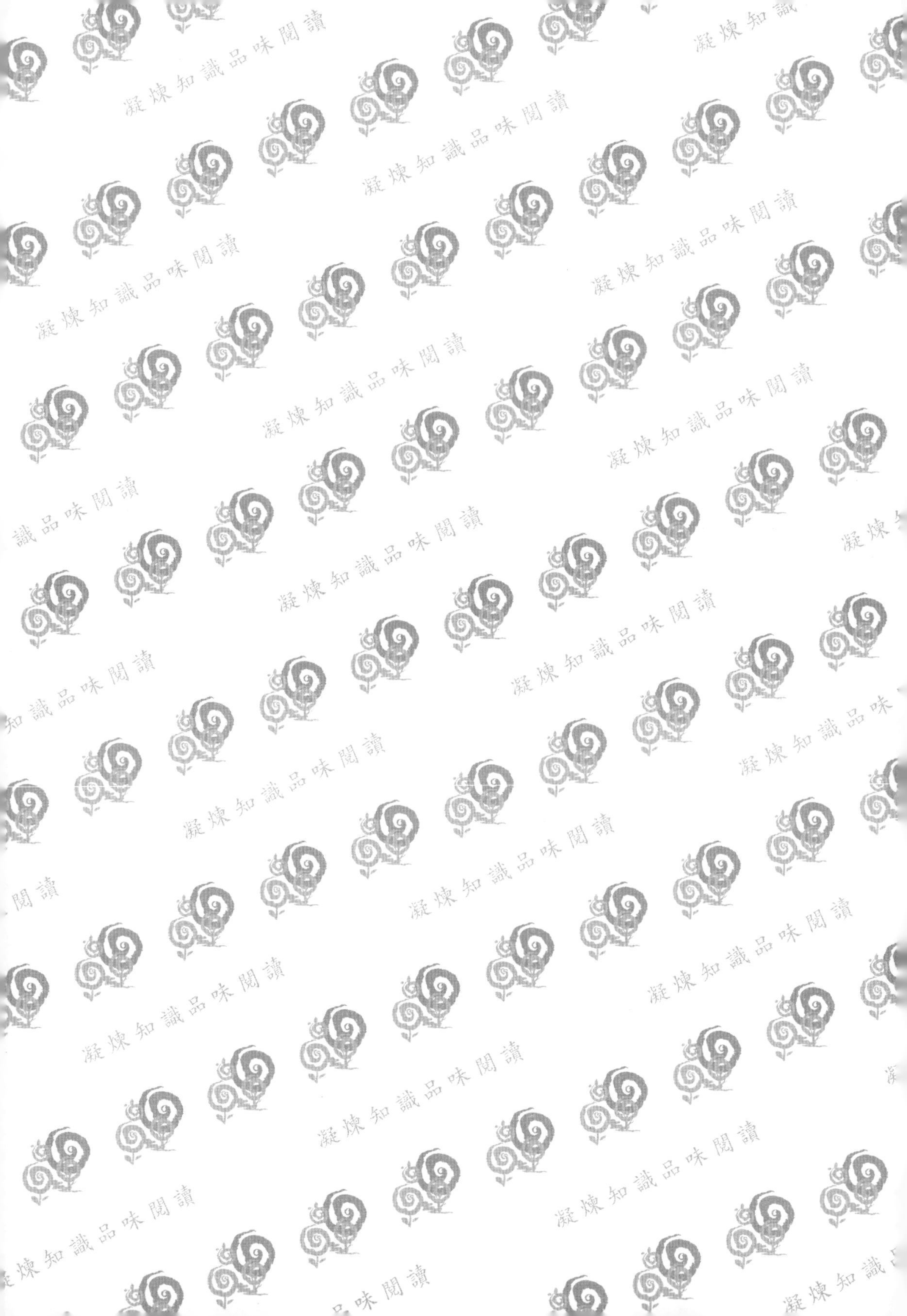